运筹多空策略

捍卫金融疆土

一场没有硝烟的战争已经打响！
谁将成为最后的王者？
谁能捍卫中国的金融疆土？

期货英雄5

——蓝海密剑中国对冲基金经理公开赛优秀选手访谈录2015

杨劲松　沈　良　刘健伟　主编

东航金控有限责任公司＆七禾网　出品

地震出版社
Seismological Press

图书在版编目(CIP)数据
期货英雄. 5，蓝海密剑中国对冲基金经理公开赛优秀选手访谈录2015/杨劲松，沈良，刘健伟主编. —北京：地震出版社，2016.1
ISBN 978-7-5028-4713-5
Ⅰ. ①期… Ⅱ. ①杨… ②沈… ③刘… Ⅲ. ①期货交易—经验
Ⅳ. ①F830.9
中国版本图书馆CIP数据核字(2015)第309917号

地震版 XM3727

期货英雄5——蓝海密剑中国对冲基金经理公开赛优秀选手访谈录2015
杨劲松 沈 良 刘健伟 主编
责任编辑：朱 叶
责任校对：孔景宽

出版发行：地震出版社
北京市海淀区民族大学南路9号 邮编：100081
发行部：68423031 68467993 传真：88421706
门市部：68467991 传真：68467991
总编室：68462709 68423029 传真：68455221
证券图书事业部：68426052 68470332
http://www.dzpress.com.cn
E-mail：zqbj68426052@163.com
经销：全国各地新华书店
印刷：三河市嵩川印刷有限公司

版(印)次：2016年1月第一版 2016年1月第一次印刷
开本：787×1092 1/16
字数：308千字
印张：19.5
书号：ISBN 978-7-5028-4713-5/F(5409)
定价：39.80元

《期货英雄5》编委会

主编：杨劲松　沈　良　刘健伟

编委：顾姗姗　翁建平　丁美美　黄荣益

唐正璐　陈智超　张文慧　叶晓丹　韩奕舒

目 录

《期货英雄 1》/《期货英雄 2》/《期货英雄 3》/《期货英雄 4》各路豪杰寄语

黄俊： 承蒙七禾网与沈总厚爱，再次应邀为《期货英雄》写序。时间过得真快，上一次为《期货英雄》落笔还历历在目，一眨眼间，一年即将过去，蓝海密剑大赛和七禾网也已汇聚起新一批期货英雄们的交易智慧，凝聚成《期货英雄 5》，呈现在交易读者面前，在这个极端天气盛行的厄尔尼诺年底，为大家献上一场交易智慧的头脑风暴！

蓝海密剑系列大赛举办到现在，即将进入第八个年头，**凭借宽泛的入选方式，长时间的赛程，完善的业绩评估机制，能够沉淀下来并入选《期货英雄》系列丛书的交易者都是经过市场层层考验或久经沙场的期货战将。** 沈良，我也一直称他为中国的杰克•施瓦格（“美国沈良”），他那直指交易核心的提问，深度挖掘交易价值的能力，作为一名主编，国内期货采访领域还未见出其左右者；当这两者相遇，产生的不仅仅是精彩的交易营养，更多的将是那时不时会心一笑的交易智慧和脑力激荡！

徐佳佳： 卡尼曼在《思考：快与慢》中说：当那些所谓的专家，以各自的偏好、来自四面八方的海量信息以及自己或自己所服务的群体的现实利益，参与到“股市预测”中去，他距离事实可能更远。这句话，在今年的股灾中得到了有力印证。那么，对于个人或机构交易者而言，如果采用基本面分析作为交易依据，如何保证自己的分析水平能够胜过市场上的众多专家？

如果交易者要走技术分析和量化交易的路子，那么新的问题又出现了：市场价格的历史走势对其未来走势就一定具有显著的指示性意义吗？经历史统计所总结出的规律是否只是过度数据挖掘的结果？是否依赖于某种类型的市场背景？如果要采用主观分析和量化分析相结合的方法，那如何避免出现各种信息互相冲突，交易者无所适从的情况？

我和《期货英雄》中的众多受访者一样，都始终在对这些问题进行不断地思索。对自身的交易策略持续进行批判性思考，既是在市场上长久生存的必要条件，也是交易的乐趣所在。希望你能从这套丛书中，找到许多对交易策略的闪光见解。

周伟：2015 年的中国资本市场将会以“股灾”的标签而记入史册，随着中金所对股指期货的干预措施出台，大宗商品市场稳定可持续的交易机会逐步体现了出来，这也是期货市场双边对冲交易的魅力之所在，预计明年市场还会继续这种趋势。

今年也是“蓝海密剑”的第七赛季，随着参赛资金的逐年聚集，交易高手的不断涌现，进一步将赛事推向新的高峰；作为展示获奖选手心得的《期货英雄》系列丛书，相信广大投资者已从其中收获颇多，所以大家对即将出版的《期货英雄 5》充满了期待。

最后祝“蓝海密剑”比赛越办越好，《期货英雄 5》新书热卖！

周汉平：每年的市场结构都有一些改变，不变的是人性。贴合你自己内心的想法，与市场步调保持一致，对你的交易系统做些微调，使之更适合当前的市场，这样你的交易系统才更有生命力。资金风险控制放第一位，执行力紧随之，做个正期望的系统，其他由天成事。

一转眼，时间过得好快，《期货英雄》都出到第五部了。祝愿东航蓝海密剑实盘大赛越办越红火，《期货英雄 5》越卖越多。

梁国根：每一个热爱交易的人，起初都带着梦想来到这个市场，面对着这个不确定的市场，成功者经历了种种磨难到达了彼岸。作为国内顶尖赛事的蓝海密剑，不断涌现出异于常人的交易英雄，而《期货英雄》正是载着这些成功交易者的实践感悟，可以让我们学习到这些成功交易者的经验和智慧，领悟交易，更上一层楼，使我们的交易之路不断超越自己。

祝蓝海密剑大赛越办越好！

INNOVA：新年的钟声渐行渐近，又到了对种种大小事儿做总结陈词的季节。貌似已成过眼云烟的激情狂欢以及无情洗礼似乎都在告诉我们每一个人，2015 年，是一个色彩缤纷又五味杂陈、不同寻常的年份。在这一刻，略感困惑的我们需要一盏能够引领自己前进的明灯。

《期货英雄》系列丛书自从其诞生的那一刻起，也许就注定是我们广大期友的良师益友，愿其能够在波澜起伏的市场环境中帮助大家亦步亦趋跟随市场的脉搏稳稳前行。

孙永刚：光阴荏苒，岁月如梭，欣闻《期货英雄 5》即将出版，心中欣喜不已，我国的期货市场处于发展初期，与实体经济地位有差距，成长潜力巨大，投资人进入市场后，要找到适合自己的交易模式，条条大路通罗马，坚持自我，坚持独立之精神，唯此，大家一定会走到自己的罗马城的。请大家谨记，在这条孤独的自我修行之路上，其实我们并不孤独，不忘初心，方得始终。

舒伟军：时隔一年，《期货英雄 5》如期而至。回首过去一年的中国金融市场，可谓惊涛骇浪、波涛汹涌，大江东去浪淘尽。可喜可贺的是“蓝海密剑”又涌现了一批胜利者。祝愿“蓝海密剑”越办越好，期待和她的十年之约；祝愿期货英雄们越走越好，能和期货英雄们比肩同行是我的荣幸。

顾伟浩：时日匆匆，上期访谈又过去一年多了，在此期间，全球地缘政治动荡不安，西方俄罗斯与欧美对抗加剧，伊斯兰极端组织活动猖獗，东亚南海中美对峙激烈，各极政治板块纵横捭阖、暗流汹涌。

全球金融市场，同样跌宕起伏、山呼海啸。美联储重启加息周期，美元指数昂首挺胸剑指一百，拉美国家，货币大贬、通胀失控、社会动荡。商品市场再度大幅下跌，原油再被腰斩，BDI 指数更创下 30 年新低。而中国则经历了史无前例的股市大波动。

一系列的事件表明，**全球政治经济正进入了深度变革阶段，期间酝酿着巨大的市场机会。尤其是中国，中国改革进入深水区，利率市场化行将完成，汇改大幕已经拉开，资产证券化步伐大大加快。我们躬逢其盛，备感欣慰！**

察乎时变，顺应潮流。相信会有更多投资者在蓝海密剑的舞台上脱颖而出，创造辉煌！

李竞：很喜欢《期货英雄》这本书，今年已经出到第五期了。过去我们期货从业者提高自我都是很困难的，只能在交易中去摸索。这本书我基本每本必看，从七禾网设计严谨的问题与对话中，我们可以窥见受访者交易思想的精髓，从而优化自己的交易系统。

注定将载入中国金融史的 2015 年即将过去。从股指的暴涨到“股灾”，再到黑色系的跌跌不休和美联储加息，一幕幕大戏精彩纷呈，也极其考验交易者的能力和心理素质。这一届的“蓝海密剑”也再次涌现出了很多风云人物，他们的成功实至名归。

我是趋势交易者，对于我而言，在大波动里首先要做到的是顺势而为，在做好风控的前提下抓住趋势，不逆势。**对于趋势的把握，一般从以下几方**

面入手：抓住基本面主要的供需矛盾，把握技术面交易的精细化操作，用最小的损失去获得比较好的利润。

展望2016年，对于趋势交易者而言可能是操作比较困难的一年。市场可能会处于比较混沌的状态，很难出现像今年这样比较流畅的行情。加上国内外基本面和货币政策的差异，操作上更需谨慎对待。

我相信，无论行情如何，成熟的交易者总会做出最优的选择。祝大家投资顺利！也祝大赛越办越好！

杜云宏：蓝海密剑是期货界最好的大赛，引无数英雄竞折腰。大浪淘沙，蓝海沉淀出一批具有丰富实战经验的江湖高手。各门各派的高手盈利秘籍就收录在《期货英雄》传里。**投机是一份相当艰难的冒险行当，虽然无法依靠别人的模式成就自己的未来，但学习先行者的有益经验，取长补短，却可以少走弯路，早日踏上盈利之途。**值此《期货英雄5》发行之际，祝蓝海密剑大赛越办越好。

林庆丰：如何在期货交易中提升自己的实战水平？

下单虽易，赚钱不易，且买且珍惜！期货市场一次赚钱可能并不难，难的是如何能够实现长期“稳定盈利”，积少成多！2014年，我用自己的一个10万元小账户采取重仓复利操作，从2014年的1月开始到10月，最高做到17倍多。然而，由于心魔在作怪，想着能否在最后两个月冲刺一下，实现更大的收益，结果却急功近利，适得其反，在最后两个月出现了难以承受的较大回撤，最终净值回到10倍。2015年，我吸取了2014年最后两个月中出现大幅度回撤的经验教训，开始调整自己的交易策略，转向重点如何避免出现较大回撤。一年下来，我惊喜地发现，结果竟然比我当初设想的要好许多。2015年，我个人的期货账户，收益率近300%，最大回撤仅10%。至此，可能很多人会问，你是怎么做到的？其实，很简单，交易系统没变，而是仅仅从两方面调整了资金管理的技巧：一，由2014年的复利操作(盈利不出金)，转向每个月盈利出金；二，仓位控制由原先的重仓交易(平均仓位50%以上)，转向相对轻仓(平均仓位30%)。**在期货交易时，轻仓操作会使我们的内心相对比较轻松、平静，这是健康正确的操作心态，加上相对稳定的交易系统，必将促进大概率盈利结果的出现。**

我很庆幸自己在一次偶然的机会中，在朋友的介绍下，于2012年报名参加蓝海密剑期货实盘大赛。我个人在期货方面的成长，在参加蓝海密剑大赛的过程中，可以说是一个质的飞越。因为它不仅让我结识了各路期货英雄，更是从他们身上学到太多有关期货交易方面的方法和技巧(操作风格，资金管理技巧，等等)，正是这些方法和技巧，令我大大改善了我那原本半路出家，大起大落的交易系统。在蓝海密剑参赛的3年过程中，我还收获的一个惊喜是从2015年1月开始有幸陆续成为东航CTA精英孵化种子基金经理和东航种子一号基金经理。这将是我在期货交易路上的一个新的起点。

《期货英雄5》讲述的是各路蓝海密剑英雄的期货实战经验访谈录，也可以说是一本新生代期货实战高手的交易经验总结。本书对于在期货交易中还比较迷茫，想了解更多期货实战高手是如何炼成的，有着重大的参考作用和借鉴意义。对于提升期货实战水平，有着积极的作用！

相信《期货英雄5》一书的出版，能给更多在期货交易路上摸索的人们带来更多的惊喜和帮助。

陆朝荣：2015年大宗商品市场最为稳定，而明显的特征就是延续跌势，所谓跌跌不休，故此，交易上的主流动作也不外乎反复做空而已。

感悟趋势：**如滔滔长河，矢志不移，或高歌猛进倾泻奔腾，或漫步向前迂回缓行，道路艰辛却终得入海。**

体会交易：**在势之所趋的格局之下以简应繁，往复行进，遇山转山，见水渡水，虽日积跬步却志向千里。**

忧挚寄语：在《期货英雄5》即将出版之际，祝愿“蓝海密剑”的后续大赛英雄辈出，豪杰竞显；祝愿才气超然的各路群侠于混沌自由的金融征途上再接再厉，大放异彩；祝愿总揽英雄的红绿联盟经业纬市，激昂青云。

杨劲涛：投机者最幸福的时刻，就是自以为发现了可以赚很多钱的方法时，而最不幸的时刻就是当他那么去做却发现根本赚不了钱的瞬间。虽然技术分析的一个基础是强调历史会重演，但毕竟市场环境发生了变化，我们做交易不能简单地看待过去的经验。能不能做好交易，关键是要做好我们自己的事儿：**首先自己有没有切实可行的交易方法；其次，能不能做到知行合一。**快乐交易其实很简单：做好自己的事儿，该怎么做就怎么做，与时势俱进退就是了。

愿蓝海密剑赛事越办越好，成为期货交易比赛中的旗舰型赛事。

李毓仑：市场商品价格行为，过去如此，现在如此，将来还是如此。太阳底下无新事！股票、期货市场交易是一个特殊的行业。可以肯定，如果真正把握了市场规律，那么就会找到真正好的方法，这个方法会让你一劳永逸地赚钱，直至你生命的终点。事实告诉我们，掌握市场规律难，找到好的交易方法难。很多人在一段时间里或在几年时间里赚了钱，并不是因为他们找到了好的交易方法，而只不过是运气给予了帮助。用很短的时间就找到了好的交易方法是不可想象的，这样的天才可能不存在。**其实，对于绝大多数人来说，一辈子也不会找到好的方法，哪怕他很努力，这是规律，是事实。**

面对残酷的现实，我们只能——既然选择了远方，就只顾风雨兼程。

恶狼：“乱石穿空，惊涛拍岸，卷起千堆雪。触目惊心，退避三舍；心清如水，意志顽强。山峰多俊秀，风起云涌，用简单的心去把握永恒。这是交易的终极，也是人生的终极。”

“恶：亚下一颗心，控制心灵；狼，对自己狠一点。做能控制心灵、对自己狠一点、不断突破自我的恶狼。”在年初各种意外密集冲击下，恶狼精神对我今年的意义特别大。战场打到极致，只剩下心灵是否更能自如控制，意志是否更顽强。极端压力印证扎实的交易基本功，平稳的良好心态已超越所有一切。为了永续的健康，放下攻击性策略，一日三觉。交易要与生活保持和谐一致。

无论市场变成固体、液体、气体，本质却永不变。

自从2011年参赛蓝海密剑以来，眼睛一睁一闭4年多过去了，收获颇丰，成长迅速。希望蓝海密剑对冲基金经理公开赛能锦上添花，吸引更多长年稳定赢家前来参赛。愿《期货英雄》系列丛书能更深入挖掘顶级交易者的精髓、心态等等，让读者在更高层面快速提升自己。

杨江：不知不觉中东航的蓝海密剑比赛从2008年举办到现在，已经是第七届了，也成为了国内最大规模选拔对冲基金经理的公开赛之一。回想起来，我自己也是因为非常认可东航的赛制而在2010年转户到东航并一直参加比赛到今天，从一名“士兵”成长为“大校”，从一名业余选手变成职业投资者，并且也成为东航两只MOM基金的基金经理。在此，我再一次感谢东航期货公司，也许正是因为东航马拉松一样的赛制而使自己能够不断的坚持下来，并不断的突破自我取得进步。值此第七届比赛开幕之际，我衷心祝愿“蓝海密剑中国对冲基金经理公开赛”越办越好，祝愿更多的选手取得佳绩，也祝愿东航能成为中国的贝莱德！

郑洁波：欣闻《期货英雄 5》将出版发行，对所有的英雄致以崇高的敬意！蓝海密剑大赛发现和培养了一批批优秀交易高手，我们所有的人也都在这个市场中茁壮成长。

投机市场恰如一个虚拟现实，在这里，有能力坚持到最后的人都能找到自己的位置。进入交易市场十多年来，无论是期货、股票，还是外汇，我认识到，投机市场到处充满着诱惑和陷阱，急于求成、过度交易、一夜暴富的最终结果往往是原地踏步或坠落深渊。降低期望，平和交易，反而能得到更多。现在我把它当作一份工作，目标赚点生活费，细水长流，9 年来岁末盘点，结果年年都有盈利，发现投机也是一个不错的小小“金饭碗”。

对于有志于从事交易事业的读者，我想说两句话：**一是如果你不想付出百倍的努力，也没有能力和毅力坚持到底，最好不要开始。二是首先要认清楚市场和自己，找到自己在市场中的位置，然后才能去想怎样赚钱。**最后，祝愿各位读者能在投机市场上实现自己的财富自由梦想。

王大宇：蓝海密剑比赛系统是我所见过最好的；东航期货也做了业界表率，费用上给了大家真正的实惠。以上两项我是真心支持，在期货上不做二选，希望能更加推广。编辑很认真，问了几次，作为一个不成功的小散户，非敢推拒，自己还扒在瓶口上，实在无话可讲。《期货英雄》也出了四册了，书中不乏成功的人物，都是真心话，值得一读。重新翻看，再找不败的秘密，却没有更多发现。**其实每个人要找的东西都摆在自己心里，无非就是大家都知道的事情和你自己做不做得到。成功说破了，不过就是成功自己而已。**胡乱数语寄于新年，与诸君互勉。

陈果经：不知不觉又一年了，翻开东航蓝海密剑的比赛记录，发现自己 2015 年的收益比 2014 年少了很多，顿时有点儿伤心，当然值得安慰的是手续费比去年少了一半。**这个市场的魔力太大了，曾经看见有人因大幅亏损而发誓退出，后来他不知道怎么了居然又回来了并玩起了模拟赛，所以活着很重要，降低杠杆吧，机会时时有。**望蓝海密剑大赛，越办越红火！

刘辉宇：期货行情千变万化，每年都不同，但交易的本质是概率游戏，一个正期望值的交易系统加上坚定不移的执行，随着时间的推移，总会得到回报。《期货英雄》是实战高手们的心得体会，包含了各种各样的手法，不论读者是哪种交易者，都能从中得到启发。

序

能够忍，足够狠，大赢家

有人说，金融交易能赚到钱，无非依靠两项重要素质，要么能忍，要么够狠。

“能够忍”的交易者可以持续赚钱。

能够忍的最显著特征是只做自己的交易体系中确定性最高、把握最大的机会，其他一切所谓的机会和诱惑一律不出手，这需要很强的耐心和定力。有些“大行情”过了，也不后悔，看到别人短期大赚也不眼红。

能够忍的人不该做的不会去做，但有可能因为忍耐过度了、尝试太少了、疏忽遗漏了，导致该做的没做到。当然，没做到也只会带来少赚，而不会带来多亏，因为能够忍的人错过一次机会后不会忙乱追入，而是继续忍耐，静静等待下一个确定性高的进场点。

因此能够忍的人，长期来看，往往是能持续赚钱的，他们能持续赚钱的核心不是赚钱多，而是亏钱少。

“足够狠”的交易者可以短期赚大钱。

足够狠的最显著特征是仓位重、敢于下手，凡是值得尝试的机会都敢于放手一搏，做对了赚的较多，做错了也能够“狠心砍仓”，毫不犹豫。

足够狠的人该做的都能做到，但有可能因为尝试太多、诱惑太多、干扰太多而导致不该做的也去做了。当然，做了不该做的交易，如果产生亏损，还是能够做到果断离场的。并且不会因为做错几次而变得犹犹豫豫、战战兢兢、不敢出手，只会越挫越勇，斗志昂扬。

因此足够狠的人，往往能在短期内赚大钱，他们能够短期赚大钱的原因不是因为亏钱少，而是因为赚钱多。

“能够忍”和“足够狠”这两个关键因素，如果交易者两个都做不到，就会亏钱，并且持续亏钱。

只做到第一个，能够忍却不够狠的交易者，能够成为市场的赢家，如果活得足够长，如果交易系统容纳的资金足够多，采用复利手法，就能用时间换空间，慢慢成为大赢家。

只做到第二个，足够狠却不能忍的交易者，注定了资金起伏会比较大。短期会大赚，也可能短期亏损较多。但只要市场机会足够多，并且能够把握一个阶段的重点机会(比如 2010 年的棉花，2014 年下半年的股指，2015 年的镍)，集中力量干一把，或许能翻个数十倍、上百倍甚至更多，然后若能功成身退、抽出大部分利润或者分散投资到其他领域，也能保住大赢家的地位。

当然，极个别的人，把“能够忍”“足够狠”两个都做到了，于是在抓到几次大行情的情况下，就能成为市场的超级大赢家。

沈　良

2015 年 12 月于杭州

持赢投资：判断不是最重要的，严守风控原则才是

（2015年5月25日　沈良访谈整理）

持赢投资

2004年持赢投资工作室成立，2007年持赢投资正式创办，2012年开始发行运作阳光化产品，目前持赢投资管理资金10个亿左右。持赢投资的灵魂人物为董事长钱骏和投资总监丁军。

持赢投资以技术分析为主，基本面分析为辅，主要抓取大级别趋势行情的中段，认为轻仓小止损的完善风险控制才是制胜关键。

2004—2014年连续11年盈利。2007年4月到2015年5月，累计净值38.94(未计提业绩报酬)。

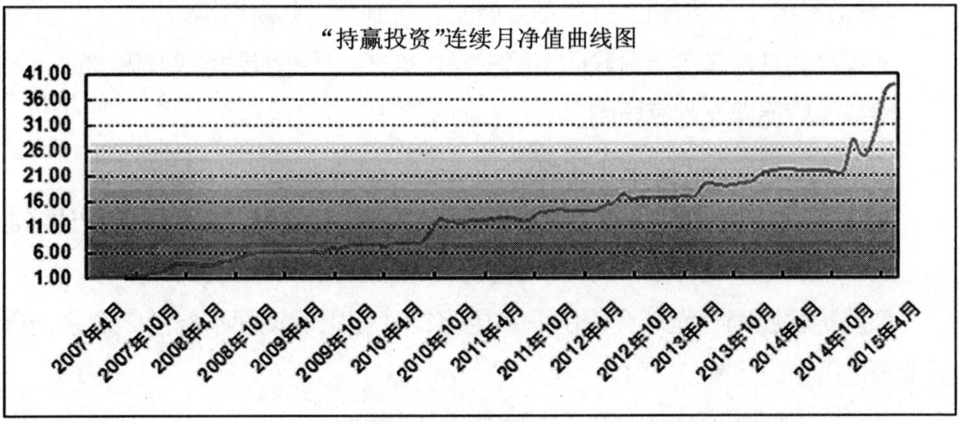

在第六届（2013—2014年)蓝海密剑中国对冲基金经理公开赛中，“持赢1号”以2.55的净值荣获基金组第一名；“14持赢进取一号”、“持赢1号”、“持赢稳健1号”荣获上将晋衔奖；“持赢投资”荣获中将晋衔奖。

访谈精彩语录：

这些年看到客户资产的增值，理念的提升，是最大的快乐。

要想长期更好的服务于客户，自身的不断成长是必须的，而这是个“痛苦”的过程。

持赢采用风险分级管理，对已经获得大量盈利的账户可以适当增加仓位。

我不认为财富是力量，人的内心才是力量的源泉，财富只是表象或者附属品，财富的聚散源自内心的容量，有了容量迟早会满；容量少了，也迟早会失去。

可以错失机会，但不能让损失增长。

前面几次的浅尝辄止我并不认为是错误的，但趋势一旦形成，有的是机会，持赢只抓取符合自己策略的机会。

持赢以往每次较大的回撤都是趋势持有过程中的反向波动，利润回吐，而不是本金的损失。

持赢认为在本金安全可控的前提下拿利润博取利润是可行的。

(股指多单)还在持有，并且不会做空，直到我们判断行情反转。

把握趋势才是真正符合我们策略的操作模式，也是我们盈利的基础。

股指比商品操作难度更高。

判断不是最重要的，原则才是。

越是大的牛市过程中可能面临的风险也越大，持赢要时刻把风险管理好。

这个市场越来越专业，对个人投资者来说盈利难度肯定越来越大。

商品相较股市与宏观经济的联系更密切，如果宏观面不配合，资金流入只能短暂的影响行情。

(错失一部分机会)是良好风控必须付出的代价。

只有经历不断的上车下车，投顾和投资人才会彼此找到适合的伙伴。

看重风险收益比的(客户)肯定比只看收益的要持续获得的回报更多一些。

持赢把客户的口碑看作最高荣誉，让每一个持赢的客户保值增值才更有意义。

让真正为客户考虑的、有专业能力的机构得以发展，并能为更多的投资人服务。

私募机构的发展，会让市场更规范、更专业，同时操作难度也会加大。

与投资人利益一致更专业的投资机构(是值得尊敬的)。

理性和感性的协调，就如同协调防守与进攻一样。

产品设计方面会在兼顾投资人利益的前提下，做更长远的设计规划。

吸纳理念相通的优秀人才加入持赢团队。

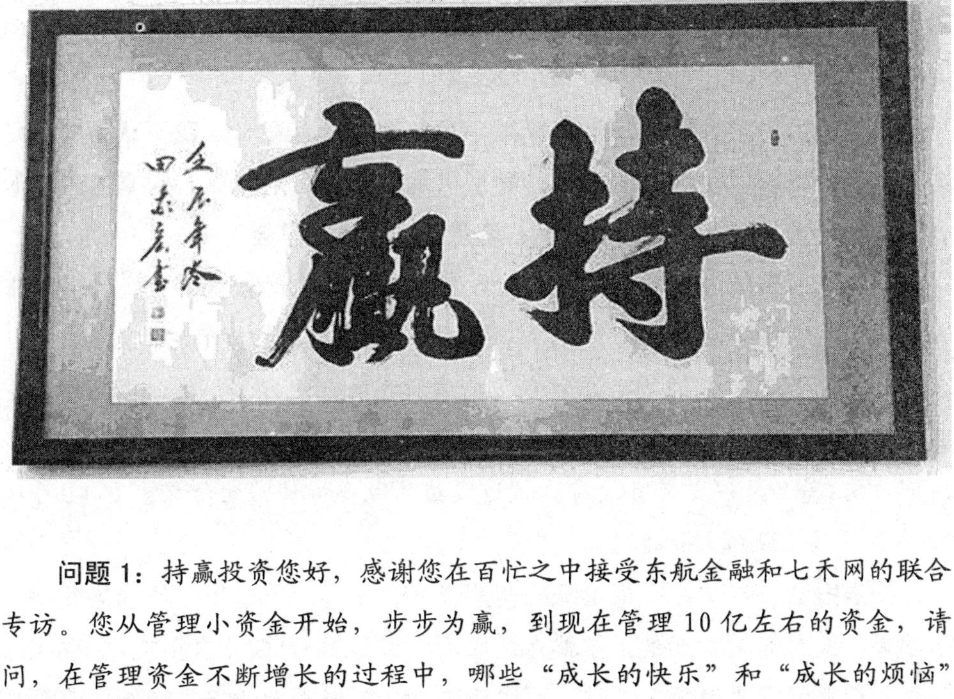

问题1：持赢投资您好，感谢您在百忙之中接受东航金融和七禾网的联合专访。您从管理小资金开始，步步为赢，到现在管理10亿左右的资金，请问，在管理资金不断增长的过程中，哪些“成长的快乐”和“成长的烦恼”让您记忆犹新？

持赢投资：客户的信任和理解应该是最大的快乐也是最大的收获。持赢一直致力于实践与传播理性投资，保航与创造优质资本，客户利益至上是我们不变的宗旨，这些年看到客户资产的增值，理念的提升，是最大的快乐。

至于烦恼主要体现在对自身的修炼与提高上，要想长期更好的服务于客户，自身的不断成长是必须的，而这是个“痛苦”的过程，但也能接受，修行本来就是要吃苦的，对于你所能得到的也是公平的、符合逻辑的。

问题2：持赢管理的资金中，20%左右是公司和股东的资金，请问这些自有资金所用的投资策略和客户的资金是否有不同之处？为什么？

持赢投资：策略没有不同，只是仓位控制上自有资金仓位更大一些，主要是自有资金已经累积了一定的收益。**持赢采用风险分级管理，对已经获得大量盈利的账户可以适当增加仓位，不光自有资金如此，有很多在持赢多年的客户资金也是这样。**

问题3：这些年来，您本人的自有资金在投资中大约翻了多少倍？有人说财富是一种力量，它可以帮助我们去实践自己的观点，您怎么看？您如何配置自己的财富？

持赢投资：多少倍？我没有算过，我觉得也没有意义，**我不认为财富是力量，人的内心才是力量的源泉，财富只是表象或者附属品，财富的聚散源自内心的容量，有了容量迟早会满；容量少了，也迟早会失去。**

作为一个传统的中国人，我现阶段就是留一些生活教育的资金给孩子未来所需，留一些给我的家人生活，其他的继续使用自己的策略进行投资。

问题4：2014年12月，您抓住了一波股指的上涨，各个基金产品的资金曲线都走出了盘整，净值快速上冲。其实2014年7月份股指就开始了上涨，请问，您在12月份之前有没有尝试过股指的做多操作？为什么直到11月底12月初才搭上股指上涨的列车？

持赢投资：其实在股指上涨的初期我就参与了，不过当时的趋势性不是很明显，交易的头寸不是止盈就是止损了，直到12月初才真正抓住了机会。这对于持赢的策略来说很正常，**可以错失机会，但不能让损失增长，前面几次的浅尝辄止我并不认为是错误的，但趋势一旦形成，有的是机会，持赢只抓取符合自己策略的机会**，2013年白银也是最高7500开始空，最后有效赚钱的是4900～3800这一段。

问题5：2015年1月初到3月初，在净值大幅上升后，持赢的产品资金曲线向下回撤的幅度超过了以往，为什么这一次的回撤会比较大？持赢投资稳健的风格是不是发生了一些变化？

持赢投资：持赢一直采取风险的分级管理，对本金附近的风控和取得一

定收益的风控是不同的，当时我们持有股指的多单已经积累了一定的收益，并且我们判断趋势还在继续中，所以持仓待涨，过程中由于行情的波动带来的回撤我觉得很正常。**持赢以往每次较大的回撤都是趋势持有过程中的反向波动，利润回吐，而不是本金的损失。持赢认为在本金安全可控的前提下拿利润博取利润是可行的。**

问题6：现在，您股指的多单是否还继续持有？股指的波动变大之后，有时候下行的点数也比较多，有些人会采用做多做空来回操作的形式。您在股指上只做多头，还是说多空都做？为什么？

持赢投资：还在持有，并且不会做空，直到我们判断行情反转。因为把握趋势才是真正符合我们策略的操作模式，也是我们盈利的基础。

问题7：您以前以做商品为主，这一次股指也做得比较成功，请问操作股指和商品哪个难度更高？在交易策略上是否有所不同？

持赢投资：难度当然股指更高，因为股指里面的对手比较强，策略多，所以波动性大。因此我们在仓位控制上更严谨。

问题8：赵丹阳认为，中国股市的这一次牛市将是人类历史上最大的牛市，对此您是否认同？为什么？

持赢投资：持赢是做趋势跟踪的，当然我们也有判断，但**判断不是最重要的，原则才是。我只知道越是大的牛市过程中可能面临的风险也越大，持赢要时刻把风险管理好。**

问题9：就您看来，本轮股票牛市的核心推动力是什么？能够持续多长时间？会有多大的上涨空间？

持赢投资：简单讨论这轮牛市上涨的原因、持续的时间、空间多大等问题意义不大，**重要的是顺大势而为及每一次的严格风控。**

问题10：在持赢管理的各个基金产品中，有没有开始配置股票头寸？您目前比较看好股票的哪些板块？

持赢投资：目前还没有。后期会根据市场情况及投资能力再考虑是否在产品中适量配置股票。

问题11：有人说中国股市最舒服赚钱的时间段已经过去，现在是股市的分水岭，大盘和个股会进一步分化，以后选股的难度会大大提升。对此观点，您怎么看？

持赢投资：不好说，只能说这个市场越来越专业，对个人投资者来说盈利难度肯定越来越大。

问题12：现在有些投资者在股市兑现利润，转投相对低估的商品市场。这会不会形成助推商品上涨的一股动力？

持赢投资：商品相较股市与宏观经济的联系更密切，如果宏观面不配合，资金流入只能短暂的影响行情。

问题13：2014年12月之前，持赢的资金曲线出现了长达八九个月的横盘，请问这一次较长时间横盘的核心原因是什么？

持赢投资：2014年公司的管理规模成长的较快，且相当一部分是新客户，这对我们的风控来说就需要更严谨，而且规模带来的流动性考虑也有个适应的过程，应该说结果比我预期的好。

问题14：持赢投资能够用资金曲线的横向盘整取代本金的向下回撤，这已属不易，但还是有人提出持赢可能过于谨慎而错失了一些投资机会。对此，您怎么看？

持赢投资：这是良好风控必须付出的代价。

问题15：资金较长时间横盘，可能会面临客户的赎回，客户的赎回会不会对您的交易情绪产生影响？持赢投资会不会因为客户的赎回而调整交易策略？就您看来，投顾应如何理性看待客户的赎回现象？

持赢投资：不会有影响，很正常，也不会调整策略。只有经历不断的上车下车，投顾和投资人才会彼此找到适合的伙伴，当然持赢也会从专业的角度在投资人投资之前就告知他们策略的优缺点，让投资人谨慎抉择。

问题16：您觉得中国的基金产品投资者群体的成熟度如何？哪些类型的基金产品投资者更能获得持续稳健的投资回报？

持赢投资：成熟过程中，路漫漫其修远兮。看重风险收益比的肯定比只看收益的要持续获得的回报更多一些。

问题17：持赢投资的多个账户参加了蓝海密剑中国对冲基金经理公开赛，

并且均取得很好的排名。就您看来，目前市场上的各类大赛，对操盘手、投顾来说，正面作用更大还是负面作用更大？持赢在参与大赛的过程中，除了获得荣誉以外，其他方面是否有所收获？

持赢投资：参赛只是想阳光化展示自己，参赛账户的收益率较高并不代表持赢整体的风格，也可能让投资人误读，所以以后可能参加比赛会更加审慎。

问题 18：到目前为止，蓝海密剑大赛还没有人拿下至高荣誉“元帅”头衔（账户盈利 1 个亿），您觉得持赢投资是否有机会破这个纪录？

持赢投资：持赢把客户的口碑看作最高荣誉，让每一个持赢的客户保值增值才更有意义，所以持赢不会主动去想会不会破纪录，会不会获得这个机会。

问题 19：持赢投资从 2012 年就开始运作阳光化产品，请您谈谈阳光化对私募机构的意义？

持赢投资：让真正为客户考虑的、有专业能力的机构得以发展，并能为更多的投资人服务。

问题 20：2014 年私募机构成为了金融行业的正规军，这为中国资本市场带来哪些方面的变化？

持赢投资：只有更专业，市场才能做大。**私募机构的发展，会让市场更规范、更专业，同时操作难度也会加大。**

问题 21：有人认为这一轮股票牛市处处有着私募的身影，并且认为私募对市场的影响已经超过公募，对此您怎么看？

持赢投资：不管是公募还是私募，我想与投资人利益一致、更专业的投资机构有机会成为行业未来的领导者。

问题 22：就您看来，哪些类型的私募机构是值得尊敬的？

持赢投资：与投资人利益一致、更专业的投资机构。

问题 23：现在针对投顾的各种交流会议越来越多，有些投顾成了到处赶场的“明星”。就您看来，哪些类型的会议才是真正能对投顾带来提升作用的会议？

持赢投资：我参加的活动比较少，说不好。

问题 24：在工作中您是非常理性的，而在生活中您又是感性的，请问您如何协调工作的理性和生活的感性？

持赢投资：理性和感性的协调，就如同协调防守与进攻一样。

问题 25：最后请您谈谈持赢投资下一步的动作和目标，以及持赢投资最需要突破或改善的地方。

持赢投资：打造更专业的团队，更好的服务于客户。持赢会在以下方面继续努力：

(1)立足于自身策略的不断优化与提升；

(2)在公司运营层面及合规方面进行规范与完善；

(3)产品设计方面会在兼顾投资人利益的前提下，做更长远的设计规划；

(4)吸纳理念相通的优秀人才加入持赢团队，同时希望能遇到和持赢风控条件匹配的策略，共同合作，让持赢的权益曲线更平滑，有机会为更多的投资人创造财富。

赵晖：趋势就像俄罗斯套娃

（2015年6月5日 翁建平访谈整理）

赵晖

参赛名“灰太郎”，南京人，兼职期货交易6年，主要做商品期货和金融期货。半自动程序化交易，策略采用大宗商品的顺势交易策略，主要做日内交易和波段交易，使用技术分析方法。在第六届（2013—2014年）蓝海密剑中国对冲基金经理公开赛中获得总排行第五名。

【灰太狼】累积净值曲线图

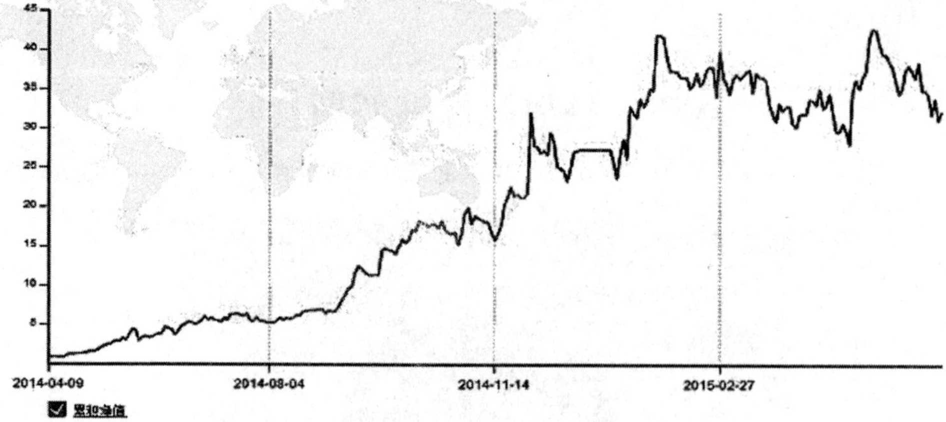

访谈精彩语录：

调整心态的办法是睡一觉，然后再研究失败原因。

有些小品种，假信号较多的品种（如玉米、PVC，等等）不太适合进行交易。

放慢追求高盈率的欲望，改而追求低回撤。

商品趋势性和连续性较强。

个人认为就算商品见底也是个震荡的过程，可能会持续一年。

股指可能是日内交易者的天堂，但对追涨杀跌型的交易者就比较讨厌。

只选择一些沉淀资金较大的品种去交易。

最多交易领头的三四个品种。

如果氛围较浓的时候，同时多方面共振度较高的时候，会较重的仓位(80%～90%)操作，同时会集中到一两个领头的品种上。如果把握不大的时候，会轻仓(30%～40%)参与。

考虑减小周期，逐级跟踪的模式来控制账户的回撤。

按指标止损，只要指标变化了就严格止损。

如果当天不出现平仓信号就持有过夜，如果趋势及连续性较强，就持有成为波段。

如果当天就出现平仓信号，不管是亏损还是盈利自然就平仓了结。

如果大周期不支持有趋势性机会的话，可能当天不出平仓信号，也会了结或者减仓持有。

全自动程序化交易虽然杜绝了人工判断的人为因素，但也缺少了人工判断的灵活处理。

（开发出交易系统）首先交易方法是能指标化的，其次这种交易方法是适合个人性格的，能执行这些交易方法的。

期货就是需要反大众性。

只有顺势是相对比较顺人性的，也是盈亏比较大的策略。

趋势我觉得就像俄罗斯套娃，一个套一个，一层套一层。

一般抓一小时级别的趋势。

小的震荡行情不参与，如果是大的震荡行情，可以形成某一低级别的趋势，可以酌情参与。

单账户追求最大收益，基金账户在追求收益的同时也要考虑回撤比。

账户和基金的策略是一样，只是仓位控制不同。

问题1：赵晖先生您好，感谢您在百忙之中接受东航金融和七禾网的联合专访。从您参赛的账户来看，总共交易14个月，只有1个月是亏损的，您觉得能获得这么好成绩的核心原因是什么？其中1个月的亏损是什么原因造成的？

赵晖：主要是去年的趋势较为明显，以及个人心态比较平稳，能按照系统完成绝大多数的交易。亏损是由于修改了原来的系统，造成盈亏比失调。**我调整心态的办法是睡一觉，然后再研究失败原因。**

问题2：您是否有信心继续保持这样的成绩？为什么？

赵晖：有信心能继续盈利，但能不能继续达到这样的盈率，得看市场和个人交易的契合度。另外随着资金量的增大，**有些小品种，假信号较多的品种(如玉米、PVC，等等)不太适合进行交易**，而且开平仓的滑点增大。同时个人也会放慢追求高盈率的欲望，改而追求低回撤。因为一般大行情大家都能抓到，而在行情来之前是最折磨人和消耗资本的时候，怎么能在盈利后保持回撤度，是我最近在研究的事情。而且我觉得以后震荡是新常态。

问题3：您参赛的账户，主要的盈利来自于商品期货，是不是您更擅长商品期货的操作？

赵晖：是的。因为**商品趋势性和连续性较强**，而且个人毕竟做商品期货时间较长，对商品各品种有一定了解。比如基本金属，因为和外盘的关联性比较强，所以经常日盘和夜盘有背离的现象，而在国内夜盘结束后，外盘又恢复原先走势。

问题4：今年以来大宗商品市场整体呈现下跌走势，有人说这是抄底商品期货的好时机，也有人说商品期货价格仍未见底，您怎么看？您会如何布局商品期货？

赵晖：个人认为就算商品见底也是个震荡的过程，可能会持续一年。所以今年的商品较难做，趋势性机会较少，连续性不够，换句话说就是信号少，力度小。只能走一步看一步，看市场怎么解答自己。

问题5：除了商品期货，您股指期货也有参与，请问在交易策略上是否会跟商品期货有所不同？

赵晖：策略是一样的，但由于牛市造成股指的波动率比现在商品的波动率要大很多，而且特性和商品也不大一样，商品的连续性比较强，股指盘中震荡比较厉害，而且股指是大合约，所以**股指可能是日内交易者的天堂，但对追涨杀跌型的交易者就比较讨厌。**个人还是在尝试和学习中。

问题6：上证50、中证500股指期货推出也有一段时间了，请问您有没有研究和参与过？

赵晖：一直在观察，但毕竟刚推出，暂时未参与，先观察一下它们的特性，然后等合适的时机，当股指有合适的时机，三者中谁的形态最好，再进行挑选进行交易。

问题7：您操作的品种大概有40多个，请问您为什么选择这么多品种交易？什么样的品种才符合您的交易系统？

赵晖：资金量小的时候，什么品种都可以按照交易系统操作，但因为期货主要还是资金推动的，为了减少小品种频繁假信号的出现，以及随着资金量增大，为了开平仓方便，减少滑点，也是慢慢的**只选择一些沉淀资金较大的品种去交易**。

问题 8：您一般同时交易多少个品种？每个品种用的分析模式是否相同？

赵晖：分析模式是一样的，但一般**最多交易领头的三四个品种**。因为指标是一样的，所以交易模式是一样的，但往往品种间是有关联的，如化工品种都有信号，那可能都会有持仓，但可能强弱会有区别，因为事前是不知道。

问题 9：单个品种的仓位和整个账户的仓位，您会如何设置？

赵晖：会考虑整个市场的氛围，**如果氛围较浓的时候，同时多方面共振度较高的时候，会较重的仓位（80%～90%）操作，同时会集中到一两个领头的品种上。如果把握不大的时候，会轻仓（30%～40%）参与。**

问题 10：整个账户的回撤，您一般会控制在多少范围内？一般会采取哪些方法来控制账户的回撤？

赵晖：因为是按交易系统操作，所以其实回撤率不是能完全控制，这也是我主要考虑的问题。现在是**考虑减小周期，逐级跟踪的模式来控制账户的回撤**，但效果怎么样，还要看后续实盘操作的结果。

问题 11：您之前说过除了“赢”就是“止损”，那请问一笔单子进场后，您会如何设置止损位？

赵晖：我是按指标止损，指标一般都含有开仓和平仓信号。**只要指标变化了就严格止损**，有平仓信号就平仓，如果重新再有信号，那再重新参与，如果没有就等待。

问题 12：您采用波段＋日内的交易方法，请问两种方法结合的好处在哪儿？您具体是如何切换和操作的？

赵晖：当出现信号开仓后，**如果当天不出现平仓信号就持有过夜，如果趋势及连续性较强，就持有成为波段。**

如果当天就出现平仓信号，不管是亏损还是盈利自然就平仓了结。

如果大周期不支持有趋势性机会的话，可能当天不出平仓信号，也会了结或者减仓持有。

问题 13：您今年才开始使用半自动程序化交易，请问之前的几年，您都尝试过哪几种交易方法？您觉得半自动程序化交易最大的优势在哪里？

赵晖：一直是在寻找指标进行交易，今年先是操作的指标成型。后发现操作时，人工判断指标比较累，所以就把操作的这些指标程序化自动发出开平仓信号，再去判断进行实际交易，这样减少了工作量及人工判断的误差。

问题14：现在也有很多全自动程序化交易投资者做得很好，您是否也会转向全自动程序化交易？为什么？

赵晖：在考虑，但由于一些程序化的疑问还未解决，不知道是否能由程序化完全完成。另外**全自动程序化交易虽然杜绝了人工判断的人为因素，但也缺少了人工判断的灵活处理**。看后面慢慢发展吧，主要看后续个人学习和接受的程度怎么样。

问题15：您从刚开始不懂期货，到自己成功开发出交易系统，您有哪些感悟？

赵晖：**其实交易系统就是把交易方法固化下来，但首先交易方法是能指标化的，其次这种交易方法是适合个人性格的，能执行这些交易方法的**。我也是尝试了很多种，最终发现这个比较适合我，就一直使用下来了。这也可能和我的经历有关，我是做IT的，喜欢拿编程的思路思考期货，最终还是用编程的方法实现，虽然是很简单入门的交易系统，和程序化还有很大距离。

问题16：您的交易系统最大的特点是什么？

赵晖：**交易系统最大的特点是追涨杀跌**，在大趋势中顺势的追涨杀跌，或者说就是突破式交易。

问题17：在您的交易系统中，主要依据哪些指标、图形、量变作为进场、出场的决策？

赵晖：一些常用经典的指标都是我的参考，如MACD、KDJ、SAR等，以及自己的自设指标，共同去决定进出场策略。

问题18：有人表示指标参考越多，操作难度越大，失败的可能性越大。您是否认同这个观点？为什么？

赵晖：我觉得**期货就是需要反大众性**，确实指标参考越多，操作难度越大，失败的可能性越大，因为割裂的去看指标，不同的指标是适合不同的情况的，但如果去寻找指标的共通点，去除不能叠加的情况，那反而多指标验证了交易方向的可能性，加大了正确的概率。

问题 19：您的交易策略主要是顺势交易，除了这个策略，是否还有其他策略？

赵晖：暂时没有，因为**只有顺势是相对比较顺人性的，也是盈亏比较大的策略。**

问题 20：您是如何定义趋势的？主要抓哪个级别的趋势？

赵晖：趋势我觉得就像俄罗斯套娃，一个套一个，一层套一层。或者像大家所说的潮汐，小级别的趋势组成大级别的趋势。其实每个级别的趋势按道理都可以参与，只是个人的操作理念和个人性格适合哪个级别的，**我一般抓一小时级别的趋势。**

问题 21：如果遇到震荡行情，您一般会怎么应对？

赵晖：小的震荡行情不参与，如果是大的震荡行情，可以形成某一低级别的趋势，可以酌情参与。

问题 22：您会不会对交易策略进行调整、优化？

赵晖：会，但怎样才能适合不同的行情，我也是在摸索。

问题 23：您以前是做 IT 工作的，当时是怎么接触到期货行业的？为什么会热衷于期货交易？

赵晖：其实我是个保守的人，一开始是抵触投资的。后来 2008 年的时候觉得股票是处在比较低的阶段，当时就入市做股票，挣了点儿小钱，后来慢慢股票市场又不好，盈利又回吐回去。后来换了单位，在一个同事带领下，单位氛围是做期货，美其名曰多空都可以挣钱，我就稀里糊涂进入了期货行业。后来因为人都是有赌性的，就欲罢不能了，然后就一直用编程的思想去摸索期货交易方法。

问题 24：您表示做期货是需要非常集中精力的，那您这么多年交易都是兼职做的，这会不会影响您交易水平的发挥？您又是如何平衡工作和交易的呢？

赵晖：多少有点儿影响，但一方面交易周期适当，一方面现在可以手机看盘和交易作为辅助，而且在期货交易不能代替工作带来的收益时，只能兼职摸索。

问题25：您在第六届(2013—2014年)蓝海密剑中国对冲基金经理公开赛中获得总排行第五名。当时参加比赛的目的是什么？最大的收获是什么？

赵晖：第一，当时东航搞活动参赛可以减免交易费用，第二，可以实时观察到自己的资金曲线，对自己是个审视。倒没有想到能获得这个成绩。最大收获是证明了自己，同时算是真正进入了期货行业，更大程度了解了这个行业，拓宽了自己的视野。

问题26：现在股市行情这么好，您有没有参与交易？

赵晖：我对股票没有研究，可能个性也不适合做股票，所以今年一开始只参与了股指交易，股票一直都没有参与。

问题27：您最近也发行了基金产品，请问从单账户的操作到基金产品的操作，您觉得最大的差别在哪里？单账户的策略和基金产品的策略是否会有区别？

赵晖：单账户追求最大收益，基金账户在追求收益的同时也要考虑回撤比。所以目前在基金的开始阶段，账户和基金的策略是一样，只是仓位控制不同。

问题28：要想成为一名优秀的基金产品投顾，您觉得应该从哪几个方面着手？

赵晖：我才开始涉及基金产品，所以没有经验，只说说我觉得我现阶段的目标。一是降低回撤率，现在在尝试多种方法，如降低交易周期或者减少操作次数等等；二是提高基金产品仓位控制能力，希望尝试一些加仓策略；三是更加要求增加个人的自控能力，当心态不好的时候减仓操作、严格按照指标操作，等等。

李志康：入场点水上，净值最高点水上，本金水上

（2015年6月9日　沈良访谈整理）

煌昱投资及李志康

上海煌昱投资有限公司可以追溯至2005年创立的上海煌昱资产管理有限公司，是一家提供持续、稳健收益率的公司。十分重视整个投资流程的管理，即在“研发、分析、计划、执行、风控、反馈、总结、改进”等环节均做到有章可依、有章必依。煌昱投资讲究对市场本质深刻理解基础之上的技术进步和利润创造，注重以团队力量整合和优势互补所形成的可持续盈利能力。在风险可控的前提下，追求有品质的收益率。

李志康为煌昱投资总经理、投资总监，资深金融专家，1994年进入国内期货、证券市场，21年交易实战经验积累，曾任职平安证券高级投资顾问。研发出成熟、稳健、容量大的交易系统，并在内外盘期货市场获得验证，投资风格独成一派。发表多篇专业论文，受到业内广泛认可，接受《期货日报》等多家媒体专访。目前为东航金融“种子一号”基金、同安投资“定增1号”“巨星1号”基金的受邀投资顾问。

2005年至今每个自然年度都获得“正”收益，平均年化收益30%，2009年6月至2013年9月在国内外期货市场上获得10倍的投资利润。

2005—2007年为客户在证券市场获得丰厚回报，并在2007年四季度在上证指数6000点附近以超强预见性带领客户撤离股市，保护收益。2014年，预期中国股市进入牛市，开始重点参与投资股票。

2013年11月获得第五届中国对冲基金经理公开赛“基金组（1000万级别）”第二名，基金净值1.438。

2014年5月煌昱投资成为私募基金管理人，获得证券基金业协会颁发的牌照，并成为基金业协会成员单位。煌昱证券期货混合基金从2015年1月9日正式开始运作，截至6月9日估值为1.5772，周最大回撤3.37%。

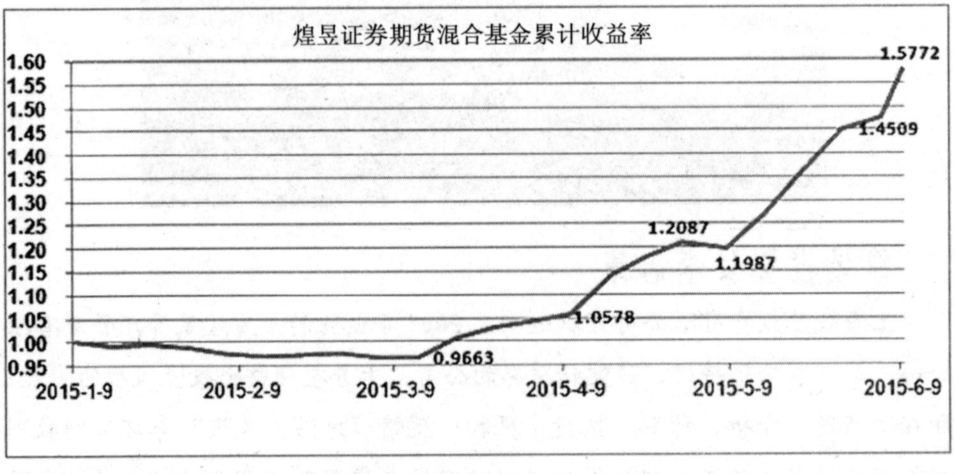

访谈精彩语录：

这些年来不管是遇到黑天鹅或需要转型升级模型突破瓶颈，我们都能始终以最小的代价取得成功。

我们在关注赚钱的同时会更重视钱是怎么赚来的。

我们在操作中寓守于攻，将攻防有机地结合在一起。

中国股市和一切事物一样，这21年来花开花落。

把握牛市或牛股，最好是两者兼有。

从2013—2014年，即股指在2000点附近，我就较有把握地认为可能一个长期的大底已经来临。

（股指期货的）波动形态稳定性较短，起落大、反复多、变化快、有时面对套利盘狙击力度大，建立在此基础上的获利模式相对变化速度非常快，稳定性差。

慢慢我们可能就发觉行情很大或者会很长，因为这轮牛市的基础和背景非常好。

虽然中间过程一定会有曲折起伏，但就长期前景来说，真的是不可限量。

重要的是中国政府手上拥有包括政策和实际资金等强大的干预资源。

分析国家政策的导向和动向无论对大势还是个股都是具有重要意义的，尤其在中国。

股票也是一种商品，需要接受资本、供求、自身属性等定价方式的影响。

“庄家”只是更有影响力的大资本方，也会受到来自大势、政策、上市公司或其他同类“庄家”的威胁或配合，要不然就会因各种原因导致最终失败，而且操作失败概率也非常高，后果很严重。

要么你建立起成熟系统、有竞争力的交易体系，要么请有这类体系的机构或个人帮助。

任何一种方式或个人都要适应新陈代谢、周而复始的客观规律。

胆量本身是一种资源，这一点不能否认，但真正经得起时间和事件考验的胆量才是稀缺资源，只有稀缺资源才有长期价值。

真正的胆量应该来自知识、经验、智慧、远见和敏锐度及相应的成果反应，所谓有识之胆为真胆。

我更愿意当一个有自身特点的市场派，即在能充分尊重市场的基础上做一个辩证的坚定者，有方法但不囿于方法、有经验但不囿于经验、有模式但不囿于模式，接受一切皆为相对。

将主观建立在客观基础上，用客观来管理主观，搭建能伸缩自如柔和的骨骼系统去面对物竞天择、适者生存的大千世界，不执不妄。

我会坚定持有股票到价值无存。

值博率就是我对于价值的动态理解，或者说我在坚守的是值博率价值而非单一股票价值。

最重要的还是技术符合不断向上的走势。

建立自己独有的股票行业板块，每个板块一般10只左右最多不超过20只代表性股票，并定期进行重点龙头股的更替。

力争不要有太多重点板块，若有需要会根据市场情况重组或新建板块。

单只股票上限绝对不允许超过总仓位的22.5%

单只股票有通过加减仓来平衡收益和风险的关系。

我们建立了三个“水上”的标准，即争取入场就赢（入场点水上）、净值能持续不断刷新最高纪录（净值最高点水上）、产品初始净值在1元以上迅速建立安全垫(本金水上)。

模式的竞争性体现之一就是经常能在动态发展中找到比较丰富的高价值机会点。

我会有选择地通过使用股指期货这个工具来捕捉一些低风险进场点。

“用股票吃鱼头和鱼尾，用股指吃鱼身。”一般来说，鱼身是指行情的主要阶段，肥美而持有风险相对小，不太需要多次反复进出，我觉得可能用股指加跟踪止盈反而简单直接有效；而鱼头鱼尾相对刺多一些，风险大一些，需要进出做规避动作的地方多一些，反而用低杠杆多标的把握起来更可靠一些。

牛市中股票会提供足够丰沛的交易机会，如果能够灵活切换有效追踪热点，完全可以在波段中累积出大收益。

目前由于流动性考虑，我还是以参与沪深300股指期货为主，但基于长牛预期和国家战略发展，从多头角度，我可能相对看好中证500股指期货。

能找到并专注于自己的定位和优势，全心全意并有能力提供给客户相应收益率需求的私募机构都值得尊敬。

我相信未来前景无限光明。

问题1：李总您好，感谢您在百忙之中接受东航金融和七禾网的联合专访。煌昱证券期货混合基金主要操作股票和股指期货，从2015年1月9日正式开始运作，截至6月9日产品的估值为1.5772，请问这一波较为可观的利润主要是股票带来的，还是股指期货带来的？您主要是抓住了哪些股票的行情？

李志康：大家好，非常荣幸和感谢能在东航金融和七禾网这样一个优秀的平台和大家交流，在投资市场最重要的就是不断保持学习更新的态度和能力，所以，和大家交流的也只是个人的目前看法和观点，欢迎大家批评指正。

目前我们这款产品这段时间的表现主要来自股票，当中有部分利润来自股指期货，股票的行情主要是来自于针对主流方向的滚动循环操作，瞄准如央企改革、军工、国家战略新兴行业等涉及产业转型升级和进一步深化改革的主题作为操作主线。利润也主要通过不断地管理风险循环操作而来，并非通过一只股票或一把行情而来，即主要来自于操作，因为我个人用分析的结论解决概率的问题，而操作更重要的是结合市场当时背景和账户仓位背景、操作者自身特性（如知识、经验、敏锐度等）进行值博率管理，综合解决值不值得的问题，即通过赢大输小或赢多输少来体现长期正期望值，交易出长期高质量的收益率。

问题2：这个产品的业绩比较好，而按周计算最大回撤仅为3.37%，您在基金产品的风险控制上一般有哪些方面的设计？在2015年下半年，这么高的收益风险比能够持续下去吗？

李志康：首先，我们根据股指和股票本身的波动特性，考虑不同操作工具使用的特性，有针对性的选择市场不同的行情阶段和特性交替使用这两种工具来平衡风险和收益的关系。如股指具有高杠杆，高波动性特征，所以更需要选择一些风险收益比高，绝对风险可控的点位介入，并且介入后尽量持有一段时间，所以介入准确度和期望值要高一些，一旦介入应容忍一定的震荡，不轻易进出，直到觉得行情或波动带来的风险不可控，则平仓出局，等待下一个介入机会。而股票则是现货交易，目前又是T+1交易制度，波动风险相对可控，同时股票由于标的多，波动节奏也有不同，所以交易机会相对会多一些，因此，我们可能会去把握更多的进出机会。在相信始终能控制好整体风险的基础上，多参与不同市场行情带来的不同市场机会，这在我们原来从单一期货变为股票期货同时操作过程中确实获得了更佳的效果。

其次，我们始终高度重视顶层收益风险的管理如总体仓位设计，每个标的或每次和总体风险考量，事前安排、事中执行、事后评估等一套体系安排事先必须结合市场和个人特性得以确定并分别交由不同人员监督执行，以确保不会受到场上或薄弱环节暴露引发严重后果的风险，所以，这些年来不管是遇到黑天鹅或需要转型升级模型突破瓶颈，我们都能始终以最小的代价取得成功。

再就是模式的问题，也就是说我们在关注赚钱的同时会更重视钱是怎么赚来的，即始终评估研究盈利来源中机会资源和转化机会的外在和内在资源。提炼后可标准化的标准化，模式化甚至软件化、指标化、机器化，难以标准化的则不断总结、训练、练习、强化、加固以保持其可靠性，稳定性和持续性。就比如**我们在股票上的操作和盈利机会的来源非常稳定可靠同时也非常丰富，重要的是我们在操作中寓守于攻，将攻防有机地结合在一起。**

所以，随着中国股市始终不断地发展，工具越来越丰富，市场和投资者越来越成熟，同时我们在坚持好以上前提的基础上不断自我学习，自我更新，自我突破，相信不止2015年，未来我们对始终能提供高收益风险比的高质量收益率还是很有信心的。

问题3：您1994年就开始参与股市和期市，已有21年投资生涯，您觉得中国股市这21年来最大的变化是什么？21年来，股市中有没有不变的东西？

李志康：变和不变永远是事物的两面始终存在，就如发展和巩固一样。**中国股市和一切事物一样，这21年来花开花落，**投资者赢了又亏，来了又去，大浪淘沙，沉淀出一批成功的上市公司，久经沙场考验的操盘手以及越来越成熟的监管机制和游戏规则，换来了一个规模越来越大、品种越来越丰富、功能越来越健全、规则越来越成熟的中国股票市场。总的来说，就是通过不断发展，总体不断由初级到高级，由单一到多元，并且自身仍然在不断发展变化中的中国股市。至于不变的部分我个人觉得，由于股市本身就是人类创造的一种方式，它的长期存在基础是不会变的，小的方面体现人的特征，大的方面逃不脱自然规律，如规则和使用规则、模式和突破模式、泡沫制造和破灭、形成问题和解决问题、固有人性和改变调整。即动态地稳定一段周期后又突破变化，从而体现循环和发展的关系。

问题4：您2007年第四季度在上证指数6000点附近以超强的预见性带领客户撤离股市，成功保护了收益。请问，当时您依据哪些分析或怎样的逻辑，决定撤离股市？

李志康：以往中国股市交易品种相对单一、交易规则相对固定、把握机会如果从大一点的角度胜算会更高，所以我对当时股市背景下机会的来源认识主要是**把握牛市或牛股，最好是两者兼有。**在工具相对较单一的前提下，大势认识极端重要，是主要机会或风险的来源。所以，我始终非常重视在时间和空间上对大势的认识和分析以及相应的应对，当然这些分析方法也是要随着市场不同，阶段不同不断总结更新，而且前面我也提到这些也只是解决概率问题，比如当时对中国股市——主要是对上证指数我在时间上有一个2年和4年的周期认识，空间上有2、4、6的倍数认识，每每遇到这些关卡就会非常警惕。所以在接近2008年同时接近6000点时我就高度关注见顶信号，而且是退出就不能再进大顶，也许是运气的原因，总之，后来证明是对的。在当时还没有可以做空的股指期货的背景下，在整个大熊市中我把精力主要转战到商品期货市场，在国内外期市上又取得了一点成绩。

问题5：2014年下半年开始，您的投资重心又开始偏向股市，这又是基于怎样的分析或判断？

李志康：事实上，从2013—2014年，即股指在2000点附近，我就较有把握地认为可能一个长期的大底已经来临，只是什么时候以什么方式起来不知道，为了迎接即将到来的行情我也做了一些准备，比如将精力和资金转移到国内——主要是国内股指市场，初期想就是通过利用股指期货来把握这轮大牛市，但后来发现了一些问题，如股指期货在中国毕竟是个新生事物，还未经历过市场大牛大熊的考验，参与者及参与方式、过程还需要有个演变过程，在这个过程中其形成的波动形态稳定性较短，起落大、反复多、变化快、有时面对套利盘狙击力度大，建立在此基础上的获利模式相对变化速度非常快，稳定性差。而我相对是一个低风险交易者，对获利可靠度要求较高，所以在行情刚刚起来时光使用股指期货一个工具一度还不是很适应，好在煌昱证券期货混合产品成立后，成功解决了一度困扰我受限于单一工具的问题，所以，才有了今年来游刃有余的好成绩，当然随着行情的发展始终需要不断学习提高完善，但将缚住的手脚放开寓守于攻的局面就此形成的概率得以大大提高，也将我个人的优势和特点发挥出来了。

问题6：有人说中国股市的这一轮牛市将是人类历史上最大的牛市。您是否认同？为什么？您觉得推动这一轮牛市的核心动力是什么？这轮牛市能够持续多长时间？能上涨多大的空间？

李志康：是不是人类历史上最大的牛市我不敢说，理性一点将路一步步走踏实了可能更好一些，慢慢我们可能就发觉行情很大或者会很长，因为这

轮牛市的基础和背景非常好，中国股市长期初级阶段发展的各种问题积累造成的低位指数起步，伴随着实体经济走到初级阶段面临转型升级，而我们又有一个雄心勃勃、敢作敢为且睿智善干的这届政府领导集体全方位推进改革，可谓天时地利人和占尽，**虽然中间过程一定会有曲折起伏，但就长期前景来说，真的是不可限量。**

问题7：有人说中国的股市就是政策市，您如何看待政府的力量对股市的影响？就您看来，当下的股市，主要的博弈力量有哪几股？各自的特色是怎样的？

李志康：换作任何一个国家、任何一个市场包括股市，政策的作用都需要高度重视，政府的力量都不容小觑，尤其是咱们中国那么悠久的历史及政治文化沉淀出来的东西自有它自身的特点。作为一个对金融及实体经济、对人民生活越来越重要的股票市场，政府很长时间都会保持对中国股市的影响意愿，而且**重要的是中国政府手上拥有包括政策和实际资金等强大的干预资源，所以分析国家政策的导向和动向无论对大势还是个股都是具有重要意义的，尤其在中国，**至于是非好坏那就是仁者见仁智者见智。

人类社会创造的各类事物本身就有其特定的时空利弊，就像股市参与各方：上市公司、投资者、中介服务机构、监管层，投资者还包括机构投资者和个人投资者、大投资者和小投资者、专业和业余投资者、价值和趋势投资者、套利和追势投资者；每一方都有自己的利益和立场，而且也会不断动态转换，在一定阶段会表现同和异、合和分、主导和追随，但从整体上从更长的历史发展中会表现出动态平衡地向上发展态势。因此，我个人认为**也许多参与、多理解、多包容、更积极更阳光一点看待事物发展的问题可能更好一些，**当然一定程度上合理化、多角度甚至反面看问题也需要，但这个度的把握和控制非常重要，也非常难，好在随着人们知识、经验和认识力的不断提高，我们解决问题的能力和水平也大踏步提高，相信未来一定是越来越好的，博弈也会越来越文明，和谐体现有竞争也有包容、妥协和节制的一面。

问题8：有人认为每只股票都有“庄家”，您怎么看？如何看待某些股票主力非常明显的控盘举动？在这一轮牛市中，个人投资者如何赚到钱、

守住钱？

李志康：我觉得股票也是一种商品，需要接受资本、供求、自身属性等定价方式的影响，“庄家”只是更有影响力的大资本方，也会受到来自大势、政策、上市公司或其他同类“庄家”的威胁或配合，要不然就会因各种原因导致最终失败，而且操作失败概率也非常高，后果很严重，因为任何一种力量都不可能脱离背景被过度使用，否则必然自食其果，而作为个人投资者不管面对“庄家”控盘和牛市背景，赚到守得住的钱的方法必然是研究市场、对手和自身的特点，理出重点、打造优点、改善缺点、扬长避短地建立能兼顾攻防、体现自身效率和特点的系统才能笑到最后，从这个角度来说，最终解决之道也许就是**要么你建立起成熟系统、有竞争力的交易体系，要么请有这类体系的机构或个人帮助，**毕竟任何一行都是术业有专攻。

问题9：股市中的打法有很多，比如有完全的价值投资派，有纯粹的技术分析派，有量化投资派，有套利对冲派；有坐庄派，有联合控盘派，有跟庄派，有政策跟随派，有追涨停板派，有听消息派，有盲从派；有打新股派，有买次新股派，有定增派；有集中持仓派，有分散投资派；有日内短线派，有隔夜波段派，有中长线派……您如何看待这个丰富多彩的股市生态？上述说的众多派别，众多投资方式，您觉得哪些派别、哪些投资方式是可持续的？

李志康：任何一个生态系统的长期存在必然建立在其中多元成分的对立博弈和统一融合中，而且物种越丰富生命力往往越强，因为这样的平衡相对更稳定。而对个体来说优胜劣汰、适者生存。能得以长期存在的投资方法、派别或模式自有其出处和背景，其中有常数也会有变数，有规律也有意外及颠覆。所以，**任何一种方式或个人都要适应新陈代谢、周而复始的客观规律，**重要的是我们能否锻炼或具备在我们的职业生涯中不断升级换代所需要的强大适应力和生命力。

问题10：也有人认为，在牛市中不需要什么派别、什么方法，只需要胆量就可以了，您怎么看？

李志康：胆量本身是一种资源，这一点不能否认，但真正经得起时间和事件考验的胆量才是稀缺资源，只有稀缺资源才有长期价值，而既然是稀缺资源必然有投入和积累。所以，**真正的胆量应该来自知识、经验、智慧、远见和敏锐度及相应的成果反应，所谓有识之胆为真胆。**一个牛市尤其是长期或大型牛市必然有曲折、反复、迷茫的中间过程，初级或低级别的胆量在经历了这类考验后能尚存的必然是经过升华过的内在技术与外在勇气的结晶物，而只有这样胆量才会慢慢转化，在完善过程和真实成果的滋养下沉淀成为信心，去长久支持不同困难下仍然一以贯之的行动能力，也就是真正实力的外

在体现，这时才能认为有了更高级别的胆量，即有了经验和基础的自信心。

问题11：您觉得自己是哪个派？或是哪几个派的混合？

李志康：我觉得**我更愿意当一个有自身特点的市场派，即在能充分尊重市场的基础上做一个辩证的坚定者，有方法但不囿于方法、有经验但不囿于经验、有模式但不囿于模式，接受一切皆为相对。将主观建立在客观基础上，用客观来管理主观，搭建能伸缩自如柔和的骨骼系统去面对物竞天择、适者生存的大千世界，不执不妄。**

问题12：您会不会纯粹从价值投资的角度选择股票，然后坚定持有一直到不再看好这只股票的价值？为什么？您会不会纯粹从技术图形、指标、量能变化等方面选股，而不考虑这只股票的基本面信息？为什么？

李志康：我会坚定持有股票到价值无存，但我的价值认识是相对的且多角度的，有来自技术图形、指标、量能变化或者对象个体属性及相对背景基本面评估，甚至还有我自身基本面(如个人特点、优点等)和自身技术面(如当前仓位、标的安排、风险度等)，综合起来去评估当前买、加、减、卖或持有

的综合价值，我始终强调的**值博率就是我对于价值的动态理解，或者说我在坚守的是值博率价值而非单一股票价值。**

问题 13：请您简要总结一下您的几条选股标准？您会不会建立一个您看好的股票池（比如持仓的股票、准备买入的股票、重点观察的股票）？您的股票池中一般会有多少只股票？您如何更新这个股票池？

李志康：行业属性及前景、行业代表性、资金容量及流动性、技术走势符不符合向上的趋势，需要长期跟踪的还会深入了解一下产品、业务、结构、规模、平台，总之，赚钱的商业模式和理由。当然，**最重要的还是技术符合不断向上的走势。**

我会先把市场的股票按重点跟踪的行业分类别进行整理分类，也就是**建立自己独有的股票行业板块，每个板块一般 10 只左右最多不超过 20 只代表性股票，并定期进行重点龙头股的更替。**板块建立方向主要是我前述的一些如符合国家产能升级方向的新兴产业，原有体制格局改革如央企合并重组、军工等重点及传统行业中具有代表性的长期资金光顾的行业板块，总之，力**争不要有太多重点板块，若有需要会根据市场情况重组或新建板块。**

其次又会结合市场资金或行情重点关注的板块中选择龙头股票分别放入我的长期、中期、短期及准备买入自选股票池，一般每个板块入选 2 个不超过 3 个进行每日和盘中跟踪，盘后及周末我会用我们自编的择时程序对每个池子进行机器周指标和日指标的扫描以确立下一步重点跟踪的对象，**一切都有流程，以人机结合的方式进行去伪存真、去粗存精逐步筛选聚焦的减法操作，越少越好。**

问题 14：您一般同时持有多少只股票？对单只股票的仓位是如何设定的？整个账户股票的持仓范围是如何设定的？单只股票您有没有加减仓的操作？

李志康：持仓个数和范围并没有太多限制，会根据资金大小、标的容量、时机好坏等来配置，**但单只股票上限绝对不允许超过总仓位的 22.5%，单只股票有通过加减仓来平衡收益和风险的关系。**

问题 15：您做股票一般是长期持有，还是波段操作，或是短线操作？一只股票的持有周期一般是多长时间？单只股票在什么情况下，您会止盈平仓或止损平仓？

李志康：波段操作是目前的主要特点，我们会结合大盘和账户及个股情况动态调整配置，周期有长有短，止损在刚性极限的基础上主要靠主动管理，止盈在主动管理的基础上也会有被动跟随。目标主要是指向账户承担可控风险下资金曲线的持续增长，**我们建立了三个“水上”的标准，即争取入场就赢(入场点水上)、净值能持续不断刷新最高纪录(净值最高点水上)、产品初始净值在1元以上迅速建立安全垫（本金水上）**。相应这些标准我们采取的开平仓、止损、止盈标准会有不同，水上会更灵活，水下往往更严格，重要的是我们不断努力和能做到的恰恰是始终保持三个“水上”的收益技术，而我们将符合这些标准的收益称之为优结构，再加上有竞争力的年复利回报率一起构成我们**高质量有品位的收益率**，这就是我们过去已经做到并且未来要长期做到的提供给客户的收益。

问题16：有人说中国股市最舒服赚钱的时间段已经过去，现在是股市的分水岭，大盘和个股会进一步分化(大盘的震荡会加剧，个股有的涨、有的不涨、有的跌)，以后选股的难度会大大提升。对此观点，您怎么看？

李志康：对于业余投资人也许这样的描述应该是准确的，因为能给他们带来入场信心和持有信心的进场点要求是比较稀缺的绝对值低点，但我想对于拥有竞争力模式的职业投资人来说应该不是这样的。因为**模式的竞争性体现之一就是经常能在动态发展中找到比较丰富的高价值机会点，不然进场条件就会太稀缺珍贵**。而我个人理解可能更应该多研究行情发展不同阶段不同的波动特性，并努力把握相应波动带来的价值机会点，也就是说价值点最好能是活的，动态的。如果研究并相对能识别行情不同阶段特征，行情发展起来有时可能反而比提前预测行情更容易把握。

问题17：股指期货也是您重点投资的品种，请问在现在的市场行情中，股指的投机交易部分，您只做一个方向(只做多)，还是两个方向都做(多空)？为什么？

李志康：股指期货我两个方向都做，但由于我主要用它来趋势获利，所以可能在牛市背景中我主要做多，最重要的是**我会有选择地通过使用股指期**

货这个工具来捕捉一些低风险进场点，在风险可控的情况下最终实现对一个行情段的把握。

问题18：您有没有把股指和股票结合在一起，做成套利或对冲的模式？您曾提出“用股票吃鱼头和鱼尾，用股指吃鱼身”，请您解释一下这句话？

李志康：目前我主要针对不同的行情特性，充分发挥股指和股票各自不同的优势来捕捉不同的启动进场点和把握不同的行情，主要用来做波段，很少用来对冲或套利。“用股票吃鱼头和鱼尾，用股指吃鱼身。” 一般来说，鱼身是指行情的主要阶段，肥美而持有风险相对小，不太需要太多反复进出，我觉得可能用股指加跟踪止盈反而简单直接有效；而鱼头鱼尾相对刺多一些，风险大一些，需要进出做规避动作的地方多一些，反而用低杠杆多标的把握起来更可靠一些。

问题19：有人认为，在牛市中选好的股票，波段操作，追踪热点，灵活切换，一年的收益可以达到数倍、10倍甚至更多，根本不需要操作股指期货，您怎么看？沪深300股指期货有时候相对现货升水，有时候相对现货贴水。就您看来，升水代表着怎样的市场氛围？贴水又代表着怎样的市场氛围？能否在升贴水上赚到钱？

李志康：牛市中股票会提供足够丰沛的交易机会，如果能够灵活切换有效追踪热点，完全可以在波段中累积出大收益，而股指期货则由于参与者的目的不同，同时在行情转向时的升贴水频繁切换有时会构成比较大的冲击成本，两者各有利弊，也各有容易或相应的难点，重要的还是操作者的感受和能力边界，总之，以不过分复杂，简单直接有效较轻松为好。升贴水现象时由于不同的工具使用者在一些行情关键枢纽，基于预期的变化和需求体现的一种正常现象，如果单纯想套取升贴水的钱，需要在期货现货设计和时机上多考虑，否则可以把升贴水现象作为判断市场强弱的指标之一。

问题20：现在股指期货有三个，沪深300、上证50、中证500，就您看来这三个股指期货之间的波动特征有何不同？您有没有参与上证50、中证500这两个股指期货的交易？

李志康：就这三种指数样本覆盖范围而言，分别代表了中大盘股、权重蓝筹股和中小盘股，所以，在总体方向一致的基础上，它们各自有体现自己的波动特性和节奏，目前由于流动性考虑，我还是以参与沪深300股指期货为主，但基于长牛预期和国家战略发展，从多头角度，我可能相对看好中证500股指期货。

问题21：2014年私募机构成为了金融行业的正规军，发展迅猛，甚至有人认为这一轮股票牛市处处有着私募的身影，并且认为私募对市场的影响已经超过公募，对此您怎么看？就您看来，哪些类型的私募机构能够长久发展？哪些类型的私募机构值得尊敬？

李志康：市场的活力肯定需要多元化发展，公募和私募其实各有其特点，针对不同需求投资者有不同的生存方式和空间，在牛市和投资者转型背景下一定会共同取得各自大踏步的发展，我觉得能找到并专注于自己的定位和优势，全心全意并有能力提供给客户相应收益率需求的私募机构都值得尊敬，并一定能在私募发展的背景下取得大的发展，我想煌昱投资就是这样的机构，所以，我相信未来前景无限光明。谢谢大家！

乘务队：当你孤独时，恰恰可能是最安全的

（2015 年 7 月 1 日　翁建平访谈整理）

乘务队

上海人，20 世纪 90 年代开始接触股票，2011 年开始期货交易，目前只做沪深 300 股指期货，采用程序化交易，通过技术分析，做小波段的行情。

曾获得第八届全国期货实盘交易大赛轻量组优秀奖；第六届蓝海密剑中国对冲基金经理公开赛海军组第一名。

访谈精彩语录：

盈利的积累必然是通过输小钱赚大钱来实现的。

期货市场的风险有时就体现在你前面小心谨慎交易 99 次的盈利，有可能就在 1 次的交易疏忽中损失殆尽。

相对而言股指期货在市场容量、流通性、交易费率、定价影响、价格的连续性上对其他期货品种还是很有优势的。

多品种多策略多周期的前提就是自己能够熟练分析把握，否则有可能事

与愿违。

如何应对股指大波动行情：在自己能够承受的交易强度范围内进一步向微观上分析行情波动，往小的时间周期上分析，1分钟级别、N秒级别……或是在自己能够承受的资金回撤范围内进一步向宏观上分析行情波动，往大的时间周期上分析，日线、周线。除此之外，套利、高频可能也是不错的应对方法。

股指市场参与的人越多，市场的广度和深度就越大。

采用的是多周期的交易，时间周期从1分钟到60分钟的都有，目前没有采用日线以上或是1分钟以内的时间周期。

趋势跟踪，40%不到的胜率，胜少负多，赚大输小。

进场、出场的决策：价格的突破，均线系统的金叉、死叉。

一是能够积极盈利的策略，二是符合操作者个人秉性，只有相得益彰才能发挥出策略应有的绩效，才能称之为好的策略。

当你和众人一致的时候往往是风险凝聚的时候，当你孤独时，恰恰可能你是安全的。

牛市才刚刚起步。

低估值的银行、保险板块可能在今后会有不错的表现。

问题1：乘务队您好，感谢您在百忙之中接受东航金融和七禾网的联合专访。您最早是做IT的，请问您是怎么接触到股票和期货的？

乘务队：股票是在读书的时候，上交所刚刚开市由于好奇就有接触。之后的期货是有一个相熟的好友开始做期货，做得不是很顺利，然后他觉得我应该来好好研究股指期货，我就被他带进了期货圈子，然后我顺理成章的就采用了自己熟悉的计算机量化分析方法来进行交易。

问题2：您曾获得第八届全国期货实盘交易大赛轻量组优秀奖，第六届蓝海密剑中国对冲基金经理公开赛海军组第一名。请问您认为自己能获奖的核心原因是什么？您当时是出于什么目的参加此次比赛？

乘务队：我觉得我能够获奖的原因主观上是自己采用程序化交易的方法

相对固化了自己的交易操作，客观上比赛时间段里沪深 300 股指期货的行情波动也与我的策略比较契合，当然，同时可能也是许多高手没有参加相关比赛，让我侥幸获得了这个成绩。

我参加比赛的目的就是想通过实盘大赛和其他选手相互切磋，衡量自己能力的同时，也希望通过参赛能够从另一个角度审视自己的操作。

问题 3：您操作的两个账户：本草纲目和乘务队，年化收益率都超过 500%，您取得这样的成绩是否满意？您觉得是正常水平还是超常发挥？为什么？

乘务队：个人感觉也就一般，没有什么特别的满意或者不满意。这个结果应该比正常水平稍差一些，在将近一年的赛程中我还是有违反操作纪律的情形发生过，没有办法完全克服恐惧与贪婪。

问题 4：您认为做期货是要靠时间的积累，而不是靠一夜暴富。请问该如何理解这句话的含义？您如何看待一夜暴富的投资者？

乘务队：我觉得期货交易的时间跨度相当长，**只要人身体条件允许的话，应该可以把交易一直进行到人生的暮年。**交易本身有赚也有赔，**盈利的积累必然是通过输小钱赚大钱来实现的。**偶尔一次的巨幅盈利可能给交易者带来的常见副作用就是“被胜利冲昏头脑”，昏头之后停留在残酷的期货市场中的后果可想而知。而**期货市场的风险有时就体现在你前面小心谨慎交易 99 次的盈利，有可能就在 1 次的交易疏忽中损失殆尽。**

其实现实生活中除了买彩票，很难有一夜暴富的投资者。我权且把一夜暴富看作是某一波行情做得特别准特别顺的投资者，越是在顺风时越是需要有风险意识，越是需要总结这一波行情中出现的新现象、新特征和特别的地方，从而有针对性的对自己的操作加以调整或者固化。

问题 5：您目前只做沪深 300 股指期货，请问您只做这个品种的原因是什么？为什么不考虑商品期货？

乘务队：开始从事期货交易的时候看过《期货策略》这本书，这里面对我国市场上目前交易的期货品种有一些很客观的数据分析，**相对而言股指期货在市场容量、流通性、交易费率、定价影响、价格的连续性上对其他期货品种还是很有优势的。**其次通过自己反复模拟测算，相对商品期货而言，我股指期货交易的盈利效率更大，所以就选择了交易沪深300股指期货。

不考虑商品期货主要上是我衡量下来，相对股指期货，商品期货交易我胜算更小。

问题6：上证50股指期货和中证500股指期货，您有没有研究过？是否会参与交易？

乘务队：已经有研究，但是由于上市时间还比较短，相关的交易策略还有待时间的检验，可能会在明年进行这两个品种的交易。

问题7：现在很多程序化交易者采用多品种、多策略、多周期的交易模式，您怎么看待这种交易模式？以后会不会考虑这种交易模式？为什么？

乘务队：我认为采用这种交易模式的初衷是想平滑自己的资金曲线，尽量避免单一模式出现与行情不契合产生的大幅回撤。要想真正达到这一目的，还是需要时间的积累和检验，就是得有真正经过实践检验的东西组合起来才有用，过犹不及，**多品种多策略多周期的前提就是自己能够熟练分析把握，否则有可能事与愿违。**

问题8：最近股指期货行情波动剧烈，您觉得该怎么样应对这样的行情？

乘务队：最近的股指期货日内波动的确比较剧烈，有时一天之内会出现多次V形反转，个人认为应对这样的行情的大致思路上是：**或是在自己能够承受的交易强度范围内进一步向微观上分析行情波动，往小的时间周期上分析，1分钟级别、N秒级别……或是在自己能够承受的资金回撤范围内进一步向宏观上分析行情波动，往大的时间周期上分析，日线、周线。除此之外，套利、高频可能也是不错的应对方法**，不过这两方面我都没有什么研究。

问题9：您是采用程序化加人工监控的交易模式，请问这种模式的优点在哪里？您是不是百分百按照程序化信号交易？

乘务队：程序化交易的目的是规范自己的交易行为，避免盲目操作。人工监控的目的是在出现极端情况下保证资金安全。采用电脑程序化交易，在你经年累月的漫长过程，不可避免会出现断网、断电、电脑死机等小概率事件。我尽力做到百分百程序化信号交易，但实际操作过程中可能是95%～100%的范围内。

问题 10：现在越来越多的投资者都利用程序化做股指期货，这是否会导致股指期货越来越难操作？

乘务队：我觉得不会。**股指市场参与的人越多，市场的广度和深度就越大**。股指期货对应的是沪深 300 指数这么大的一个标的物，当月期货合约的波动最终必然会逐渐吻合交割日的现货价格。

问题 11：您主要做小波段交易，请问您主要做多小级别的波段？为什么要选择这个级别？

乘务队：当时在开始做股指期货交易时，曾经从资金的效率和回撤风险两方面判断过适合自己的交易周期。因为我主要是采用趋势跟踪的方法来分析研判行情，时间周期过小价格噪声就比较大导致研判失真，时间周期过大价格反映就过于迟钝导致绩效变差。**我采用的是多周期的交易，时间周期从 1 分钟到 60 分钟的都有，目前没有采用日线以上或是 1 分钟以内的时间周期。**

问题 12：您有多套交易系统，请问每套系统各有哪些特点？

乘务队：其实中心思路都是一样的，就是**趋势跟踪，40%不到的胜率，胜少负多，赚大输小。**

问题 13：您的系统能容纳的最大资金量是多少？

乘务队：这个没有分析研究过，因为我采用的是趋势跟踪方法，理论上可以容纳的资金量很大，阀值就是不要由于自己的交易影响一些关键价位（当时 K 线的最高价、最低价、开盘价、收盘价）的生成。

问题 14：在您的交易系统中，主要依据哪些指标作为进场、出场的决策？

乘务队：进场、出场的决策：价格的突破，均线系统的金叉、死叉。

问题 15：您目前有多少策略？主要分为哪几类？

乘务队：20 来个吧，没有许多类，就是换汤不换药的趋势跟踪策略。

问题 16：您会不会持续开发新策略？开发策略的灵感来源于哪里？

乘务队：会的。首先需要有正确的理论基础，然后如何把理论上的东西和行情的波动结合起来，转化成计算机能够判别的信号，我个人的感触就是要多看多试，多阅读书籍、网文、行情，不间断地去编写新的策略验证看来的一些新想法、新思路。

问题17：您觉得怎样的策略才能称为好策略？

乘务队：一是能够积极盈利的策略，二是符合操作者个人秉性，只有相得益彰才能发挥出策略应有的绩效，才能称之为好的策略。比如有些交易次数少的策略，对一些性子比较急的操作者，绝对是一种煎熬，交易者很难做到从一而终完全按照策略的信号进行自己的交易。

问题18：如果一个策略在使用一段时间后，不是很好用了，您会如何处理？

乘务队：暂时先停一段时间，重新检验一下这个策略的架构，是理论问题还是参数问题需要做一个全面的评估，做出相应的调整后，再观察后续3个月左右的绩效表现，决定是否继续沿用下去或者继续封存观察。

问题19：您参赛的两个账户（本草纲目和乘务队），是用同样的策略吗？为什么？

乘务队：基本上是用同样的策略，只是时间周期和资金管理方法上略有不同罢了。主要是经过反复推演，还是觉得趋势跟踪策略的资金绩效表现更好一些，所以都是用的趋势跟踪的策略，资金管理上当时一个账户激进一些，一个账户稳健一些，只是想有一个比较，还有就是考虑到交易系统的风险，所以分别在不同的账户内进行交易，如果一家期货公司的系统出现问题，可以在另外一家期货公司进行对冲操作。

问题20：您表示在交易过程中曾经历过最大回撤到50.22%，请问当时是什么行情导致的？为什么会造成这么大的回撤？

乘务队：当时市场处于极强势中，我采用的趋势跟踪策略，遇到极强势的市场走势，例如市场出现顶背离之后，稍震荡后继续强势延续之前的走势，趋势跟踪策略有时就会被误导失灵。

问题21：从这次经历后，您在控制回撤上有没有一些应对方法？

乘务队：除了设定相应止损外，目前没有更好的办法。

问题22：您表示做期货是很孤独的，请问您为什么会有这样的感悟？孤独是否会影响您的交易心情？

乘务队：这是由于期货市场本身是一个零和游戏的特征决定的，当你和

众人一致的时候往往是风险凝聚的时候，当你孤独时，恰恰可能你是安全的。孤独不会影响交易的心情，但是时间久了会让人孤僻，所以交易之余应该多参加一些其他的社会活动，或者从事一些不同的工作、接触不同行业的人，放松一下自己的心境。

问题 23：您除了做期货还是位资深的股民，您的股票战绩如何？您在股票操作上是否也会采用程序化交易模式？

乘务队：股票成绩也就一般，仅能做到小赚不亏。股票因为目前不是 T+0 的交易模式，资金的绩效表现并不好，所以没有采用程序化交易的模式，就是采用做大波段、捂股不动的方法在做。

问题 24：很多人都认为股市到了关键时刻，市场上有人唱多，有人唱空，您怎么看？

乘务队：牛市才刚刚起步，很庆幸我们这代人能够生活在这样的一个时代中，历史的参与感总是让人感觉十分精彩。

问题 25：都说现在是全民炒股的时代，您觉得投资者在这个时间点进入股市，是否还有机会？为什么？

乘务队：机会肯定有，毕竟目前市场中好些板块还没有好好的涨过，估值还是比较低的。目前来看，**低估值的银行、保险板块可能在今后会有不错的表现。**

问题 26：接下来的三五年，您是如何规划自己的投资生涯的？

乘务队：稳定目前自己的操作，探索一些新的交易模式，比如套利、高频，厚积薄发，争取也能拿出一些行之有效的办法来。

石磊：要始终保持能够在市场中存活的信心

（2015 年 7 月 14 日　黄荣益访谈整理）

石磊

河北唐山人，2008 年进入期货市场，中长线交易，专注于黑色系品种的交易，蓝海密剑实盘大赛 2014 年度净值第六，获年度先锋勋章。

访谈精彩语录：

高风险高收益，这也许就是期货的魅力所在。

期货的从业人员特别是交易员来自社会的压力减小了，这也是市场成熟了的一大表现。

其他投资诸如股票、基金之类的，我所得到的信息是不对称的，也就是说这些市场相对于我这样的散户来说是不公平的。

期货市场机会是每时每刻都有的，不要因为错过一段行情就总是放不下，要立刻忘掉它，重新分析判断市场，这样才能少犯错、控制好风险。在这个市场上宁可错过也不能犯错。

期货行业是一个艰辛的行业，我想每一位成功的交易者都是通过努力学习，在不断地总结经验教训的过程中逐步提升的。

有个稳定的工作也能令我在交易的时候压力更小一些，更有利于我控制情绪、调整心态。

基本面的信息主要是用于确定目前市场行情的大趋势，要和技术分析相结合的运用。

第一点是在思想上要对自己能在这个市场中存活始终保持信心，能挺过最困难的时期；第二点就是前面提到的只赚应该赚的钱，戒骄戒躁，减少犯错。

控制好自己的欲望，先用小资金试仓，对了再逐步地加仓，同时稳定的情绪能让自己对入场点的把握相对准确了。

顺势而为说白了就是在下跌的趋势下只做空不做多，在上涨的趋势下只做多不做空。

如果市场走势和我预期的不一致，可能几分钟就平仓出来了。相反走势和我预期的一致我可能会一直拿着，直到市场发生变化才会结束。

先确定当前的趋势，再根据K线图的相关点位进入，然后选择加仓或止损、止盈。

主观交易的优点就是对市场的反应比较迅速，甚至超前于市场行情，同时缺点也是显而易见的，就是准确率太低，客观交易靠谱的多，准确率要高，但是它的反应太慢有时甚至会落后于市场行情。

轻仓试单，符合预期就加仓，突破某一压力位或阻力位了就止损或止盈。

出场点的把握是一个难点，我一般是在行情逆趋势运行一段距离后止盈。

这次大宗商品的暴跌看似意外，实则必然。放在整个商品的趋势上来看，只是一次比较集中的爆发而已。

商品市场还是会有大行情的，只是时间问题，这也是期货市场的必然性。

行情反弹的时候控制欲望不去做多，等到阻力位再放空。到了设定止损、止盈点位，就坚决的止损、止盈，没到止损位就克服自己的恐惧不提前止损。

做到始终要保持清醒的头脑来面对市场，“不以物喜、不以己悲”保持一颗平常心。

问题 1：石磊先生您好，很荣幸您能接受东航金融和七禾网的联合专访。您今年是 33 岁，做期货交易已经 7 年，当初接触期货也是比较年轻的时候，那您是怎么接触到期货的？当时对期货的想法是什么？

石磊：当时的具体情况记不太清楚了，是在一个论坛上看到了关于期货交易的一些内容。当时自己对期货一无所知，就看到一些人做期货，有的人一夜暴富，有的人血本无归，这些故事激发了我对期货的好奇心。当时就想：“期货真有这么大的魔力吗？”**高风险高收益，这也许就是期货的魅力所在。**于是就想着尝试一下，也去金融市场上冒险一把。

问题 2：这 7 年来，您从大学毕业到而立之年，期货市场也经历了许多大事，您觉得做期货 7 年来市场有什么变化，最大的感悟是什么？

石磊：这 7 年来，中国的期货市场逐渐成熟，制度规范，交易量也变大了。期货这个行业也逐渐从较冷门到被大家所认识、接受。个人觉得最大的感悟就是期货这一行业被大多数人所接受，**期货的从业人员特别是交易员来自社会的压力减小了，这也是市场成熟了的一大表现。**

问题 3：除了期货之外，您没有做其他任何投资，是因为您情有独钟期货，还是认为您的交易方式适合期货？

石磊：没有做过其他投资，因为受我目前自身条件的限制，**其他投资诸如股票、基金之类的，我所得到的信息是不对称的，也就是说这些市场相对于我这样的散户来说是不公平的。**想要在这些市场实现长期稳健的盈利难度是比较大的，所以我并没有加入其他投资。

问题 4：您觉得在期货市场中赚的应当是“应该赚到的钱”，那您认为什么是应该赚到的钱？

石磊：就是在对行情比较有把握的情况下，应该赚到的钱。**期货市场机会是每时每刻都有的，不要因为错过一段行情就总是放不下，要立刻忘掉它，重新分析判断市场，这样才能少犯错、控制好风险。在这个市场上宁可错过**

也不能犯错。

问题5：您是兼职做期货，那做交易的时间占到您平时的时间多吗？在您生活中又占有什么样的地位，对您日常生活产生了怎样的影响？

石磊：**心态调整好了以后，交易和工作基本上都不耽误。**特别是现在有了夜盘以后，交易时间更加充足了。但是考虑到休息时间，所以我在夜盘中一般会选择交易时间短的品种（现在主要做铁矿石）。期货交易已经是我生活当中重要的一部分了，也是一个重要的经济来源，同时交易久了也养成一种习惯了。

期货行业是一个艰辛的行业，我想每一位成功的交易者都是通过努力学习，在不断地总结经验教训的过程中逐步提升的。

问题6：您目前还是一位公司职员，如今在期货市场中取得了较好的收益，有没有考虑过以后专职做期货？

石磊：目前还没有考虑过，因为基本上二者是可以兼顾的，没有什么冲突。同时**有个稳定的工作也能令我在交易的时候压力更小一些，更有利于我控制情绪、调整心态。**

问题7：您对期货市场的理解是“由供求关系决定市场方向的、公平的、透明的商品市场”，而您在做交易时主要做技术分析，那基本面的信息会影响到您的交易吗？

石磊：基本面对我的交易还是有一定影响的，但不会具体体现在某一笔交易上，具体的交易还是靠技术分析进行的。**基本面的信息主要是用于确定目前市场行情的大趋势，要和技术分析相结合的运用。**

比如说铁矿石，从今年4月份开始到6月份，铁矿石上涨了两个月，行情很好。但是我并没有就此判断铁矿石的行情开始反转了。基于对此基本面的判断，它反转没有基本面的支撑，我判断这次只是整个下跌趋势的一次行情较大时间较长的反弹，所以我就在对应的阻力位上重仓做空，也终于不负所望地让我等到了这次暴跌。其实这次暴跌它的惨烈程度还是让我吃惊的。

问题8：期货行业是一个高风险、高收益的行业。您曾经也有大赚大亏的经历，能描述一下当时的交易情况吗？之后有什么经验总结一下吗？

石磊：有次交易亏的比较大，总有一种赌徒心态，越亏越不认错，越想赚回来，心态越不好，操作就越是不准。之后也总结了两点：**第一点是在思想上要对自己能在这个市场中存活始终保持信心，能挺过最困难的时期；第二点就是前面提到的只赚应该赚的钱，戒骄戒躁，减少犯错。**

其实有几次亏损比较大的经历，一般都是在贪功冒进这种思想的驱使下，很容易就做出重仓的举动，同时进入的点位判断也过早，所以一个很小的反向波动就能使得资金爆仓，不得不平仓退出。这样的状况连续几次就形成了大亏。大赚的情况则是正好相反，**控制好自己的欲望，先用小资金试仓，对了再逐步地加仓，同时稳定的情绪能让自己对入场点的把握相对准确了。**

问题 9：期货市场瞬息万变，每个交易者都会有自己的盈利逻辑与基本原则。您在期货交易中的盈利逻辑和所遵循的交易原则是什么？

石磊：其实这一点和大部分书上说的，和交易高手说的都是一致的，就是顺势而为。交易原则也是一样的，就是只做顺势的，不做逆势的。**顺势而为说白了就是在下跌的趋势下只做空不做多，在上涨的趋势下只做多不做空。**

再次以铁矿石为例，铁矿石 1509 合约 4—6 月之间的反弹走势十分良好，如果在这一期间正确做多而没有意识到铁矿石整体的下跌趋势没有改变。那么铁矿石 7 月初的那一波连续跌停就会来不及反应与转变，出现损失惨重的情况。

问题 10：您做的是中长线交易，请问为什么选择中长线交易？您的持仓时间一般多久？

石磊：这要看具体的情况了。**如果市场走势和我预期的不一致，可能几分钟就平仓出来了。相反走势和我预期的一致我可能会一直拿着，直到市场发生变化才会结束。**

问题 11：做技术分析需要了解各类图形信号。您做交易也主要是靠技术分析，请问您主要参照哪几个指标？

石磊：主要是看 K 线图，最主要的指标就是价格，其他的无非就是阻力位、支撑位之类的。

说起来也比较简单，就是**先确定当前的趋势，再根据 K 线图的相关点位**

进入，然后选择加仓或止损、止盈。比如某一个品种是下跌的趋势，那首先我们不能做多，然后我们等待它反弹到某一阻力位的时候进入，同时在这一阻力位的上方设置止损点，如果它明显的受到阻力位的压制我们就加仓，如果它向上穿透阻力位到达设置的止损点我就止损退出，重新进行分析判断。

问题 12：我们了解到您有一套自己的交易系统，这套系统跟市场上的交易系统有什么差别吗？这套系统是如何总结出来的？

石磊：其实现在看应该是一套最简单的交易系统，和其他的大家所熟悉的没什么区别。当时是看了一些书再结合自己的经验、时间、习惯总结出来的。为了贴合自己的交易习惯，K 线图的周期是贴合自己的实际情况设定的。

问题 13：客观交易和主观交易就像一枚硬币的两面，各有千秋，也各有其短板。您是根据系统客观交易，您认为主观交易与客观交易的优缺点在哪里？

石磊：两者各有优缺点。**主观交易的优点就是对市场的反应比较迅速，甚至超前于市场行情，同时缺点也是显而易见的，就是准确率太低，不太可靠。相反的客观交易靠谱的多，准确率要高，但是它的反应太慢有时甚至会落后于市场行情。**

问题 14：您有时候也会根据盘感交易，那当您的凭借盘感的主观观念与您的系统信号产生背离的时候，您会怎么做？

石磊：这一点毋庸置疑，肯定是平仓退出或者不建立仓位。

问题 15：金融市场中的风险一直是不可回避的话题，您的风控系统是如何运行的？您交易的止损和止盈是怎样设置的？

石磊：关于风控，应该说我的风控还不太成熟，还有很多改进的地方，可以说还没形成系统。就是**轻仓试单，符合预期就加仓，突破某一压力位或阻力位了就止损或止盈。**

问题 16：如何把握行情机会一直交易的重点。请问您的进场点与出场点是如何控制的？入场之后还会有加减仓的操作吗？

石磊：进场点还是好把握的，就是在某一阻力位或支撑位，符合预期就加仓的。我个人不太习惯减仓，一般是一下子都平掉。

出场点的把握是一个难点，我一般是在行情逆趋势运行一段距离后止盈。比如说在下跌趋势中，某品种反弹了一段距离以后止盈，具体反弹多少没有统一的标准，它是根据自己的交易周期、习惯和相应品种的一些特性设置的。

问题17：您说您专门做螺纹钢品种，当初为什么选择这个品种？有没有考虑过做其他品种呢？

石磊：之前做过几个品种都不太理想，后来选择做螺纹钢主要是考虑两方面。一方面是由于我们这一地区（河北）钢铁企业比较多，所以对钢铁行业比较了解。另一方面是由于投资螺纹钢这一品种所需要的资金比较少。

问题18：进入7月份以来，螺纹钢已经出现两次跌停，您是如何看待这样的行情的？您的应对操作是什么？

石磊：钢铁的下跌趋势没有改变，当时我在做空铁矿石。我一般是根据目前基本面的情况来确定的，首先就当时我们本地来说，有很多的钢厂都在开工，我也有很多亲戚朋友在钢厂工作，当时都说厂子效益还行，但是当时房地产的市场并不好，螺纹钢的终端销售并不好基于此判断，**我认为钢铁还是下行的趋势，目前来看后半年还是看空螺纹钢。**

问题19：目前商品市场行情普遍低迷，尤其是7月8日，大宗商品几乎全线跌停，市场情绪恐慌，对此您的态度是怎样的？

石磊：这次大宗商品的暴跌看似意外，实则必然。因为下跌的趋势是很明显的，只是下跌的方式、幅度和时间有所不同，但是**放在整个商品的趋势上来看，只是一次比较集中的爆发而已。**

商品市场还是会有大行情的，只是时间问题，这也是期货市场的必然性。

问题20：如今距您参加蓝海密剑大赛也已将近一年，能回想一下当初参赛是抱着什么样的心态参赛的吗？

石磊：当初就是想借用一下蓝海密剑这一平台测试一下自己的水平。期间心态也有转变，一开始还想得个名次，但后来就无所谓了。后来经常通过这个平台看我的一些统计数据，然后根据数据研究我以前的操作，反思我哪里出了问题，进而提高自己。

问题21：参赛也是一个认识自己和认识对手的方式。请问参加蓝海密剑有遇到让您敬佩的高手吗？他有什么值得您学习的地方？

石磊：其实期货这个行业，所有优秀的交易员都值得我敬佩和学习，但我实际上并没有真正的和谁有过比较深入的交流，所以暂时还没有遇到，以后一定会有的。

问题22：从您参加蓝海密剑账户的资金曲线来看，您账户的主要收益都是来自于2014年的操作，您认为主要是什么原因让您取得这样的收益？

石磊：去年一年很好地做到了根据自己的交易系统去交易，这一点非常重要。去年我的执行力还是挺好的。

我以前的操作频率是比较高的，去年开始我就减少了很多操作，应该说控制了很多欲望和恐惧，具体来说就是行情反弹的时候控制欲望不去做多，等到阻力位在放空。到了设定止损、止盈点位，就坚决的止损、止盈，没到止损位就克服自己的恐惧不提前止损。

问题23：2014年12月份的时候，您的资金曲线波动较大，请问当时是什么原因导致了这种情况？

石磊：当时市场进入了一段上下震荡的行情，我的交易系统不太适合在震荡行情里运用的。

问题24：您在上一届大赛中取得了不错的成绩，了解到您并没有参加此次大赛，那您平时有交易吗？交易的情况如何？

石磊：其实我参加了此次大赛，我只是换了一个东航的账户进行操作，前半年的交易可以用糟糕来形容。现在回想一下，就是去年取得了优秀的成绩，今年开始就有点儿自大了，把去年坚持的东西全都抛到脑后了。

问题25：您说您“性格内向，脾气温和，爱看书，喜欢旅游、玩网络游戏”，是否这样的性格比较适合做期货呢？您认为做期货应该有怎么样的心态？

石磊：关于我的性格是否比较适合，也许吧！这个说不太清楚。关于做期货的心态我想应该要做到始终保持清醒的头脑来面对市场，“不以物喜、不以己悲”保持一颗平常心。

郭红标：在期货面前没有道理可讲

(2015年7月17日　丁美美访谈整理)

郭红标

吉林四平人，专职做期货。日内交易，技术面和基本面分析两者相结合。在第六届蓝海密剑中国对冲基金经理公开赛中，获年度先锋勋章(日内机枪手组第一名)。

访谈精彩语录：

我很喜欢这个行业，觉得既刺激，又富有挑战性，认为这就是我想要的职业。我以后也不会考虑其他的职业，期货就是我的梦想。

期货没有固定的公式，不会按照你的意愿去发展。期货的风险远大于你的预估，它不可控，不会按照你的分析思路来。

在期货面前没有道理可讲的，所以要学会适应和掌握，顺着它的性子来。

如果说做期货从亏损走向盈利就像是捅破了一层窗户纸，那么手指离窗户纸之间还是有一定的距离的，还要经过一个艰难的学习过程。

保持盈利的方法最重要的是技术，包括分析方法和交易策略，个人认为还有心态和一点儿运气，这些条件你要有两条以上，才能保证不亏或少亏。

好的心态就是不管盈利和亏损多少，心理上不受太大的影响，以至于对行情的分析和判断没有造成误判。

我在对行情分析很有把握的情况下才重仓操作。我对这点要求非常高，分析胜率至少要达到 90%以上，我对自己的分析还是很有自信的。

做日内短线就是为了防范隔夜风险，跟着外盘、趋势和盘中交易的强弱，这几点相结合。

如果说要破例留隔夜单，那么一定要具备趋势很明显，留单价位很合适并有一定的浮盈的情况下才会考虑的。

行情我只看分时走势图。在开盘交易前我要看上个交易日和前几个交易日的 K 线走势图，开盘后我就不看 K 线了。

我是比较注重盘感的，我认为盘感就是分析方法和以往经验的结合。盘感是以前无数次交易盈亏的教训总结。

我每一次交易完都要知道自己对错在哪里，不要亏赚都不知道为什么，是什么原因导致的，这样坚持总结。

我选择了豆油和棕榈油进行强弱的套利操作，是因为我觉得豆油和棕榈油更适合做日内的套利操作。

我主要看的还是外盘涨跌变化，对内盘的反映，还有看内盘的强弱变化。

只要顺着报告利多或利空的方向去做，当然还要找个比较好的入场价位，这样基本上都会盈利的。

根据上个交易日的价格走向和外盘情况，分析预测开盘后 30 分钟内的价格区间走势。

我到现在也没有恢复到开夜盘之前的那种交易状态，只能说开夜盘后交易难做了。开夜盘后，外盘的价格差比较小，内盘还没有适应过来价格差位。

我认为机构投资者的数量增加，对个人投资者来说不会有什么太大的影响。机构投资也是要顺应市场顺应趋势来做的。

个人投资者以后在内盘上赚钱的难度，还是要看自己的分析能力、交易策略来决定。

问题1：郭红标先生您好，感谢您在百忙之中接受东航金融和七禾网的联合专访。您是如何接触到期货市场的？又是什么原因使您决定留在这个行业？

郭红标：一开始我对期货不是太了解，在一个偶然的机会上接触到期货。我认识了一个做期货经纪人的朋友，是他把我带进期货这个市场。没想到一路走来就走到了今天。

我很喜欢这个行业，觉得既刺激，又富有挑战性，认为这就是我想要的职业。2003年12月，我那个朋友介绍我进入期货市场。他当时让我看3分钟K线，让我按照这个指标去做，红线做多，绿线做空。但是做了两天后，我觉得这个方法不好，就按照自己的思路，看开盘价，开盘价以上十几个点就做空，以下十几点就做多。做了半个多月，每天都盈利，有一天隔夜做多，第二天就遇到跌停板，亏损了很多。后来也不用这个方法去做了，一直在摸索寻找更好的方法。之后也有过几次被迫隔夜，但是一直做日内，隔夜的风险不可控性大。**我以后也不会考虑其他的职业，期货就是我的梦想。**

期间我离开过一段时间，因为亏了很多，想让自己冷静下来好好想一想，自己到底适不适合做这个职业，最后我还是坚持了下来。我在没接触期货之前，做过很多的行业，但都不能激发我心中的热情。所以我一直在寻找。直到做期货后，我觉得这个职业就是我寻找已久的那个梦想。我会为这个梦想努力拼搏，就算遇到再大的困难，我也会坚持下去。

问题2：您的交易历程中有没有大赚大亏过的经历？您从中总结了哪些经验？

郭红标：刚做期货不久就遇到了一次大亏的情况。那时我做大豆这个品种，刚开始做日内，天天都盈利，后来一次重仓隔夜交易，结果遇到个停板，那次亏了很多。**以后再也不敢做隔夜交易了，因为风险不可控制。**这次经历让我成熟很多，让我对期货也有了更深刻的理解。

期货没有固定的公式，不会按照你的意愿去发展。期货的风险远大于你的预估，它不可控，不会按照你的分析思路来，隔夜风险较大，消息面对期货风险的影响也很大。**在期货面前没有道理可讲的，所以要学会适应和掌握，**

顺着它的性子来。

问题3：您进入期货市场已经有8年，现在也专职做期货，目前是否能保持稳定盈利？做期货带来的经济收入在您看来是否达到了您的预期？

郭红标：做了好多年的期货，目前已经能达到稳定盈利。即使有时候亏了很多，我也有信心赚回来。

现在做期货带来的经济收入还可以，但和我的预期还有一些差距。这样也使我每天都在努力着。

问题4：有人说从亏损走向盈利就像是捅破了一层窗户纸，您是否也这么认为？对您来说那一层窗户纸是什么？

郭红标：如果说做期货从亏损走向盈利就像是捅破了一层窗户纸，那么手指离窗户纸之间还是有一定的距离的，还要经过一个艰难的学习过程。对我来说，窗户纸就是一个有效的、适合自己的分析方法。有的人做了很多年期货，还没能够稳定盈利，我想就是因为还没有找到一个正确的分析方法。

保持盈利的方法最重要的是技术，包括分析方法和交易策略，个人认为还有心态和一点儿运气，这些条件你要有两条以上，才能保证不亏或少亏。做交易不能受盈亏影响太大，否则会也影响你对行情的判断和分析。所以好的心态就是不管盈利和亏损多少，心理上不受太大的影响，以至于对行情的分析和判断没有造成误判。

运气，我们也经常遇到，你单子刚出，就跌了；还有盈利的单子没有成功成交，亏损的单子成交了。

问题5：您认为期货市场如战场，以小博大，这表明您敢于冒险、敢于拼搏，您在操作上是否会表现出激进地加仓，甚至重仓等举措？您能具体解释一下吗？

郭红标：以小博大是期货的特质，敢于冒险就要承受一定的风险。所以在具体操作上我还是比较小心谨慎的，一般很少加仓。当然我也有冲动乱开仓的时候，后果就是止损的惩罚。

我在对行情分析很有把握的情况下才重仓操作。我对这点要求非常高，分析胜率至少要达到90%以上，我对自己的分析还是很有自信的。

问题6：您操作的风格是日内短线，在确立这种方法之前，您有没有尝试过其他方法？

郭红标：刚学交易的时候，我是看3分钟K线来操作，后来发现对我不太适用。我就改为根据均线来操作，均线上面十几个点做空，均线下面十几个点做多，那段时间刚好赶上盘整的行情，用这个方法每天都有盈利。

直到有一天遇到个单边行情，一下子就亏了很多，于是我就开始寻找有效的分析操作方法。**做日内短线就是为了防范隔夜风险，跟着外盘、趋势和盘中交易的强弱，这几点相结合。**

问题7：您未来是否会考虑做趋势波段或者中长线？

郭红标：暂时还没有考虑过要做中长线这方面的交易。

我主要是做日内交易的，参加比赛也是日内操作组别，如果不是出现意外，比如停电或电脑软件故障等情况，我是不会考虑留隔夜单的。**如果说要破例留隔夜单，那么一定要具备趋势很明显，留单价位很合适并有一定的浮盈的情况下才会考虑的。**

问题8：您做日内短线，主要看哪个级别的行情走势图？您会不会关注稍大周期的行情图？

郭红标：**行情我只看分时走势图。在开盘交易前我要看上个交易日和前几个交易日的K线走势图，开盘后我就不看K线了。**主要看的是日K和周K，看分析走势趋势和开盘后的价格区间，大周期的行情图我不怎么看。

问题9：您的日内短线方法，一般一天来回做多少次？最多的时候一天会交易多少次？

郭红标：这个要看行情，一般一天交易不到10次，多的时候十几次，最多的时候一天二十几次。

问题10：日内短线，往往是快进快出，请问您一笔单子进场后，如果错了，一般会在多长时间内平仓？如果对了，又会在多长时间内平仓？

郭红标：我是比较喜欢快进快出这样交易的。**一般交易开平仓要几分钟的时间，最快的时候也就几秒钟就平仓出来了。**这些都是相对于价格波动比较快，做对了盈利的情况下。如果做错了，持仓的时间会长一些，看盘面走势能不能扭转过来。如果形势不太对就止损平仓。

问题11：您有没有加减仓的习惯？在什么情况下会加仓？在什么情况下会减仓？

郭红标：我没有加减仓的习惯。在有一定的盈利或一定的亏损的情况下，我会减仓。在我确定会继续盈利，或在亏损时，我确定要扭亏为盈的情况下，我会加仓。

问题12：一般来说，日内短线的止损设置是非常小的，您的单子一般设置几个价位的止损？您能否严格执行止损纪律？

郭红标：这个没有固定的价位，我一般是不设置止损点的。看实际情况，如果感觉情况不太对，保本或亏几个点就平掉了。如果我认为方向对了，只是入场点位不太合适，亏损的单子我会多拿一会儿。如果继续亏就只好止损了，但这样亏得会比较多些。

问题13：短线交易盘手通常会提到盘感对交易的影响，您怎么看待盘感？您觉得盘感是怎么形成的？

郭红标：我是比较注重盘感的，我认为盘感就是分析方法和以往经验的结合。盘感是以前无数次交易盈亏的教训总结。我每一次交易完都要知道自己对错在哪里，不要亏赚都不知道为什么，是什么原因导致的，这样坚持总结。

问题14：日内短线对品种的流动性要求很高，我们了解到您主要参与油脂类的品种，它们相比一些活跃品种来说，流动性不占优势，您为什么选择油脂类的品种？

郭红标：我选择油脂类的品种，是因为油脂类波动还是比较大的，对它也有过深入的观察和了解。另外油脂类的品种和外盘是有着一定的关联的，操作上比较容易把握些。

我一般不会考虑油脂类以外的其他品种，因为我对这些品种不熟悉，不知道它们的走势，每个品种之间的差异很大，所以我不会考虑不熟悉的品种。我主要做三个品种：郑油、棕榈油、豆油。我做豆粕好几年，后来发现走势不按照我的分析形势走就改做油脂类了。

问题 15：我们了解到豆油是您主要参与的品种之一，目前很多人都在做豆油和豆粕套利，您是否参与其中？

郭红标：套利交易最近才尝试做。我没有用豆油和豆粕进行套利，**我选择了豆油和棕榈油进行强弱的套利操作，是因为我觉得豆油和棕榈油更适合做日内的套利操作。**

问题 16：您采取的是技术面和基本面分析两者相结合的模式，那么请您介绍一下在您的具体交易中两者如何结合？

郭红标：**根据外盘涨跌多少来分析内盘会跟着多少，在这个价格区间进行操作。**

问题 17：同时，技术分析在您的分析系统中占主要地位，请问您具体的技术分析手段包含哪些？

郭红标：开盘前，看上个交易日和前几个交易日的 K 线 ，开盘后就不看 K 线。主要看日 K 和周 K，分析走势趋势和开盘后的价格区间。**我主要看的还是外盘涨跌变化，对内盘的反映，还有看内盘的强弱变化。**

问题 18：您在基本面分析上，是否会关注一些宏观大数据或者国家政策，又是如何结合到具体的操作当中？

郭红标：我是做农产品的，**一些相关的农产品的国家政策以及数据报告有时候对行情影响还是比较大的。**所以每次我都特别关注这个报告时间内容及其对盘面的影响。**只要顺着报告利多或利空的方向去做，当然还要找个比较好的入场价位，这样基本上都会盈利的。**

问题 19：您目前采用的是手工交易，而现在越来越多的私募机构甚至是个人投资者选择采用量化交易，您对量化交易怎么看？您未来是否会考虑采用？

郭红标：我还没有接触过量化交易，对这个不太了解。**我认为最简单的方法也许就是最有效的。**我对自己的分析方法还是比较有信心的，所以暂时还不会考虑换别的分析方法去交易操作。

问题 20：您表示您有一套自己认为比较有效的分析方法？能给我们简单介绍一下吗？

郭红标：其实很简单，就是**根据上个交易日的价格走向和外盘情况，分析预测开盘后 30 分钟内的价格区间走势**。如果开盘价格比预测的高一些，就做空；比预测的低就做多；和预测的差不多就先观望，看盘面强弱情况等待时机在做。

问题 21：虽然日内短线能够经常实现盈利，但也不可能天天盈利，当您某一天做得不太顺利，亏损了，甚至亏损较多的时候，会不会影响您的心情？会不会影响您第二天的交易？

郭红标：遇到过这样的情况，会有一点点影响心情，但我会尽快调整。在第二天的交易或之后几天的交易里尽量多看少动，不太顺利就要休息一下，到状态好了再接着做。

问题 22：您曾参加第六届蓝海密剑中国对冲基金经理公开赛，并获年度先锋勋章（日内机枪手组第一名），您认为能获此佳绩的原因是什么？参加比赛对您的交易是否有所帮助？从中能让您获得什么？

郭红标：获年度先锋勋章，可能是其他选手没有发挥好，而我比较幸运吧。通过这次比赛我感受到稳定盈利的重要性。我在参赛期间有过较大的回撤，这对成绩和心态都有着一定的影响。所以以后我会加强提高稳定性和提高交易胜率这方面交易策略。

问题 23：您继续参加了第七届蓝海密剑中国对冲基金经理公开赛，但是从您的资金曲线图上看，在参赛期间出现了一波较大的回撤，这是由什么原因造成的？

郭红标：记得是棕榈油开夜盘的第一天，盘面走势比较反常，我做多，结果行情瞬间打下来，那次回撤很大。开夜盘对我的交易影响还是比较大的，要花很多时间来适应和改变交易策略。**我到现在也没有恢复到开夜盘之前的那种交易状态，只能说开夜盘后交易难做了。**

夜盘对我的分析和交易影响挺大的，外盘白天波动比较大，白天结束后之间有一个价格落差，国内根据落差影响内盘开盘价格涨跌，这个比较好分析。但是**开夜盘后，外盘的价格差比较小，内盘还没有适应过来价格差位**。所以我把夜盘开盘时间当作白天时间算，还是需要自己长时间去摸索变动规律。

夜盘开盘后的价格波动有很多的不确定性，风险很大，很难分析，所以先观望，等价格稳定后，确定方向，再找合适的点位进场交易。但效果不是很明显，所以还在不断摸索尝试中，还是需要多看少动，注意风险，不轻易下单。

问题 24：中国期货市场已经进入资产管理时代，机构投资者的数量越来越多，就您看来，对个人投资者来说，今后在内盘上赚钱的难度会不会有所提高？该如何应对？

郭红标：我认为机构投资者的数量增加，对个人投资者来说不会有什么太大的影响。机构投资也是要顺应市场顺应趋势来做的。

个人投资者以后在内盘上赚钱的难度，还是要看自己的分析能力、交易策略来决定。

张国海：不做不能做的交易，克制住自己的贪婪

（2015年7月27日 丁美美访谈整理）

张国海

上海人，专职做期货。波段趋势交易，技术分析为主。参加蓝海密剑的两个账户(8580352、8580836)分别获得过晋级将和年度先锋奖。弘哲·亿信杯东航期货冠军挑战赛暂列第一。

访谈精彩语录：

现在的波动趋势没有像原先那样流畅，交易难度也大于从前。

当年散户交易者比较多，现在交易机构纷纷涌现，不似原来赚钱来得容易。对于2008年的行情，你只要敢于做空，基本都能获得暴利。以前的那种交易方法已经不适用于现在了。

现在的行情波段没有原来那么大了，假突破特别多。

财务工作就是每天和数据打交道，所以我对数字还是比较敏感的。

我那时在股市里横冲直撞，也没有系统的交易方法，由于年轻冲动，低估了股市的难度，结果经常亏钱。

我做股票是很早的，那时股市还是 T+0，我经常做短线，而刚开始做期货也是做日内交易，结合我后来的学习，也觉得它们还是有相通之处的。

我只做我熟悉的，我不能在股市里赚钱，我就不碰它。

股市上很多散户可能对杠杆根本不了解，就去盲目地使用。在牛市中，你使用杠杆会赚得很快。

我当时预测，如果这波行情下跌，会比 6000 多点下跌还惨重，因为杠杆放得太大。股市杠杆引起强制平仓的情况下，肯定有大波动。

在 T+1 的机制下，再加上高杠杆，风险是非常大的。

我个人认为这次救市后，配资和杠杆如果死灰复燃，更大的危机还在后面。使用过杠杆的人，就像“吸毒”一样有瘾，他以后还会继续使用。没有专业知识和杠杆风险培训，危机还会出现。

现在基本能保持稳定盈利，每年都是正收益，走得平稳的原因主要是我的风险意识比较强。

我现在交易注意控制仓位，控制风险，我会把杠杆降到自己能把控得很安全的位置。

我认为持续盈利的条件，一是要有好的交易方法和交易系统，二是心态要平稳，光有交易系统是不够的，还要有强大的心理，坦然接受盈利和亏损。

行情波动是不受你控制的，所以要对风险有很强的防范意识，回撤不能太大。

日内虽然能控制风险，但并不能获取暴利。

最难克服的是对趋势的判断。

现在基本都是运用对冲交易，这样资金曲线会更平滑、稳定，不至于大起大落。

因为年龄的增加，反应和判断力都在降低，日内已经不适合我了。中长线既能带来丰厚盈利，也能降低交易频率，延长自己的思考时间。

作为一个期货交易者，我不做我不能做的交易，就算股指期货最近行情波动比较大，看上去很有诱惑力，我也会克制住自己的贪婪。

当信号出现后，用试错的心态去做。

若你觉得你的单子是错的，你是抱着疑问去看行情，就会很谨慎，设置很明确的止损点，这就是我认为的最小损失。当我发现这个单子是对的，就会拿住它，甚至还会加仓做波段行情，这就是我认为的最小损失换取最大收益。

我主要都是根据趋势情况来，趋势明显并且时间比较长，做得时间就长。

我一般在中长线均线已经指明方向，能看出是空头行情还是多头行情时，再去参考短期均线去做交易。

焦炭、铁矿石，即使现在价格已经很低，但我觉得趋势还没走完，依然在做空。

这两年的宏观不太好，产能过剩，消费不畅，这种宏观信息其实已经提示了基本面的问题，我认为不需要过多分析。

客观分析是看趋势行情，客观交易就是信号出来了就去交易，但是有时我会带有一种主观的判断。

介入点就是贴着均线，这样容易设置止损。趋势出来后，我会贴着均线，在均线附近进行交易，我一般把风险控制在2%左右。

我的总结就是止损还是要很严格，不能带有任何主观。

日内交易除非你拉到涨跌停板，一般都会有一个不小的回撤，所以我会在突然爆发的时候平仓一部分。

进入期市8年来，我还是很幸运的，没有像股市上一样出现爆仓或者损失过大，对仓位合理的配置也是我能平稳至今的原因。

如果在中短线均线出现我认为明显的趋势行情，我就会进行交易。

问题1：张国海先生您好，感谢您在百忙之中接受东航金融和七禾网的联合专访。您2007年10月份从股市转战期市，是怎样一个契机让您接触到期货交易的？最后又为何决定进入？

张国海：我在做股票的时候已经接触了关于期货的很多知识，当时觉得期货风险比较大，所以一直没有做。直到2007年，当时股市到达了一个高点，我就萌生了一种冲动，想去尝试高杠杆的期货交易，刚开始只是抱着试试看的心态去做。当时的想法是因为股市是单边交易，而期货多空都可以做，并且比较活跃，交易灵活，所以才决定进入期市。

问题2：您认为期货市场和股票市场相比最大的不同在哪儿？

张国海：首先，股市和期市最大的不同在于期货可以双向交易，比较适合做短线，我刚刚踏足期市的时候也是做的短线，而股票市场只能单边做多；其次，股票市场牵涉的东西过多，不但要考虑宏观层面，还要考虑公司的基本面，而商品期货相对来说比较简单，我认为比股票容易判断并做出交易决定。

问题3：您进入期货市场后，表示非常谨慎，也愿意去学习，您会通过什么途径学习期货交易？

张国海：我刚开始做股票的时候其实状况不是很乐观，由于没有经过充分学习，单凭自己的一股蛮劲横冲直撞，结果经常是血本无归，所以当我进入期市的时候，我告诫自己要多学习期货方面的知识，也告诫自己要有规则。我从很多书籍、网络上了解一些理论方面的知识，像青泽的《十年一梦》、利弗莫尔的《股票作手回忆录》等经典书籍，从他们的成功以及失败的经历中学习到很多，也为之震撼，现在也在看索罗斯的《金融炼金术》，一直从书籍中不断地学习，结合实际交易以提高自己。

在交易的过程中，刚开始主要还是模仿别人的交易模式，慢慢地交易时间长了，也逐渐积累形成了自己的交易系统。

问题4：您进入期货市场已经有8年，在这8年里，国内期货行业快速发展，您是否有感受？您认为2007年的期货市场与现在的期货市场相比，最大的不同是什么？

张国海：首先，我对当时期货市场最大的感受就是波动性。因为2008年正处于金融危机，那时市场的波动性是非常大的，经常出现持续的涨跌停。到了 2011 年，受当时宏观环境影响，波动性明显降低了。而**现在的波动趋势没有像原先那样流畅，交易难度也大于从前。其次，当年散户交易者比较多，现在交易机构纷纷涌现，不似原来赚钱来得容易。对于 2008 年的行情，你只要敢于做空，基本都能获得暴利。而以前的那种交易方法已经不适用于现在了，**其实我在 2008 年就已经形成了一套很容易盈利的交易系统，当时想期货市场也不过如此，但是到了 2011 年、2012 年就发生了根本性的变化，发现原来的方式不再适合这个市场了，所以我 2012 年、2013 年也在不断地学习和调整中。以后的行情肯定还会变化，这几年我也感觉自己的交易水平成熟了很多。

以前一波趋势行情有很多趟，只要你察觉到，敢于进入，马上就会盈利；**现在的行情波段没有原来那么大了，假突破特别多，**没有以前那么容易获利了。所以，现在在分析行情和交易中，你的手法和心态都要改变。

问题 5：您在做期货交易之前，做的是财务工作，您为什么会放弃原来的工作，改投期货行业？您认为您之前的工作对您从事期货交易是否有帮助？

张国海：我在企业做了 10 多年的财务工作，每天和数据打交道，收入也很固定。2008 年进入期市后，发现自己能够在里面盈利，当时自己的心也很大，就放弃了财务工作。后来发现自己非常喜欢交易，就专职做交易了。

财务对于我做交易也有一定的帮助，**财务工作就是每天和数据打交道，**你天天看期货行情也是数字，**所以我对数字还是比较敏感的。**但是，财务和期货并没有相通之处。

问题 6：您 1994 年进入股票市场，之后在股市经常血本无归，您觉得这是什么原因导致的？对您之后的期货交易是否有影响？

张国海：我在接触股票的时候，并没有认真去学习这方面的知识，当时我们股市和国外股市还是有区别的，财务造假比较严重，我凭自己的方法盲目去做，结果发现并不是那么回事。有可能你所认为的一只好股，它其实是造假的。**我那时在股市里横冲直撞，也没有系统的交易方法，由于年轻冲动，低估了股市的难度，结果经常亏钱。**直到 2006 年的牛市才把本钱赚回来，从此退出了股市。

我做股票是很早的，那时股市还是 T+0，我经常做短线，而刚开始做期货

也是做日内交易，结合我后来的学习，也觉得它们还是有相通之处的。不同的是期货可以做空，这也是我最感兴趣的，也发现我更适合做期货。

问题 7：您目前是否有在做股票？最近股市动荡激烈，您的收益如何？

张国海：因为时间精力有限，我已经好几年没有做股票了，也觉得自己并不适合做股票。即使最近股市行情很大，我也一直仅专注于期货交易。**我只做我熟悉的，我不能在股市里赚钱，我就不碰它。**我也做过一点儿股指期货，不过波动太大，也不大去交易。

问题 8：自 6 月 12 日上证指数到达近 7 年的最高点 5178 点后，指数迎来了一波瀑布般的下跌，短短十几个交易日，上证指数蒸发了 1800 余点，甚至还出现了千股跌停、千股停盘等现象，您认为是什么原因导致此次罕见的可以称之为“股灾”的行情？

张国海：当时我和亿信伟业的投顾也进行过讨论，期市上的杠杆我们是一直在交易的，对它比较了解，而**股市上很多散户可能对杠杆根本不了解，就去盲目地使用。在牛市中，你使用杠杆会赚得很快。**期货是 10 倍左右的杠杆，风险非常大，所以我们基本只用两三倍，最多不会超过 4 倍。**我当时预测，如果这波行情下跌，会比 6000 多点下跌还惨重，因为杠杆放得太大。股市杠杆引起强制平仓的情况下，肯定有大波动。**

前段时间我看了一本关于 1929 年美国股灾的书籍，我觉得本轮 A 股下跌的情况和 1929 年美国股灾很相像。1929 年的股灾也是由于杠杆过大，普通百姓都去借钱炒股，每个人都在讨论股票，就算我当时去理发店，都会有人和我谈股票。当大家都在讨论股票，就说明暗含的风险已经很大了，况且还有杠杆。以前股市中可以向券商透支，因为是 T+0，所以当天一定要平仓，一天交易结束，就算亏损你也可以跑掉。而现在是 T+1，加上高杠杆，如果你遇到跌停板，就跑不出来了。因此，**在 T+1 的机制下，再加上高杠杆，风险是非常大的。**期货市场涨跌停板在 4%～5%，就算用 10 倍的杠杆，你也可以忍受两个停板，不过现在的波动下，两个停板的情况比较少。如果股市里你用 10 倍杠杆，一个跌停板就不行了。所以盲目使用杠杆，很容易就会爆仓。大部分股民，除了专业机构和做过期货交易的投资者，都不了解杠杆其中的风险。

我个人认为这次救市后，配资和杠杆如果死灰复燃，更大的危机还在后面。使用过杠杆的人，就像“吸毒”一样有瘾，他以后还会继续使用。没有专业知识和杠杆风险培训，危机还会出现。美国股市也会经常发生暴跌、崩盘，就是因为杠杆。

问题 9：您表示在期货的道路上走得还算平稳，目前是否已经稳定盈利了？您认为在期货交易中持续保持盈利的条件是什么？

张国海：现在基本能保持稳定盈利，每年都是正收益，走得平稳的原因主要是我的风险意识比较强。开始进入市场时，听很多人说杠杆最好保持三四倍，我从日内交易逐渐转成做中长线，也是因为我心里非常明白期货的风险很大，也一直遵守这个原则。**我现在交易注意控制仓位，控制风险，我会把杠杆降到自己能把控得很安全的位置。**

我认为持续盈利的条件，一是要有好的交易方法和交易系统，二是心态要平稳，光有交易系统是不够的，还要有强大的心理，坦然接受盈利和亏损。其次，**行情波动是不受你控制的，所以要对风险要有很强的防范意识，回撤不能太大。**我现在做中长线交易，使用对冲的方式去控制风险，能保持稳定盈利。

问题 10：2008 年期市出现一波大的空头趋势行情，但您称当时您并没有赚到很多钱，您认为原因是什么？

张国海：主要因为我当时做日内交易，赚了钱就会拿出一部分，所以本金的增加很慢。由于刚做期货时对商品也不了解，我只能去做日内。假如我今天做空，遇到跌停板，我肯定会平仓平掉，第二天再做。2008 年的空头行情非常大，出现连续跌停，如果拿着单子，第二天、第三天获利会非常大。所以**日内虽然能控制风险，但并不能获取暴利。**我不是炒单，我做日内也是做日内的小波段，单子拿一天在收市前平掉，虽说是日内，但交易不是很频繁，所以我没有赚到很多钱。

问题 11：您是从日内交易转型为中长线交易的，期间经历了怎么样的过程，您认为最难克服的是什么？

张国海：最难克服的是对趋势的判断。原来做日内，你当晚就平仓了，所以当你持仓时，就会非常担心。而且我们受外盘的影响很大，有时一直会盯着外盘看，发现自己是正确的，才会放心。这个过程是很漫长的，因为当时波动性比较大，很担心自己判断错误，造成第二天的大亏损。但是当你过了这一关，克服自己的心理障碍后，拿单也会心定了。这也培养我控制风险的好习惯，仓位不能过重，防止第二天出现意外情况。

在这个转型过程中，我也碰过好几次意外情况，金融危机过后，中国、美国和欧洲同时救市，铜和橡胶本来做空，第二天全部涨停，开盘就强平，但风险控制比较好，亏损都不算大，都能承受。现在我已经克服了这种心理，只要觉得趋势对，我就敢于拿单。

我现在已经是比较稳定地做中长线交易了，逐步再加上对冲，更加稳定了。当我在盘感上觉得不对劲时，会进行一部分对冲。**现在基本都是运用对冲交易，这样资金曲线会更平滑、稳定，不至于大起大落。**

问题12：就您来看，日内交易和中长线交易最大的不同是什么？

张国海：日内交易要求人的反应和行情的判断，只是关注日内的波动，关注度更高一点，中长线不需要过于关注日内的变化，只需关注中长线的趋势，交易的频率也会降低。

问题13：您表示转型做中长线交易，原因之一是希望获得更大的利润，请问还有其他考虑吗？

张国海：对我来说，**因为年龄的增加，反应和判断力都在降低，日内已经不适合我了。中长线既能带来丰厚盈利，也能降低交易频率，延长自己的思考时间。**日内需要你不断地去反应、思考，很累。

问题14：您表示您最想赚期市中自己能赚的钱，那么哪一部分的钱，您认为是自己能赚的？

张国海：作为一个期货交易者，我不做我不能做的交易，所以我几乎不去碰股指期货。**就算股指期货最近行情波动比较大，看上去很有诱惑力，我也会克制住自己的贪婪。**我觉得商品期货比较适合我，在有趋势的情况下才会去交易，如果遇到震荡行情，可能就会放弃，以趋势交易为主。趋势交易我看均线，如果发现信号，就会去做。

问题 15： 您希望以最小的损失赚取最大的利润，请问这需要如何实现？

张国海： 最小的损失其实就是止损，我有一个观点，就是当信号出现后，**用试错的心态去做**。试错就是认为自己的单子是错的，如果始终认为自己的单子是对的，可能手法会不一样，交易的量和持仓可能会大一点。**若你觉得你的单子是错的，你是抱着疑问去看行情，就会很谨慎，设置很明确的止损点，这就是我认为的最小损失。当我发现这个单子是对的，就会拿住它，甚至还会加仓做波段行情，这就是我认为的最小损失换取最大收益。**

问题 16： 您是以波段趋势交易为主，适时滚动交易，那一般一笔单子持仓多久？何种行情会让您进行滚动交易？

张国海： 比如我去年做的铁矿石、焦炭、焦煤，我一年都在做，但没有固定的持仓时间。因为它们的趋势很明显，所以我不断地在往下做，趋势不明显就做得比较少。再比如铜，因为趋势比较震荡，我做得时间就很短。因此，**我主要都是根据趋势情况来，趋势明显并且时间比较长，做得时间就长。**

问题 17： 您交易中以技术分析为主，主要研究哪些指标或图形？主要会看哪个级别的 K 线图？

张国海： 我主要是用均线，我设计的均线一般是短期均线，像 5 日均线，配合中长线均线，比如 40 日均线、60 日均线、200 日均线。**我一般在中长线均线已经指明方向，能看出是空头行情还是多头行情时，再去参考短期均线去做交易。**期货市场上，在多头市场不做空，在空头市场不做多，只要均线处于一个趋势方向，我就会顺着趋势方向去交易。

我主要是用均线配合日 K 线，看周 K 线、月 K 线比较少。在多头市场，我追涨少，一般是回调平稳了后才会介入，只要它没有破坏均线系统，一直在完美地走一波行情，我会在回踩或是反弹的时候去做，然后不断地滚动交易，拿在手上，一直到不能做为止。就像焦炭、铁矿石，即使现在价格已经很低，但我觉得趋势还没走完，依然在做空。

问题 18： 基本面分析在您的交易体系中占据什么样的地位？

张国海： 我对基本面分析不是很擅长，所以它在我的交易体系中占很小一部分，主要是看别人如何分析。我会在技术面支持的情况下，去看一些网上的研究报告，了解基本面的情况，增加我对行情判断的信心。现在我比较关注的是宏观经济，**这两年的宏观不太好，产能过剩，消费不畅，这种宏观信息其实已经提示了基本面的问题，我认为不需要过多分析。**我主要还是根据趋势来交易。

问题19：您还采用客观分析、主观优化的交易方法，请问结合在交易当中具体是如何表现的？

张国海：这句话其实我是借用丁洪波先生文章中的一句话，我觉得这个理念和我的交易方式很相近。**客观分析是看趋势行情，客观交易就是信号出来了就去交易，但是有时我会带有一种主观的判断。**铁矿石、焦炭曾经出现过要走多头行情趋势的时候，我当时就带着一种疑问，因为宏观经济不好，所以我就主观地忽略了这个信号。当时的下跌也说明了我是正确的，客观信号有时也不正确，我就会主观过滤。我没有像量化交易一样，用软件计算化地去交易。

问题20：您有一套自己的波段趋势交易系统，一个原则——以均线判断趋势，请问具体是如何判断的？

张国海：我就是用5天均线配合中长线均线，比如40天均线、60天均线、200天均线，5天观察的是短期的变化，40天、60天观察中期变化，200天观察长期变化，如果这几条线同时反映出多头行情或者空头行情，我会顺着一个方向去做。

问题21：您的交易系统中还包括两个点，即介入点、止损（盈）点，您是如何设置的？

张国海：介入点就是贴着均线，这样容易设置止损。趋势出来后，我会贴着均线，在均线附近进行交易，我一般把风险控制在2%左右，也有过一两次例外，那时我想再看看，结果造成的损失特别大。后来，**我的总结就是止损还是要很严格，不能带有任何主观。**如果你发现止损错了，那么错就错了，等行情走回来再继续进行交易。介入点我一般贴着均线，如果幅度在均线1%左右，我就会介入，设置止损也很方便，不会造成很大的亏损。

止盈点不是很关键，我有时是滚动交易，止盈点凭感觉多一点儿。如果利润出现连续性瀑布式的上涨或者下跌，我会平仓一部分，这是短线交易的经验，**日内交易除非你拉到涨跌停板，一般都会有一个不小的回撤，所以我会在突然爆发的时候平仓一部分。**止盈点没有介入点和止损点那么明确，我是根据自己的感觉，但是我不会在趋势行情下全部清仓，只会平掉一部分，然后作为一个滚动，等有差价再做回来。

问题 22：仓位的合理分配在您的交易系统中占据了重要的位置，请您为我们具体介绍一下您是如何分配的？

张国海：我会把总资金分为 10 份，一般做三四个品种，每个品种最多占 10%的仓位，也就是说总仓位最多会占到 40%，也控制了整个资金的风险。考虑到期货 10 倍的高杠杆，你用三四成的仓位去做，你的杠杆也在三四倍，碰到突发性的极端行情，仓位过重承受不了这个压力。**进入期市 8 年来，我还是很幸运的，没有像股市上一样出现爆仓或者损失过大，对仓位合理的配置也是我能平稳至今的原因。**

问题 23：您表示没有固定的交易品种，主要是根据形态和原则选择合适的交易，请问出现何种形态和原则的时候您会选择该品种？

张国海：我是按照均线交易，**如果在中短线均线出现我认为明显的趋势行情，我就会进行交易。**如果只固定做一个品种，遇到没有行情的时候就没有交易可做了，选择性太小。而且我认为这样风险反而更大，因为你仓位只有这一个，出现单边行情，如果错过的话，风险会更大。我现在做多个品种，也会分散一些风险。

问题 24：您是习惯单品种交易，还是多品种组合交易？

张国海：我是做多品种组合的，我原来也想过做单品种，在股市大涨以后，很多品种出现多头行情趋势的倾向，特别是 6 月份的橡胶，让我突然之间萌生了只做单品种的想法。从国家的经济形势来看，多头行情还没有出现，橡胶也是还没有上涨就下跌了，造成了我的一点儿损失，后来我及时调整过来，我放弃了在它身上的一点儿亏损，回到了多品种交易，觉得自己还是适合做多品种。

问题 25：您参加的蓝海密剑实盘大赛的两个账户分别获得了晋级奖和年

度先锋奖，您觉得蓝海密剑大赛与国内其他实盘大赛相比有什么特点吸引您参加？在参赛过程中有没有什么收获？

张国海： 我最早做日内交易的时候开户的期货公司手续费很高，于是转到了东航期货。刚参加蓝海密剑大赛时，我也没想过拿奖，只是想学习别人是如何盈利的。7年来就一直在东航，那两个账户持续参加蓝海密剑的大赛，也获得了几个奖项。蓝海密剑现在在期货行业的影响力越来越大，凝聚了很多高手。通过参加蓝海密剑的比赛，我也了解到了自己在交易中的优缺点，在比赛中不断的完善自己的交易方法和交易思路，同时，在大赛中有幸获得了一些奖项也增长了自己的交易信心。

问题26： 我们从您的"8580352"这个参赛账户发现，2014年6月上旬到2015年1月中旬，净值从2.0左右升至3.3左右，获得了不错的收益，能谈谈是如何实现的吗？

张国海： 这次是把握住了一波铁矿石、焦炭、焦煤的空头趋势，2014年我一直都在做这几个品种，当时通过对国内压缩煤炭产能等方面的分析，我觉得铁矿石、焦炭、焦煤和螺纹钢的空头趋势很明显，所以一整年都坚持交易这几个品种，穿插其他的品种并没有获得很大的收益，主要是通过铁矿石、焦炭、焦煤和螺纹钢获得利润。

问题27： 您另一参赛账户——"8580836"，2011年9月下旬账户的起伏较大，净值从2.2左右升至4.7左右又降到3左右，是什么原因导致账户出现这样的波动？

张国海： 这个账户比较小，资金量也比较少，当时就以满仓的方式交易，产生了大波动，时而大赚，时而大亏。这也告诉我，很多时候不能满仓交易，风险非常大，短时间可能快速获得收益，但是一旦做错就全军覆没。

问题28： 您目前在弘哲·亿信杯东航期货冠军挑战赛排名第一，该项赛事是为孵化优秀投顾发行基金产品，您参加此次大赛的主要目的是否是为产品化做准备？

张国海： 很感谢东航期货给我这个机会，参赛的选手也都很优秀，我暂时排第一的原因还是因为我把握住了这波商品的空头行情。对于今后发展的目标，我确实也有发产品的想法，不过还不是特别了解，希望逐步去发展，得到大家的认可。

陈愚：将杠杆作为风险管理的手段

（2015年8月28日　丁美美访谈整理）

陈愚

长沙人，1992年开始股票交易，1994年开始做期货，1998年开始学习程序化交易，在20年的交易经历中，伴随着市场的变化，不断尝试各种交易模式，组建了交易团队。2005年4月IH和IC上市后，很快摸索出一套股指期货跨品种套利的方法，取得不错的效果，目前主要以技术分析为主，做股指套利。获得第六届蓝海密剑中国对冲基金经理公开赛晋衔奖(少将)。

访谈精彩语录：

期货市场只要交易规则公开、公平、公正，那么，这个行业相对其他行业来讲，就是一个最公平、最自由的行业，用“一台电脑打天下”来形容也毫不过分。

在这个市场，只要找到一个期望收益为正的方法，或者说找到一个“长赌必赢”的方法，然后坚持做下去，那么，在这个市场赚钱是必然的。

2006—2007年的权证，实际上是击鼓传花的博傻游戏，大部分权证大家都知道是废纸一张，但依然追涨杀跌，乐此不疲，每个人都认为别人才是接最后一棒的傻子。

很多人偏偏喜欢选择第二种方法（投机股），总以为神话故事的下一个主人公就是自己。

现在做股指用的是自己编写的指标，主要是将指标股和人气股用软件编成几个指数，然后用来和IF、IH对比，当它们的差异达到一定的阀值时介入。

如今，市场的结构比过去更复杂，一些简单的趋势跟踪系统效果已经大打折扣，需要不断改进。但我始终相信，电脑作为人脑的补充和延伸，有它自身的优势。

期货交易中，最大的对手其实是自己，一个人要否定自己是很难的，而电脑可以帮助人克服心理障碍。

做程序化交易，任何想法都可以用历史数据检验，很多做主观交易时自以为好的方法，当把它编成模型进行历史数据检验时才发现，原来是错误的方法。

做主观交易，就像是手工作坊，虽然中间有几个艺术大师，能做出精美绝伦的作品，但其他大多数人做出的东西都是粗糙的，且大师的东西也无法复制。

做程序化交易就像工业化生产，虽然不会产生艺术品，但可以重复生产，可以复制，每件产品都不会有太大差别。

做主观交易的团队，需要很长时间的磨合，操盘手的培训需要花费很多的时间和精力，做程序化交易的团队，当接到一个新账号的时候，所要做的只是增加一台电脑。

要充分相信电脑，相信经过历史数据检验的模型，特别是趋势跟踪系统。

套利对冲的风险：①资金管理风险；②政策风险；③操作风险；④市场风险；⑤模型失效的风险。

现在做股指主要做 IF 和 IH 套利，我们根据两个指数的成分股和人气指标股分别自编两个指数，用指数的价差和 IF 与 IH 的价差进行比较，寻找套利操作机会。

我时常庆幸爆仓发生在刚入行的时候，在我输得起的年龄给了我深刻的教训，让我不会因为期货市场亏损去跳楼。

现在我一直将风控放在首位，只拿输得起的钱来玩，对客户要求也是这样，输不起的客户不做。

未来当然有可能再出现这样的行情，期货市场任何情况都有可能发生，期货市场不仅要“赚得快”，更要“活得久”。

我认为商品期货也许有反弹，但很难走出大牛的行情。

目前央行最大的底气在于庞大的外汇储备，但是目前出口放缓，外汇占款减少，如果调降人民币中间价引发强烈的贬值预期，导致资本外逃，那么央行将面临救股市还是救汇市的两难选择，相对来讲，股市的重要性并没有那么大，有可能引发进一步下跌。

很多人认为用杠杆风险大，我们不这样认为，很多时候，我们是将杠杆作为风险管理的手段，即使做单边，我们也经常使用杠杆。

在交易的过程中总是要考虑资金管理、回撤，如同戴着镣铐跳舞，不能尽情发挥。

使用杠杆交易，如同请了一位免费的风控，一旦做错，优先方会第一时间砍仓，实际上为我们减少了亏损。

我认为，没有掌握使用杠杆的技巧，盲目放大规模赌单边的做法确实风险很大，监管部门有加强管理的必要。杠杆可以有，但要有监管，不能失控。

问题 1：张愚先生您好，感谢您在百忙之中接受东航金融和七禾网的联合专访。您交易期货已经有 21 年了，您对期货市场的理解应该比较深刻，在您眼中的期货市场是怎样的？

陈愚：您好，感谢东航金融和七禾网。我从事这个行业已经 20 多年了，期间经历了很多次挫折，但是我一直热爱这个行业，因为热爱，所以坚持。

我认为期货市场只要交易规则公开、公平、公正，那么，这个行业相对其他行业来讲，就是一个最公平、最自由的行业；在这里，你不用看别人的脸色，不用去逢迎拍马，用“一台电脑打天下”来形容也毫不过分。

在这个市场，只要找到一个期望收益为正的方法，或者说找到一个“长赌必赢”的方法，然后坚持做下去，那么，在这个市场赚钱是必然的；当然，前提是在回撤的时候要控制好，不要让回撤“伤筋动骨”，或者影响到交易心态。

问题2：您在专职做期货交易之前的工作是经营饭店，这样的工作其实和期货没有交集，您是如何接触到期货交易的？期货市场有何魅力让您放弃之前的工作全职交易期货？

陈愚：我在中学的时候就读过一些关于股票、债券、期货方面的书，对期货一直有兴趣。1992—1994年的时候经营一家饭店，生意还不错，也赚点儿钱，但是当时一家小饭店也有十几个部门管着，那帮人来的时候个个趾高气扬，颐指气使，实在让人无法忍受，所以有了转行的想法。当时我有个同学在帮一家公司操盘，我去看过几次后就开了户，开始了期货生涯。

问题3：我们了解到您也交易过股票、权证，现在还参与吗？您觉得期货、股票、权证有什么区别？

陈愚：最早买股票是1992年，现在股票做得不多，因为精力有限，没时间去选股，主要是买ETF，采取的是基金定投的方式，每月固定时间固定金额买入，大盘跌到个人认为很低的时候还会每月再追加投资，这些年平均收益还不错。

1994—1995年也买过一点儿权证，后来2006—2007年的权证也做过，还做过一次“华菱管线”股票和认沽权证的套利（非常成功，利润接近200%）。现在权证没有了，但是50ETF的期权上市了，我们一直有想法做一个股指期货和50ETF期权的套利产品，目前正在准备中。

期货、股票、权证从本质上讲，都是概率游戏，但是到具体交易方法上，却有天壤之别。

2006—2007年的权证，实际上是击鼓传花的博傻游戏，大部分权证大家

都知道是废纸一张，但依然追涨杀跌，乐此不疲，每个人都认为别人才是接最后一棒的傻子。这种市场，没什么理性可言，要么回避，要么就要“心狠手辣”，涨的时候要敢追，买就买最强的，涨幅最大的，跌的时候砍仓也要毫不手软，不管亏多少也要砍。这种市场其实赚钱难度很大，但因为短期波幅大，总会有几个神话出现，吸引后来者如飞蛾扑火般前赴后继，今年5月的股市也与此类似。而目前的50ETF期权，跟当年的权证有很大不同，操作方法不再限于追涨杀跌，各个期权之间，期权与ETF基金之间，期权与股指期货之间，可以构建各种套利组合，风险和收益也可以事先就计算得出，玩法多种多样，风险也可控。

股票交易，我认为有两类股票，对应两种不同的交易方法，**第一类是安全的绩优股，或者ETF**（其实我认为买所谓绩优股不如买ETF，因为绩优股业绩也许会变脸），**可以采取类似基金定投的方法，每月固定买入**，假设每个月固定买1万元，基金一块钱的时候只能买1万张，跌到0.5元的时候可以买2万张，类似于金字塔加码，大盘跌到你认为很低的时候，还可以追加投资，只要这个市场还在，最终总会赚钱。这种做法的前提是要有耐心，还要有闲钱；**第二类是投机股，这类的股票要么不碰，要么就像当年炒权证那样，要敢追涨，也要敢杀跌，这种方法除了要有好的操作水平，还要有很好的心理素质。**第一类方法赚钱很容易，也很简单，只需要有耐心就可以，第二类方法其实很难赚到钱，但是，在实际交易中，**很多人偏偏喜欢选择第二种方法，总以为神话故事的下一个主人公就是自己。**

期货是杠杆交易，有交割期限，交易方法跟股票交易有很大不同。赚钱的方法各种各样，有根据基本面来做的，有做中长线趋势的，有做日内高频的，有做套利的，但不管怎样，亏损时加仓是死路一条，扛单的风险也很大，所以**做期货对资金管理水平的要求更高。**

问题4：您的操作手法是日内短线加隔夜波段，请问在什么行情下您会选择留隔夜单？

陈愚：一种是日内有比较大的盈利，而且仓位不重，留点儿仓继续搏一把；另一种是持有风险很小的跨月套利单。

问题5：您的日内短线大概多短？

陈愚：根据系统的指示来，有时可能就几秒钟，有时可能一两个小时。

问题6：您是以技术分析为主，请问您具体会看哪些技术指标？基本面分析在您的交易中占据什么样的地位？

陈愚：**现在做股指用的是自己编写的指标，主要是将指标股和人气股用软件编成几个指数，然后用来和IF、IH对比，当它们的差异达到一定的阀值时介入。**

做股指基本没看基本面，因为是日内短线，基本面作用不大。以前做商品套利会把基本面放在一个很重要的位置，一般是通过基本面分析找到一个相对理想的价差区间，然后低买高平或高卖低平反复操作。

问题7：您和大多数人一样刚进入期货市场的时候选择的都是主观交易，但您后来为什么会选择做程序化交易？

陈愚：当年刚进入期货市场的时候，就知道海龟的故事，很向往，也很想模仿。但当时电脑很少，期货公司几个人共用一台电脑，还只能看报价，也没有可以做程序化的软件，程序化交易无从谈起。1998年才自己买了电脑，也就是那时候，市面上开始有了分析家，飞狐之类可以自编模型的软件，这时，才开始尝试做程序化交易。

1999年"5•19"行情来到的时候，我已经有了自己的一些交易系统，通过电脑选出强势股，在那波行情里面初步尝到了程序化交易的甜头，更加坚定了我的信心。后来，我根据海龟交易法则编了个系统，在2005年铜的大牛市和2008年铜的暴跌行情中都有不错的表现。**如今，市场的结构比过去更复杂，一些简单的趋势跟踪系统效果已经大打折扣，需要不断改进。但我始终相信，电脑作为人脑的补充和延伸，有它自身的优势。**

问题8：您认为主观交易和程序化交易的区别是什么？

陈愚：**期货交易中，最大的对手其实是自己，一个人要否定自己是很难的，而电脑可以帮助人克服心理障碍。**

做主观交易，当面对一幅K线图时，可能会产生很多想法，但是这些想法对不对，无法用客观的数据来检验，**做程序化交易，任何想法都可以用历**

史数据检验，很多做主观交易时自以为好的方法，当把它编成模型进行历史数据检验时才发现，原来是错误的方法。

做主观交易，就像是手工作坊，虽然中间有几个艺术大师，能做出精美绝伦的作品，但其他大多数人做出的东西都是粗糙的，且大师的东西也无法复制；做程序化交易就像工业化生产，虽然不会产生艺术品，但可以重复生产，可以复制，每件产品都不会有太大差别。

做主观交易的团队，需要很长时间的磨合，操盘手的培训需要花费很多的时间和精力，做程序化交易的团队，当接到一个新账号的时候，所要做的只是增加一台电脑。

问题 9：从主观交易向程序化交易转变的过程中，您认为最需要克服的是什么问题？

陈愚：要充分相信电脑，相信经过历史数据检验的模型，特别是趋势跟踪系统，当信号发出的时候，价格往往让人很不舒服，这时，要坚信自己的系统，坚信电脑会比自己手工处理要做得好。

问题 10：您表示大部分交易是程序化自动交易，那么哪一部分仍会采用主观交易？

陈愚：当市场价格被极度扭曲的时候，比如 6 月底 7 月初的行情，大量股票停牌，政策干预不断，股指不断触及停板，我们会减少操作，或者在停板附近手工平仓。

问题 11：当程序化信号与主观判断发生分歧的时候，您会以什么为主进行操作？

陈愚：在操作方向上我会以程序化信号为主，但仓位会适量调整。

问题 12：您为什么选择套利对冲为主的投资模式？

陈愚：①风险相对可控；②可以放大杠杆，在风险同样的情况下，利润被放大。

问题 13：套利对冲的模式相对投机而言风险低一些，但并非没有风险，请您谈谈套利对冲的风险主要来源于哪些方面？

陈愚：①资金管理风险。比如去年年底股指与现货出现了很大价差，有些资金买现货ETF卖股指套利，从理论上来讲是有利可图，但在实际操作过程中，由于股指大涨，做空股指期货需要不断追加保证金，如果资金安排不合理，撑不到价格回归那一天，很容易发生亏损。

②**政策风险**。比如最近的股票和股指期货市场。

③**操作风险**。比如光大的“乌龙指”。

④**市场风险**。这种风险在价格急剧变化时容易发生，比如开仓或平仓时成交了一腿，而另一腿没有成交，或者当停板出现时一腿成交，而另一腿无法成交。

⑤**模型失效的风险**。比如前期大量股票停牌造成股指失真，还有政策干预造成的价格异动。

问题14：您主要是做套利交易的，那么在仓位上您是如何设置的？

陈愚：根据客户的风险偏好和风险承受能力，结合模型的历史最大回撤来设置。

(1)风险承受能力强的客户仓位重些，风险承受能力弱的客户仓位轻些。

(2)我们大部分时间采用盈利不断出金的方法，还没赚钱的新客户仓位轻些，已经赚钱，本金已经大部或全部取走的客户仓位会加大。

问题15：您展示的一个期货私募产品——大成信达量化对冲，您选择的是IF和IH进行套利对冲，请问为什么选择这两个股指品种进行套利对冲？

陈愚：因为这两个品种相关性高，流动性比较好，交易时滑点较小，实际交易的结果比较接近历史数据测试的结果。而且我以前有些股票的交易经验，可以自编一些指数，用它们的价差变化对比IF和IH的价差变化，从中寻找交易机会。

问题16：该私募产品目前的表现如何，是否达到您的预期？

陈愚：该产品6月1日开始运作，目前净值是1.54，最大回撤8.79%，主要发生在7月初那段极端行情，从目前来看，操作还比较理想。

问题17：您谈到以前您什么品种都做，为什么现在只选择做股指期货？

陈愚：第一，精力有限；第二，股指目前日间波动大，流动性好，适合做程序化交易。

问题 18：您表示有自己的一套交易系统，能介绍一下吗？

陈愚：现在做股指主要做 IF 和 IH 套利，我们根据两个指数的成分股和人气指标股分别自编两个指数，用指数的价差和 IF 与 IH 的价差进行比较，寻找套利操作机会。

问题 19：从您提供的资金曲线来看，您账户的波动还是比较大的，请问这是由于什么原因导致的？

陈愚：我们在资管网挂的账户做的套利交易，最大回撤 8.79%，运行一直比较平稳，您说的应该是在实战排排网挂的一个账户，那个账号是做的单边投机，而且客户的风险承受能力高，所以仓位比较重，该账户累计交易 80 天，净值是 4.0，最大回撤 43%。

需要解释一下，我们的套利交易账户采用的是 5 倍的杠杆，8.79%的回撤相当于我们的自有资金回撤 40%多，和单边的回撤接近，但是 6 月最终盈利 40%，我们的自有资金 20 个交易日盈利 200%，在同样风险的情况下，资金使用效率要大大高于单边账户，这也是我们偏爱套利交易的原因。

问题 20：您透露曾经历 3 次爆仓，这对您以后的交易是否产生影响？心态上是如何克服的？

陈愚：这 3 次爆仓都发生在 1998 年以前，这与当时的市场不规范有关。**我时常庆幸爆仓发生在刚入行的时候，在我输得起的年龄给了我深刻的教训，让我不会因为期货市场亏损去跳楼**，如果我前面走得很顺，到了一大把年纪的时候爆仓，估计也会受不了。

现在我一直将风控放在首位，只拿输得起的钱来玩，对客户要求也是这样，输不起的客户不做。

问题 21：我们了解到您的账户曾经两个月翻 7 倍，请问当时是一个什么样的行情？未来是否有可能再次出现这样的行情，并且获得这样的收益？您认为以您的交易系统，合理的收益表现应该是如何？

陈愚：这也是发生在 1998 年以前，当时满仓赌了咖啡，而且还浮赢加仓，在连续涨停后翻了 7 倍，不过随后在连续跌停的过程中还是爆掉了。

未来当然有可能再出现这样的行情，期货市场任何情况都有可能发生，

不过我只会拿一点点钱玩一玩，赢了当然好，输了无所谓，**期货市场不仅要“赚得快”，更要“活得久”。**

交易系统我不会去苛求一定要有多少收益，只要是正收益，回撤在可以接受的范围内就行。

问题22：由于6月份开始的股票暴跌行情，监管层也对股指期货的交易做了一定的限制，请问对您的交易有什么样的影响？交易策略上有没有做一定的调整？

陈愚：6月份开始的股票暴跌行情，监管层也对股指期货的交易做了一定的限制，对我们的交易还是有影响。我们有些账户有几天不能开仓。交易策略也进行了修改，尽量避免自成交和撤单。

由于政策干预，行情也被扭曲。我们的最大回撤发生在7月2号，当天的行情非常夸张，我们当天的回撤达到8%，随后几天，我们有好几个账户都主动暂停了交易，直到行情略微平稳才重新入市。

问题23：现在很多人表示商品期货将迎来大的行情，您怎么看，会重新配置商品期货吗？

陈愚：(1)我们现在以程序化交易为主，不想去预测行情或将预测作为交易的依据。

(2)如果非要预测的话，我对商品期货的行情并不很看好，因为前一波商品的牛市是伴随中国高速的工业化和城镇化而来的，如今，中国增长已经放缓，现在还没有其他哪个国家可以接棒；未来全球几个主要经济体的经济增长主要依赖科技的进步，这种增长模式对大宗商品的需求有限。所以**我认为商品期货也许有反弹，但很难走出大牛的行情。**

(3)如果我们的资金达到一定的规模，需要分散投资，我们会配置商品期货；如果商品期权推出，商品期货有好的对冲工具，我们也会配置商品期货。

问题24：8月11日央行调降了人民币中间价引发了人民币大幅贬值，也对全球市场产生了影响，您如何看待这次贬值，您觉得人民币贬值会对国内商品市场以及股市产生什么样的影响，对您本人的交易是否也有影响？

陈愚：由于中国的出口放缓和美联储的加息预期，人民币一直有贬值的压力，这次虽然是中国央行主动调降了人民币中间价，但结果还难以预料。**目前央行最大的底气在于庞大的外汇储备，但是目前出口放缓，外汇占款减少，如果调降人民币中间价引发强烈的贬值预期，导致资本外逃，那么央行将面临救股市还是救汇市的两难选择，相对来讲，股市的重要性并没有那么大，有可能引发进一步下跌。**

如果股市继续下跌，已经饱受质疑和指责的股指期货将成为替罪羊，中金所在压力之下不得不采取更严厉的限制措施，到时对我们的交易肯定会有很大影响。

问题 25：您和您的操作团队也注册了两家私募公司，分别是大成信达和嘉实天成，能介绍一下这两家公司吗？

陈愚：我们操作团队用我的名义注册了大成信达投资管理有限公司，然后我们用大成信达作为普通合伙人与其他有限合伙人合伙成立了嘉实天成基金管理合伙企业，其他合伙人作为有限合伙人不参与企业的日常管理。这样做的好处是：**不管我们操作团队出资占有限合伙企业多少比例，我们的日常工作和交易都不会受到干扰，即使将来企业发展了，引进了新的合伙人和新的资金，我们操作团队的话语权都不会被稀释。**

问题 26：我们了解到您公司所运作的产品均运用了杠杆，您也曾表示杠杆的风险其实不大，然而前不久的股灾，杠杆被提到了风口浪尖，您是如何看待的？

陈愚：我们目前主要做的套利交易，资金占用比较多，而风险相对单边投机要小，所以我们运用了杠杆。

很多人认为用杠杆风险大，我们不这样认为，很多时候，我们是将杠杆作为风险管理的手段，即使做单边，我们也经常使用杠杆。

我们知道，期货交易可能的最大亏损就是投到账户的全部资金。假设同样是 1000 万资金，如果我们全部用自有资金交易，投入 1000 万，一旦操作不慎，有可能损失 1000 万（我亲眼见到一个 400 万的账户做空 16 手铜，在 2005 年的牛市中爆仓）。有人也许会跟我讲资金管理，但是能把资金管理做好的毕竟是少数，更多的人会因为一开始仓位轻而大意，在刚开始亏损时不愿意砍仓，甚至逆势加仓，轻仓变重仓，最终爆仓。而且，**在交易的过程中总是要考虑资金管理、回撤，如同戴着镣铐跳舞，不能尽情发挥。**

如果我们使用杠杆，可以只投入200万，将800万存银行。假设用1∶4的杠杆，我们的操作资金还是1000万，但是我们的最大损失就被限定在200万，在实际交易中，由于自有资金亏损50%就会被强平，所以损失就被限定在100万。在交易中，因为没有后顾之忧，所以心态更好。**使用杠杆交易，如同请了一位免费的风控，一旦做错，优先方会第一时间砍仓，实际上为我们减少了亏损。**

在使用杠杆交易的过程中，我们还有一条很重要的原则，那就是：只出金，不入金。一旦赚钱，第一时间将本金提走，用利润来继续博。如果亏损，只会减少头寸，放慢节奏，慢慢抹平，绝不往亏损的账户加钱。

前不久的股灾，杠杆被提到了风口浪尖。**我认为，没有掌握使用杠杆的技巧，盲目放大规模赌单边的做法确实风险很大，监管部门有加强管理的必要。杠杆可以有，但要有监管，不能失控。**

问题27：您获得第六届蓝海密剑实盘大赛晋衔奖（少将），您如何评价蓝海密剑这个比赛的？

陈愚：蓝海密剑这个比赛非常好，为我们提供了一个展示自己的平台；同时，通过这个平台，我们可以向很多高手学习，不断提高自己的交易水平，再次感谢东航金融、东航期货和七禾网为我们提供这样好一个平台。谢谢！

许建红：无论是现在还是将来，我只是个操盘手

（2015年9月6日　丁美美访谈整理）

许建红

深圳前海胜境善投资产管理有限公司董事长，职业投资人。2009—2011年权证及商品期货学习和交易。2011年底20万入市股指期货交易，一直稳定盈利，至2015年8月底，已盈利几百倍，净利超过5000万元。擅长日内波段交易，以稳准狠著称，善于捕捉日内顶底部转折点，以小止损博取大利润。

2015年获得首届全国期货人机大战全明星实盘争霸赛冠军，最具资产管理能力奖。多次实盘大赛金融期货单项第一名。

访谈精彩语录：

我是一个胸怀梦想，心比较大的人，我希望人生可以更美好，如果有实现心中梦想的机会，哪怕有一定的风险，我也会毫不犹豫地投身尝试。即使失败也没什么，毕竟拼搏过了。

我觉得期货是非常合理的，国内难得公平的品种。多空都可以交易，主力也没有什么优势，所有人机会对等，只要技术、心理过硬，就有机会实现稳定盈利。

学习阶段任何人都是不可避免要交学费的，但是学费怎么交、交多少，这也是非常有讲究、有学问的，我当时的策略就是交学费时间越短越好，学费交得越少越好。

通过一年学习，我的技术雏形基本形成，打下了很好的交易基础，尤其是这一年对大盘的研究，在后面的股指交易里成为决定性的盈利因素。

财不入急门，技术成熟前投入再多本金也只有亏的份儿。技术成熟的判断标准不能靠自己感觉，要以实盘曲线说话，相当长周期的盈利率和回撤都达到要求时才 OK。

主要靠毅力和坚持，实在很累的时候做做梦也不错，想想梦想实现的时候会怎样，用梦想来激励自己继续努力，不达目的不罢休。

我只要发现和总结到对交易有用的东西，就不断会给自己心理暗示，直到自己能做到为止。

我判断大盘有自己独特的一面，可以轻松提前判断大盘分时的转折和中继点，这无疑是交易股指的致胜武器，第一天交易股指就开始稳定盈利，并且小心翼翼地不断调整自己，一路走到现在。

资金量从小到大，交易风格从短至长，这都是一个优秀的交易员必须经历的过程。小资金可以短炒，稳定盈利速度可观，但资金变大，就必须变换手法，向波段转变。

对大盘现货的研判，我可以比较轻松地从日内走势中判断大盘的转折点和中继点，日 K 线判断大趋势。所以我做股票也是可以的，但这个方法并不适用于商品。

我主要是看日K线判断大方向，盘中只关注分时走势、量、价等，作为一个短线交易员，以日内交易为主，追求的就是速度和节奏感，指标都有滞后性，等指标形成再交易已经晚别人几步了，也许有看指标能赚钱的，但效果要打折扣。

交易机会不是时时刻刻都有的，好的交易机会更是难得，所以有特别好的波段交易机会时，我的仓位会重一些，看不到好的波段机会时，我也会轻仓跟随市场炒几把。

对于小资金，只有复利才能壮大。复利适合技术已成熟的起步阶段的交易员。

一个原因是为了规避风险，只要还留在交易市场，一切情况都有可能发生，对于任何人都是这样，没有100%的交易机会，盈利出金可以使我的投机生涯更健康，心理压力更小。我希望成为期货行业的寿星，而不是明星。第二个原因是市场容量及技术手法，期货市场资金太大不利于操作。

我的风格就是抓转折，小止损博大利润，如果会止损，即使看对也说明开仓点位不精准，止损是必须的。软件自动止损是止损的最后一步，为了防范自己状态不好而设置的，99%的止损都是手工止损，当单子不对或不利的时候就砍仓了。

控制自己的不良情绪是交易员很重要的功课，交易不顺的时候才能看出一个交易员的水平高低，尤其是连续不顺的时候他是如何处理的。

对于投资者朋友，我还是建议借鉴我学习阶段的策略，争取少交学费，技术稳定后再投入资金，同时给自己设一个盈利时间表，做不到就代表不太适合交易，果断退出交易市场。

无论是现在还是将来，我给自己的定位都是一个操盘手、交易员！

问题1：许建红先生您好，感谢您在百忙之中接受东航金融和七禾网的联合专访。您在专职做期货之前曾是某上市公司的高管，请问是什么原因令您放弃管理层的职位而投身期货市场？

许建红：梦想！为了实现自己的财务自由、人生自由，以及拥有更大事业的梦想。做高管哪怕做到职业经理人，收入及上升空间也很有限，不是我喜欢的工作。

我是一个胸怀梦想，心比较大的人，我希望人生可以更美好，如果有实现心中梦想的机会，哪怕有一定的风险，我也会毫不犹豫地投身尝试。即使失败也没什么，毕竟拼搏过了。所以2009年接触权证三个月后，并没有股票投资经验的我，毅然决定放弃工作，专职学习投机。现在看来这是一个很好的决定。

我当时很敏锐地意识到我适合投机行业，但是每个人的性格、人生经历不一样，所以我并不建议各位朋友这样做，**99.9%的朋友应该交易稳定以后再专职交易。同时设定一个稳定盈利的时间表，到了时间还不能稳定盈利，就退出，换个行业。**

问题2：您最开始接触到的是权证，您认为权证和期货相比有何区别？

许建红：**这个就像小马过河，河到底有多深，矮小的松鼠、高大的牛说了都不算，只有小马自己经历了才知道。**权证只能单纯做多，以及大多数权证的内在价值是0，权证风险实际比期货大很多。但在当时，做权证的人都觉得期货风险很可怕，一般人不敢转，我也是在没有办法的情况下，于2010年转型到期货，**我觉得期货是非常合理的，国内难得公平的品种。多空都可以交易，主力也没有什么优势，所有人机会对等，只要技术、心理过硬，就有机会实现稳定盈利。**

问题3：我们了解到您拿着2000元进入权证市场，最终亏损1万多，初涉交易市场的失败您认为是什么原因造成的？

许建红：2009年我交易权证是学习阶段，**学习阶段任何人都是不可避免要交学费的，但是学费怎么交、交多少，这也是非常有讲究、有学问的，**很多人傻乎乎地一开始就投入很多资金进来，稀里糊涂就亏光了，等技术成熟点，却没资金了。这都是投机天分不够的表现，**我当时的策略就是交学费时间越短越好，学费交得越少越好，**我开始只投入2000多元学习，实在玩不下去了再加点儿钱，所以我学一年权证才花了1万元学费，这是很少的。**通过**

一年学习，**我的技术雏形基本形成，打下了很好的交易基础，尤其是这一年对大盘的研究，在后面的股指交易里成为决定性的盈利因素。**包括2010年中我转战商品市场，初期投入是2万元，一直没有加资金，一年的学习中慢慢成长。

总结一下，**目前为止在我的投机生涯中总共向市场交了3万元的学费，**这么点儿学费可退可进：退，哪怕不成功，退出来没什么损失；进，只要技术成熟，回本太容易。2011年我投入20万开始正式交易，一两个月就回了本，**现在我经常单日盈利就超过100万元。**再回想当初学习的花费就不值得一提，这是一个很好的策略。

这点我非常希望大家能够借鉴，**财不入急门，技术成熟前投入再多本金也只有亏的份。技术成熟的判断标准不能靠自己感觉，要以实盘曲线说话，相当长周期的盈利率和回撤都达到要求时才OK。**

问题4：从2009年底进入期货市场，直到2011年，您才赚到第一桶金，这期间您承受了来自哪些方面的压力？您又是如何克服的，心态上是如何调整的？

许建红：这三年我归纳为学习阶段，**学习阶段确实非常困难，有来自多方面的压力，大家都感同身受，这边要养家糊口，那边还要面对盈亏不稳定的交易，不确定的前程。**

主要靠毅力和坚持，实在很累的时候做做梦也不错，想想梦想实现的时候会怎样，用梦想来激励自己继续努力，不达目的不罢休。

问题5：您表示从亏损走向盈利是通过不断地总结学习，您一般会通过什么途径学习期货交易？

许建红：第一点，网络时代非常方便，很大程度地缩短了学习的进程。只要我感兴趣的、想知道的，我马上会从网上搜索出来进行学习，不交易的时候**我喜欢逛各种交易的论坛，观摩各类实盘高手的交易，从他们的交易点滴中吸取精华，为自己所用。**

第二点，**我只要发现和总结到对交易有用的东西，就不断会给自己心理暗示，直到自己能做到为止，**定好优秀的规则和策略很容易，但这些东西说起来容易，做起来真的很难，有时候要坚持半年甚至一年才能做到。

问题 6：我们了解到您最初做的是商品期货，现在转做股指，操作上是如何来调节适应的？

许建红：我做商品的时候很痛苦，没有找到太好的办法来交易，经常是盯着股票大盘做商品。虽然赚钱，但成绩并不稳定。后来转做股指期货后，大盘就是股指的现货，是相辅相成、互相影响的，**我判断大盘有自己独特的一面，可以轻松提前判断大盘分时的转折和中继点，这无疑是交易股指的致胜武器，第一天交易股指就开始稳定盈利，并且小心翼翼地不断调整自己，一路走到现在。**

问题 7：您延续做商品期货时的日内波段风格，您认为操作股指期货时与之前操作商品期货相比有何不同？

许建红：是的，我不属于炒手风格，我是日内波段，大部分盈利单持有都超过半小时，也有可能持仓几天的情况。**资金量从小到大，交易风格从短至长，这都是一个优秀的交易员必须经历的过程。小资金可以短炒，稳定盈利速度可观，但资金变大，就必须变换手法，向波段转变。**从 2014 年起，我就下了很大精力向长转变，优化自己的交易策略，把不太赚钱的单子总结出来，尽量不再参与。主要精力用于抓住那种机会比较好的波段行情。将来还要努力学习，争取平稳过渡到趋势交易。

问题 8：现在很多人表示商品期货将迎来大的行情，您怎么看，会重新配置商品期货吗？

许建红：商品我研究得非常少，没有发言权。

大部分成熟国家的金融期货占比都是绝对大头，商品期货不是我的重点。中金所最近不断出新规对股指交易进行制约，我会继续观察股指一段时间，不好交易的话，我会先休息一两个月，然后考虑转战股票还是转战商品期货。

问题 9：您认为您一开始操作股指期货就能保持盈利的原因是什么？

许建红：**对大盘现货的研判，我可以比较轻松地从日内走势中判断大盘的转折点和中继点，日 K 线判断大趋势。所以我做股票也是可以的，但这个方法并不适用于商品。**

问题 10：据了解，您交易的时候只关注 K 线、量和价，请问您为什么只关注这三个指标，而不参考其他指标？

许建红：我主要是看日 K 线判断大方向，盘中只关注分时走势、量、价等，作为一个短线交易员，以日内交易为主，追求的就是速度和节奏感，指标都有滞后性，等指标形成再交易已经晚别人几步了，也许有看指标能赚钱的，但效果要打折扣。

问题 11：您做的是日内股指，那么您对仓位的配置是怎么样的？我们了解到您有几天也会选择留仓，而且仓位比较重，请问当行情符合什么样的条件时，您会选择留隔夜单？

许建红：作为短线交易员，用的都是自有资金。**我是这样认为的，交易机会不是时时刻刻都有的，好的交易机会更是难得，所以有特别好的波段交易机会时，我的仓位会重一些，看不到好的波段机会时，我也会轻仓跟随市场炒几把。**

一般的单子都是当日结束，不选择隔夜，只有看到了趋势机会，又有浮盈做保护时才会隔夜。

问题 12：您的日内交易频率如何？目前有较多的日内交易者，选择了人工高频或程序化高频的交易模式，您是如何看待高频交易的？

许建红：我的交易频率慢慢地在降低，前两年交易一天 20 次左右，而目前都是控制在 10 次以下，甚至我可以控制在每天 3 次内。

程序化高频我不了解，但我有很多人工高频，俗称炒手的朋友，他们的业绩非常牛！在普通人眼里，我也算炒手，但我在慢慢转变到波段手。

高频交易业绩最稳定，这是毋庸置疑的，但资金容量非常有限，做不大。

我目前操作的资金 5000 万，无法再从事高频交易。

问题 13：您多次提到复利的重要性，您认为哪一类的投资者适合复利交易？

许建红：对于小资金，只有复利才能壮大。

复利的难度比较大，赚 10 倍，100 倍，亏 100%就完蛋。

复利适合技术已成熟的起步阶段的交易员。

问题14：据了解，您现在已经不再进行复利交易了，请问这是什么原因？

许建红：是的，目前我都是盈利出金。一个原因是为了规避风险，只要还留在交易市场，一切情况都有可能发生，对于任何人都是这样，没有100%的交易机会，盈利出金可以使我的投机生涯更健康，心理压力更小。我希望成为期货行业的寿星，而不是明星。第二个原因是市场容量及技术手法，期货市场资金太大不利于操作。

问题15：您是通过软件自动止损的，那么止损的设置依据是怎么样的？

许建红：亏损单、不利单止损，这是风控的一部分。以前我进行复利交易的时候，回撤、风控是最重要的部分，规定了很多必须止损的策略。为了防范自己偶尔犯侥幸心理，我一直设有软件自动止损。2012年、2013年的股指设的止损是10个点位，那两年行情波动不大，我的风格就是抓转折，小止损博大利润，如果会止损，即使看对也说明开仓点位不精准，止损是必须的。现在行情波动较大，止损扩大到了20个点，甚至30点。

软件自动止损是止损的最后一步，主要是为了防范自己状态不好而设置的，而99%的止损都是手工止损，当单子不对或不利的时候就砍仓了。2012年、2013年状态好的时候，一两个月也不会触发软件自动止损。

问题16：您表示运用软件自动止损是为了控制自己的不良情绪，那么当您在交易中出现情绪波动时会严格执行软件的自动止损吗？

许建红：控制自己的不良情绪是交易员很重要的功课，交易做得顺自然好，顺的时候大家心态都很好，各项策略都能遵守。但是交易不顺的时候才能看出一个交易员的水平高低，尤其是连续不顺的时候他是如何处理的。

问题17：您认为期货市场是人与人的博弈游戏，极少数最优秀的选手才能胜出，那么您对自己在期货市场中的定位如何？

许建红：我对自己的定位就是不受行情制约，稳定盈利的短线选手，今年获得了人机大赛的冠军，现在有几项比赛也排在前面，很大程度上提升了交易信心，和很多优秀的选手同场竞技，可以学到很多东西。并且和很多优秀选手、前辈相比，我的盈利速度和稳定程度都不差，但毕竟从业年份短，经验和知识还短缺，需要静下心来，学习的方面还很多。

问题18：您认为要成为交易赢家，所要具备的因素有哪些？

许建红：天分和努力都必不可少。有时候还需要一点点运气帮忙。

问题19：您在七禾网私募排行榜上注册的“jason许建红”，该账户从20万做到了4000万，收益近200倍，您对这样的成绩是否满意，您觉得获得这样收益的核心原因是什么？

许建红：今年的成绩已经超出了目标，我年初只定了盈利1500万左右的任务，现在半年多一点的时间，这个业绩早超出了我的预期。**今年业绩这么好，和自己心态控制得不错有关，上涨、下跌、震荡行情都做得不错，但最主要的原因还是行情太火爆。短线选手都是波动越大，盈利越大。**

问题20：市场上总对短期获得暴利的例子津津乐道，您20万做到4000万也是其中之一，您觉得这样的成绩是否有可复制性？很多投资者对您这样的表现兴之向往，您会提供给他们什么样的建议？

许建红：三年多的时间走到这个阶段并不容易，2014年以前都在用复利打基础，今年才开始加速。

结果是喜悦的，但泪水和心酸别人也不太清楚，每个人的经历和想法都不太一样，遇到的政策及行情也不一样。即使复制，也只适合与我经历、性格水平都相似的朋友。

对于投资者朋友，我还是建议借鉴我学习阶段的策略，争取少交学费，技术稳定后再投入资金，同时给自己设一个盈利时间表，做不到就代表不太适合交易，果断退出交易市场。

问题21：您的账户获得高额收益的过程中，也经历过几次明显的回撤，最大回撤也超过了30%，这是否在您的预期中，您觉得合理的回撤范围是多少？有否总结如何规避再次出现较大回撤的情况？

许建红：这个账户是自有资金，一年实际盈利接近10倍，要达到这么高的盈利，不复利的情况下，回撤30%并不算大，是在我的预期中的，而且这个回撤次数一年也只有一两次，在可控范围内。

要避免较大回撤是个系统工程，各方面都要做好应对措施，比如回撤大的时候采取轻仓、休息，等最有把握的行情等。

问题22：您公司目前也在发行一只3000万至5000千万管理型基金产品，能介绍一下这款产品吗？该产品目前的表现如何，是否达到您的预期？

许建红：是的。今年8月份发行了一只3200万管理型阳光私募产品——胜境善投永红1号，存续及封闭期1年。产品发行预期是只交易股指期货，目前刚交易半个月，小幅盈利。中金所约束交易后，这只产品前程还待观察。但我个人会尽最大努力做好这只产品。

问题23：由于6月份开始的股票暴跌行情，监管层也对股指期货的交易做了一定的限制，请问对您的交易有什么样的影响？交易策略上有没有做一定的调整？

许建红：股票暴跌虽然我也预料到了，但这个结果我们都不愿意看到，**中国经济、中国金融市场平稳发展是我们共同的愿望。**

前面几次的限制对我个人来讲并没有太大的影响，包括限单日600手，日内平仓手续费提升5倍，我都是可以克服的。目前进一步限制到单日100手，30%保证金，这个影响要等开市后观察，如果不能交易了，我个人倾向于先休息一段时间，市场平稳后再回归。

问题24：8月11日央行调降了人民币中间价引发了人民币大幅贬值，也对全球市场产生了影响，您如何看待这次贬值，您觉得人民币贬值会对国内商品市场以及股市产生什么样的影响，对您本人的交易是否也有影响？

许建红：美元加息一直悬而未发，央行主动贬值，市场上的评价都是偏正面的。

人民币贬值，我对原油类、农产品类商品相对看好，但对股市中性偏空，继续贬值的话，外资加速从新兴国家撤离，有可能会引发房价下行。

问题25：您在很多期货比赛都获得了奖项，比如首届全国期货人机大战实盘争霸获得冠军及多次实盘比赛金融期货单项第一名，第六届蓝海密剑中国对冲基金经理公开赛获得"中将"称号以及晋衔奖，这些奖项的获得对您的交易之路是否产生影响？

许建红：和优秀的选手同场竞技，不但可以开拓眼界，还能学到很多知识，对提升自己的交易水平和增强信心都有很大的帮助。

问题 26：您目前也是一家公司的董事长，您认为兼顾一家公司的领导和期货交易，这两者之间需要如何达到一种平衡关系？

许建红：我的工作重心都是放在交易上面的，能做好交易就够了，具体行政事务都是助手和朋友在打理。

无论是现在还是将来，我给自己的定位都是一个操盘手、交易员！

张勋：市场上所有的波动都是人性的体现

（2015 年 9 月 9 日　唐正璐访谈整理）

张勋

安徽人，1972 生，现居无锡。拥有 9 年的期货交易经验，主要做日内短线 + 中长线程序化交易，曾在第六届蓝海密剑实盘大赛上荣获上校晋级奖。

访谈精彩语录：

我会根据品种的 ATR，也就是波动幅度来确定止损的固定比例，然后再根据我总体的亏损金额，以及品种的止损点数来确定交易手数。

止盈我基本上是采用移动止损的方法，没有固定止盈值。

市场已经明确地告诉我们牛市已经暂时告一段落了，职业股民应该持币观望，等待市场再次走好。

我最喜欢趋势行情流畅的中段，此时赚钱最快也最安全。

在日内仓位上，我主要做股指，基本上是 10%～20%的仓位。在隔夜仓位上，我的单品种仓位不超过 10%，会根据行情的情况调整整个隔夜仓位，但一般不超过 40%。

此次股指行情波动大对于我来说是个机会，今年大部分的收益都是股指贡献的。

虽然我们交易的品种拥有不同的特性，但它们都有一个共性体现，那就是背后的交易员，市场上所有的波动都是人性的体现。

因为行情迟早会回来，我只需要做好准备！

参与比赛的主要目的是想了解一下自己在期货市场上的位置，经过参与此次比赛，也让我了解到自己的方法是能够适应这个市场的。

商品的牛市来临时我们自然就知道了，去猜测对交易没什么帮助。

每个交易品种都会有属于自己的行情。

交易最主要的就是风控，活着就是机会。

市场的交易难度不断在增加，交易能力强的人越来越多，如果我比不上别人，就变成输家了。

投资者想要在机构化竞争中生存，要不断提升自己的交易能力，在风险控制上一定要控制好。

问题 1：张勋先生您好，感谢您在百忙之中接受东航金融和七禾网的联合专访。您之前是从事制冷设备设计工作的，请问当时您是怎么接触到股票和期货的？后来为什么会放弃原来的工作，改投期货行业？

张勋：2001 年的时候，我在报纸上看到招聘期货交易员，然后就去参加培训，了解了一些基本的期货常识，由于经济的原因，未能入行，但从此念念不忘。后来经历了 2008 年的行情，再加上在 2009 年帮朋友操盘的效果不错，就想以此为生。果断在 2010 年辞职回家做交易了。

问题 2：您有时也会做做股票，请问您在股市的收益情况如何？前段时间股市大暴跌，您在这波行情中表现如何？

张勋：股票实际做得不多，因为主要精力在期货，在这波大跌前果断清仓出局，实际赚得也不多，差不多 60%左右。

问题3：您在大跌前果断清仓出局，您是怎么判断将会有一波大跌的？

张勋：我的清仓出局并不是说在暴跌的前一天清仓，而是在这一波大跌之前，我交易的品种就已经从商品顶部跌了下来，并回撤到我的止损点了，所以我就出局了。总之，回撤到我的止损点，我就清仓了。

问题4：那您又是如何设置止损和止盈的？

张勋：对于止损，我基本上按照初始投入资金的1%左右设置，但具体每个品种地止损是不同的，因为每个品种的特性不一样。**我会根据品种的ATR，也就是波动幅度来确定止损的固定比例，然后再根据我总体的亏损金额，以及品种的止损点数来确定交易手数。**这样就能保证即使回撤到止损点，也在我的可控范围内。

止盈我基本上是采用移动止损的方法，没有固定止盈值，尤其是隔夜的，我基本上不会主动去止盈，只要回撤到我的止损，而我的止损是逐步上移的，尽量让它走得更远一点儿。至于日内止盈，比如说涨停，日内遇到这种情况肯定要止盈，因为它已经没有再上涨的空间了，那我基本上就会立刻出来，但这种情况很少。

问题5：股市经历了6月的暴跌后一蹶不振，您如何评价目前股市的状况？您觉得牛市还在吗？

张勋：**市场已经明确地告诉我们牛市已经暂时告一段落了，职业股民应该持币观望，等待市场再次走好。**

问题6：我们了解到您在期货交易上主要以技术分析为主，请问您技术面主要分析哪些指标、图形或量变？您觉得自己技术分析的最大特征是什么？

张勋：在技术面分析上，我分析得比较简单，大方向我主要看均线、MACD等趋势跟踪类指标，还有一些平台整理之类的形态，均线上我基本会做一个过滤器，比如说20日均线朝上，我基本上不会去做空；反之，朝下的话，我基本上不会去做多。然后再辅助地看一些其他指标，比如波动突破，平台突破，高低点突破等，根据这些去做。

问题7：您在交易中最想赚趋势部分的钱，请问您如何定义趋势？您跟踪的是哪个级别或哪几个级别的趋势？

张勋：**我最喜欢趋势行情流畅的中段，此时赚钱最快也最安全。**趋势按照技术分析的定义来说，在一波行情中，高点不断提高，低点不断抬高就是多头趋势，反之便是空头趋势。当然，这还是要看交易员做的是哪一个时间级别，不同的时间级别所看到的趋势也不尽相同，这也是市场多空分歧的由来。我主要做日线级别的趋势以及个别品种的日内波段。

问题8：当行情出现什么情况时，您会去追这个级别趋势？

张勋：基本以隔夜趋势为主。

问题9：您主要操作股指期货，还操作一些商品期货，如橡胶、螺纹钢、PTA、焦炭、铜、白糖等。那么您选择品种的依据是什么？

张勋：**在选择交易品种上，我主要看品种的流动性和交易是否活跃，**一般来说满足这两点的品种，趋势性都会比较好。

问题10：您的操作风格是日内短线+中长线，请问您为什么会选择这个交易方法？在确立这种方法之前，您有没有尝试过其他方法？

张勋：我选择中长线的原因主要是与我接触的朋友和阅读的书籍有关，我在总结自己的交易系统时就确定了中长线的交易风格。而日内短线是后来专职做期货过程中借鉴一些经典方法确立的。其实还没有专职做期货之前，我就有想过做短线交易，但因为要上班，没法频繁短线操作，所以只好放弃，直到后来专职做期货后，就基本定下了日内短线+中长线的交易风格。

问题11：什么样的品种您会选择日内短线操作？什么样的品种您又会选择中长线操作？日内短线平均一天做几次？中长线一般持有多少时间？

张勋：在日内短线上，我一般会选取交易活跃且日内波动大的品种来做，比如股指、橡胶之类。其他交易趋势性良好的品种我都会选择作为中长线操作。

对于日内交易，我基本上单品种最多一天4次，而中长线要看商品行情是否能持续了，在市场没触及我的止损之前都会持续持有。

问题12：在仓位设计方面，您每个品种的日内和隔夜仓位一般分别是多少？整个账户的日内和隔夜仓位一般分别是多少？

张勋：在日内仓位上，我主要做股指，基本上是10%～20%的仓位。在隔

夜仓位上，我的单品种仓位不超过 10%，会根据行情的情况调整整个隔夜仓位，但一般不超过 40%。

问题 13：您表示您是程序化交易，拥有成熟的交易系统，请问您的程序化交易策略是如何开发的？

张勋：参照一些经典的书籍加上自己对市场的理解，趋势追踪大体都差不多的。把自己的思路在第三方程序平台上实现出来，经过对历史数据地检测来选择合适的交易系统。

问题 14：近期股指行情波动很大，出现过多次涨停跌停的行情，对于这样的行情，伤害到了不少投资者，您的策略表现如何？是否有针对此类行情的应对策略？

张勋：**此次股指行情波动大对于我来说是个机会，今年大部分收益都是股指贡献的。**因为我的系统是日线级别，因此此类行情也不用特殊地应对策略，正常交易就好。

问题 15：您曾表示在股指期货和商品期货的策略上差别不大，而不同的品种拥有不同的特性，针对不同特性的品种，您的策略为什么差别不大？

张勋：**虽然我们交易的品种拥有不同的特性，但它们都有一个共性体现，那就是背后的交易员，市场上所有的波动都是人性的体现。**所以，我觉得每个品种的差别不大，对于策略来说，仅仅是止损大小的区别。

问题 16：您的交易策略里有涉及加减仓。请问，您是怎么设置加减仓策略的？什么样的条件下会进行加减仓？

张勋：在趋势行情来临时，系统才会加仓，就是发生趋势行情的可能性较大时，系统就会加仓。至于什么条件下会进行加减仓，主要看首次建仓后是否有盈利，如果首次建仓后有一定的盈利，系统就会启动加仓，但为了控制风险，会进行倒金字塔加仓。

问题 17：您在七禾网私募排行榜上操作的账户“张勋”从 2012 年 6 月 26 日开始交易，目前的收益率为 307.59%，累积净利润近 500 万，对于这样的成绩您是否满意？

张勋：在这个仓位前提下，应该说还比较满意吧。

问题18：在该账户的交易过程中，有没有让您觉得可惜或者是错过的机会？有没有碰到一些问题，您又是如何解决的？

张勋：基本上大的行情我都参与在其中，唯一觉得错过的行情发生2013年之前。那时我的交易心态不是很成熟，遇到有些行情时不敢加仓，本来这些行情是可以加大盈利的，结果都错失了，真的很可惜，之后的行情应该算都抓住了吧！

在交易过程中，是会遇到很多问题，比如长期不赚钱，净值横盘等，遇到这些问题时，我会控制好交易风险，让它继续这么做下去。然后再去做做其他的事，比如钓鱼，不再一直盯盘，让自己释放压力，放松心情。待心态调整好后，再更换一个更适合的交易方法，继续坚持。

问题19：2013—2014年，“张勋”账户的累计净值曲线一直呈现横盘震荡走势，作为专职交易者，长时间的净值横盘对您的交易心态会不会产生影响？

张勋：我在专职做交易期间，就多次遇到过这种情况，基本上每年都会有这样一个阶段，刚开始时会对我的交易心态有影响，现在基本不会了，因为行情迟早会回来，我只需要做好准备！

问题20：您在第六届蓝海密剑实盘大赛上荣获了上校晋级奖，请问当时您是出于什么考虑参与大赛的？在参赛过程中有没有什么收获？

张勋：当时参与比赛的主要目的是想了解一下自己在期货市场上的位置，经过参与此次比赛，也让我了解到自己的方法是能够适应这个市场的，同时，在比赛过程中我也结识了不少高手，对自己的交易提升好处多多。

问题21：有哪些高手让您印象深刻？

张勋：如“六年”，“六年”我们很早就认识，但并不是通过蓝海密剑比赛认识的，我和他的交易方法比较类似。其他的如周伟，我认识他，但他不一定了解我。总之，参加这次比赛，让我了解了很多高手的交易方法，扩大了自己的交易方式，因为我以前一直做趋势，对其他的接触得不多。

问题22：在蓝海密剑实盘大赛上，您的参赛账户“老白干”从2015年3月开始，净值曲线大幅拉伸并创新高。请问，净值大幅拉升的主要原因是什么？

张勋：主要是3月份的一波股指拉升行情带来的收益。

问题23：从2015年4月份至今，“老白干”账户的振幅非常大，主要是什么原因导致的？这种大起大落行情会不会对您的交易思路产生影响和干扰？

张勋：4月份以后股指行情波动较大，操作股指带来的盈亏比重较大，所以振幅稍大，不过总体回撤没有超过历史最大回撤，基本对我没什么影响。

问题24：目前商品期货行情都是弱势盘整的，有些人认为商品期货牛市可能在今年出现，但又有些人认为商品期货的底部远远没有到，您是怎么看的？

张勋：商品的牛市来临时我们自然就知道了，去猜测对交易没什么帮助。

问题25：依据国内期货市场最新数据显示，股指成交额已经占据了全市场的90%，有人认为商品期货已经有边缘化的趋势，您对此怎么看？

张勋：国外的情况也是这样的，金融期货占的比重都比较大，但某个商品一旦行情来了，它的成交量也会上去，所以，我们不必去担心商品边缘化的问题，**每个交易品种都会有属于自己的行情。**

问题26：每个人对期货市场的理解都可能不同。您认为只有在控制风险的前提下才能适应市场的不断变化，那么请问您在风险控制上是如何做的？

张勋：一个交易员的习惯一旦养成就不容易轻易改变，但他习惯的交易方法不是万能的，总会遇到不适应市场的时期。所以，交易这么多年，我觉得最主要的就是风险控制，很多在大赛上取得好名次，水平很高的高手，他们的风控就是放在第一位的，哪怕交易方法一时不适应，但只要控制好风险，让自己在这个市场中能够存在，总会有适合自己交易方法的行情来临，就可以保证继续活下去。所以，我觉得**交易最主要的就是风控，活着就是机会，**很多交易员也是这样认为的。

我在风险控制上主要控制初始风险，在每笔交易建立初期就设定了总体风险率，然后再根据商品的特点选择合适的止损大小，进而确立具体头寸大小，这样即使交易亏损，风险都是可控的。

问题27：您期货交易已经9年了，在这9年中，您表示您的自有账户在

2013年时遇到了比较大的回撤，请问当时是什么原因造成的？对于此次大回撤，您从中总结了哪些经验教训？后来在账户的风险控制方面，您是如何调整的？

张勋：2013年的期货市场和我刚开始专职做期货的市场变化很大，在之前我行之有效的日内盈利方法却成了亏损的最大原因。

经历过此次回撤，我的心态更加平和了，也减少了日内的仓位，在具体日内品种和交易方法上都做了相应的改进。

问题28：在日内品种和交易方法上做了哪些改进？

张勋：我以前在交易上与市场跟得太近，因为我进入市场的最简单方法就是看行情涨跌，当行情涨到一定程度时，我会介入。但以前介入的幅度比较小，当这个市场频繁震荡的时候，我很容易来回止损，受伤非常大。现在，我把介入的范围扩大，虽然有些小的行情我没有赚到，但在大的行情上，我基本不会错过，减少了震荡时期地损耗，让我能坚持更久。

问题29：随着机构化时代的到来，很多投顾通过多种渠道开始发行基金产品以扩大资金规模，您是否有这方面的考虑？

张勋：暂时还没这方面的考虑。

问题30：在机构化的进程中，有的投顾选择抱团取暖，有的投顾选择加入投资公司，有的投顾选择自己单干。您目前是怎么样的状态？有没有什么规划？

张勋：目前是自己单干的状态，等自己实力增强后也许会考虑开家公司之类的。

问题31：专业化机构的不断增加，会不会觉得交易难度已经大幅上升？您觉得个人投资者怎样才能在机构化竞争中生存？

张勋：现在的交易难度确实增加了不少，在2013年时我的感受最深，因为我2013年用的交易方法与2009年和2010年差不多，但是在2009年和2010年，我是大赚的，而2013年，就纯粹是在给市场送钱，也就说明了**市场交易难度不断在增加，交易能力强的人越来越多，如果我比不上别人，就变成输家了。**

投资者想要在机构化竞争中生存，要不断提升自己的交易能力，在风险控制上一定要控制好，因为专业化机构有风控部门专门负责，而单独交易者因为受主观因素影响比较大，如果失控的话，就很容易就造成大伤害，甚至出现爆仓等没法再继续交易的情况。总之，第一，提升交易能力；第二，做好风控，要尽量客观，减少主观因素的影响，心态的影响是最大的。

严圣德：交易的核心就是管理风险

（2015年9月12日　刘健伟访谈整理）

严圣德

（昵称六年、f六年）福建福州人，现任德胜资产管理有限公司董事长；擅长多品种多策略多周期系统化交易；

2008年7月和讯网上贴单账户权益从8.3万开始，净值从1~355（截至2015年5月），账户6年多来平均年化收益100%；

2009年蓝海密剑期货实盘大奖赛陆军组第二名；

2010年上海中期程序化交易大赛机组冠军、机组人组总冠军；

2011年蓝海密剑期货实盘大奖赛以纯日内短线交易模式获机枪手第二名；

中国对冲基金经理公开赛历届晋衔奖，从士兵晋衔奖成长2014年（得胜六号）的上将晋衔奖；

2010年受聘成为东航金融种子一号基金的基金经理；

2014首批获得东航金控商品投资顾问（CTA）资格，并受聘成为东航金融

CTA 精英孵化私募投资基金投顾;

账户“f 六年”参加七禾网私募排行榜排名，两年多盈利超过 1 亿元，累计净盈亏暂列总排行第二。

访谈精彩语录：

每次交易都做好最坏的打算，开仓前就定好开仓后出现的所有可能性的应对方案。

我们是基于历史数据做概率性的统计，做有正期望值的交易，不主观对行情做任何预测，一般顺势而为，当牛市来临时我们已经身在其中了。

没有只涨不跌，也没有只跌不涨的市场，我相信只要有行情，市场的活跃度就会马上增加。

如果极端行情能成为常态我们会更容易获得利润。

所有的交易都是系统化管理，交易都是事先计划好的，又可以由计算机来执行，所以多周期对我们来说不是问题。

我首先考虑的是本金安全，其次才是追求盈利。

将风险分散化，使用多品种多周期多策略对冲的方式控制操作风险。一般每笔交易亏损控制在 1‰以内，同时每笔、每个品种、总体仓位事先都算好上限。

一般各个策略风险平均分配，各个品种价值平均分配。在均衡分配的基础上，收益好的适当增加仓位，收益不好的适当降低仓位，但又不过于侧重某个品种，这样可以有效分散风险。

我们不会临时去干预交易,只会去考虑策略是否还适合现有行情,还有什么不足，而去加以完善和改进。

蓝海密剑实盘大赛是持续时间最久的连续实盘大赛，办赛经验丰富，赛制更完善。

我们操作风格都是一样的，都是多品种、多策略、多周期以趋势交易为主。

这两三年来市场行情一直改变很大，在同等风险情况下每年并没有达到年初的预期收益率，只是靠复利作用让绝对收益变高。当然这也就说明了稳定和复利的重要性。

我认为交易的核心就是管理风险，活着才是最重要的事，如连续亏损我们会结合实际情况不断降低风险。

资金小的时候更多的追求高收益，资金大了就更加关注稳定性，现在也变成以长线策略为主。

期货的波动根本上还是对现货波动的预期反映，期货有价格发现功能，幅度大于现货，和现货走势不同这个最正常不过了。

在市场没有调整到位之前，任何的干预都只是会延缓它的速度，很少能改变它的本质的。

我们的经营理念是专注、稳健、共赢。我们的交易理念是：活着才是最重要的，稳定造就暴利。我们的核心竞争力就在于我们有严格的风控体系，丰富的交易经验，稳定的历史业绩。

从2008年到现在，我们交易的账户任意12个月内均保持盈利状态。

我们的交易不局限于某品种、某市场。

我觉得管理产品更应该把风险控制放在第一位，为广大投资者负责。在时机的选择上也要更加小心，有时候宁可错过，也不要做错。

问题1：严圣德先生您好，感谢您在百忙之中接受东航金融和七禾网的联合专访。您觉得期货市场是一个大浪淘沙的市场，那么您认为怎样才能在这个市场中淘到真金？您又是如何来做到大浪淘沙的？

严圣德：首先我们要保持良好的心态，不能有赌徒心理，一心想着能盈利，立足长远打算，**每次交易都做好最坏的打算，开仓前就定好开仓后出现的所有可能性的应对方案**。当最坏情况出现时，也不会对以后正常的交易产生过大的影响。

问题2：您曾经表示过您的网名“六年”实际上是以六年的时间来实现一个阶段性的目标，那么目前应该处于您进入期货市场的第二个“六年”时期，您觉得您第一个六年的目标实现了吗？第二个六年的目标又是什么？

严圣德：第一个目标按计划完成了，第二个目标就是好好经营自己的公司，建立一支高效稳定的交易团队。可以管理好客户和自己的资金，真正实现财务和时间的自由。

问题3：您参与的品种非常多，股指、商品均有涉及，那么您是如何配置这些品种的，符合什么条件的品种您会加入到您的篮子中去？

严圣德：一般流动性好，活跃的品种我们都会重点关注，并根据不同的品种自身活跃性与流动性做参考分配合适的策略做交易。

问题4：最近您主要交易哪些品种？有很多人表示商品可能已经见底，将迎来一波牛市，对这样的看法您怎么看？

严圣德：主要交易股指期货和RU，TA，RB，SR等十几个品种。**我们是基于历史数据做概率性的统计，做有正期望值的交易，不主观对行情做任何预测，一般顺势而为，当牛市来临时我们已经身在其中了。**

问题5：除了"商品牛市说"，市场上同样有一批人悲观的认为商品见底遥遥无期，商品成交量的进一步萎缩也有人认为商品将出现"边缘化"的局面，您对此有什么看法？

严圣德：我认为这是由于市场现在处于一个调整阶段，长期的调整确实是会让很多人失去信心，**没有只涨不跌，也没有只跌不涨的市场，我相信只要有行情，市场的活跃度就会马上增加。**

问题6：您几乎是自股指上市就开始交易股指期货，股指在今年多次出现涨跌停的极端行情，这在股指运行5年来还是头一遭，您如何看待这样的变化？

严圣德：2010年股指期货上市后行情一直处在调整中，所以波动都比较小。这一轮上涨是由于融资、配资、伞形信托等杠杆工具的使用，使得股指现货波动剧烈，作为有价格发现功能的股指期货有这种行情很正常。

问题7：您的交易策略是否有应对股指这种极端行情的预案？您觉得这样的行情以后是否会成为常态？

严圣德：这种极端行情都已经在我们的策略中考虑进去了，**如果极端行情能成为常态我们会更容易获得利润，**当然我觉得这种行情不可能成为常态，等这波过后估计又会进入原先波动较小的行情。

问题 8：您采用的多周期交易策略，长中短日内都做，这样在同个品种的持仓上会不会出现分歧，如果出现了较大的分歧会如何处理？

严圣德：对我们来说每笔交易都是独立的，只要最终是正期望值的就可以了，所以根本不存在分歧之说。

问题 9：您在实施多周期的策略时，会不会因为品种行情的变化出现顾此失彼的情况？

严圣德：所有的交易都是系统化管理，交易都是事先计划好的，又可以由计算机来执行，所以多周期对我们来说不是问题。

问题 10：您一直强调要风险可控，那么您又是如何去贯彻实施您的风险控制措施的？

严圣德：我首先考虑的是本金安全，其次才是追求盈利。将风险分散化，使用多品种多周期多策略对冲的方式控制操作风险。一般每笔交易亏损控制在 1‰以内，同时每笔、每个品种、总体仓位事先都算好上限，就算碰到极端三板行情也不会让亏损失去控制。初始交易时我们会按一定比例降低风险，并且寻找低风险时机进场交易，以确保本金的安全。

问题 11：很多交易员都在研究风险和收益如何去平衡，您觉得能否真正做到低风险换来高收益，或者市场中是否会存在这样的机会？

严圣德：只要找到正确的方法，我觉得是有可能做到低风险高收益的，并且现在确实也有一些优秀的交易员已经做到了。

问题 12：仓位的把控在风险控制中占据重要的地位，刚才提到您是多品种且多周期的交易策略，那么在仓位上会如何配比？

严圣德：一般各个策略风险平均分配，各个品种价值平均分配。在均衡分配的基础上，收益好的适当增加仓位，收益不好的适当降低仓位，但又不过于侧重某个品种，这样可以有效分散风险。

问题 13：您同时使用自动交易和手工交易，如果在行情的判断中两者产生冲突，您一般会遵循哪一种交易方式？

严圣德：手工交易并不是说主观交易，也是根据策略作为开平仓信号，只是下单的步骤由人工完成而已。现在我们也已经调整为全部由计算机自动交易了。

我们不会临时去干预交易，只会去考虑策略是否还适合现有行情，还有什么不足，而去加以完善和改进。如出现未知的特殊情况时我们会减少或暂停交易，例如这次中金所对股指的规则调整。

问题14：您在之前的专访中曾表示加仓不如加策略，那么到现在您还是这样认为吗？是否有调整过加减仓的设置？为什么？

严圣德：原来说的不加仓是说单个策略本身不加仓，这样可以保持策略简洁，并且多周期多策略随着行情的延伸本身就是在不断加仓了。

问题15：您参与了包括蓝海密剑、上海中期程序化交易大赛、中国对冲基金经理公开赛等多个实盘大赛，您参赛的目的是什么？通过参加这些比赛，您最大的收获是什么？

严圣德：我参赛的初衷是为了认识更多志同道合的朋友，一个人的思想是有局限性的，通过大家的相互交流让自己的思路更开阔。当然最大的收获是意识到了自己不足的地方，让我能够更加完善我的交易方法。现在还希望通过参加这些比赛让更多的人认识我们德胜资产，也让德胜资产将来能够和更多志同道合的人合作。

问题16：您是东航蓝海密剑实盘大赛多届优秀选手，您觉得蓝海密剑大赛与同类大赛相比有什么特别之处？

严圣德：蓝海密剑实盘大赛是持续时间最久的连续实盘大赛，办赛经验丰富，赛制更完善。选手类型多样，各种资金级别，奖项设置的也很丰富，各个期货公司的参赛者都可以汇聚在一起。是第一个以选拔基金经理作为比赛目的的实盘大赛，比赛选拔制度也很好，给许多想以交易为生的人提供展现自我的平台。

问题17：您在2014年首批获得了东航金控商品投资顾问（CTA）资格，并受聘成为东航金融CTA精英孵化私募投资基金投顾，东航给予首批投顾哪些支持？

严圣德：东航建立了一套完善客观的体系评估投顾，然后给予我们投顾充分的信任，提供投顾长期不断增长的资金合作，不会因一时的行情周期而改变，对于投顾来说是个很好的长期机构投资人。

问题18：您在七禾网私募排行榜展示的“f六年”账户2012—2015年累计盈利超过1亿，暂居盈利榜第二，能否简单介绍一下这个账户的操作风格及操作方式，您是否满意这样的成绩？

严圣德：我们操作风格都是一样的，都是多品种、多策略、多周期以趋势交易为主。“f六年”这个账户虽然从绝对值上看盈利是不少，收益率也不错，但是由于这两三年来市场行情一直改变很大，在同等风险情况下每年并没有达到年初的预期收益率，只是靠复利作用让绝对收益变高。当然这也就说明了稳定和复利的重要性。

问题19：我们从“f六年”账户净值曲线中可以发现，实际上2012—2014年底该账户运行都是非常平稳的，直到2015年初开始账户有了较大的起伏，这主要是什么原因？2015年调整了交易策略吗？

严圣德：净值曲线有一段时间横盘是因为我们换了一个期货账户，网站取数据不能换户，就停止了网站取我们的结算数据，几个月后换回原账户后才重新获取数据，导致数据出错，所以有个突然的回撤。2015年初的净值回撤则是因为网站净值计算的公式方式是针对封闭账户的算法，实际上2010年来我把自己这个账户作为一只每年春节时开放一次的基金管理，为了充分利用资金，会把期货账户多余的资金出金做些稳健理财管理，期货账户上只留够用的资金，导致按照网站净值算法的回撤就偏大，比如有个1000万资金做期货，账户里只留了10万保证金，结果亏了5万，就算成亏损50%，回撤就算成50%，实际对1000万的资金就是回撤了0.5%，大家可以看累计盈亏曲线图就比较准确了。

问题20：“f六年”账户在2014年初经历了一段较长时间的低潮期，这主要是什么原因？您觉得交易员应该如何度过连续亏损或者持续横盘的时期？

严圣德：主要是因为当时行情出现前几年没有的长期小幅盘整，原先的策略有点儿不太适合这种行情，现在我们在策略上加上了对这种行情的应对方案，以后这种情况策略本身会做出相应的调整。

我认为交易的核心就是管理风险，活着才是最重要的事，如连续亏损我

们会结合实际情况不断降低风险。

问题21：该账户在2015年5月后净值大幅提升，但过程中也有较大的回撤，这符合您原本的策略预期吗？出现这样振幅过大的情况后，您如何来调整您的策略？

严圣德：前面说过网站的净值和我们实际净值出入比较大，当然我们实际净值也是大幅波动的，因为我们有长线策略，有较大盈利的时候基本上就是各周期各策略都开了仓的时候，这样仓位就比较重，账户的浮盈会比较多，为了让利润奔跑，我们会等行情有一定回撤时才平仓。这个账户我们把回撤定在25%左右，下图是“f六年”账户（至2015年8月底）我们实际计算的净值曲线。

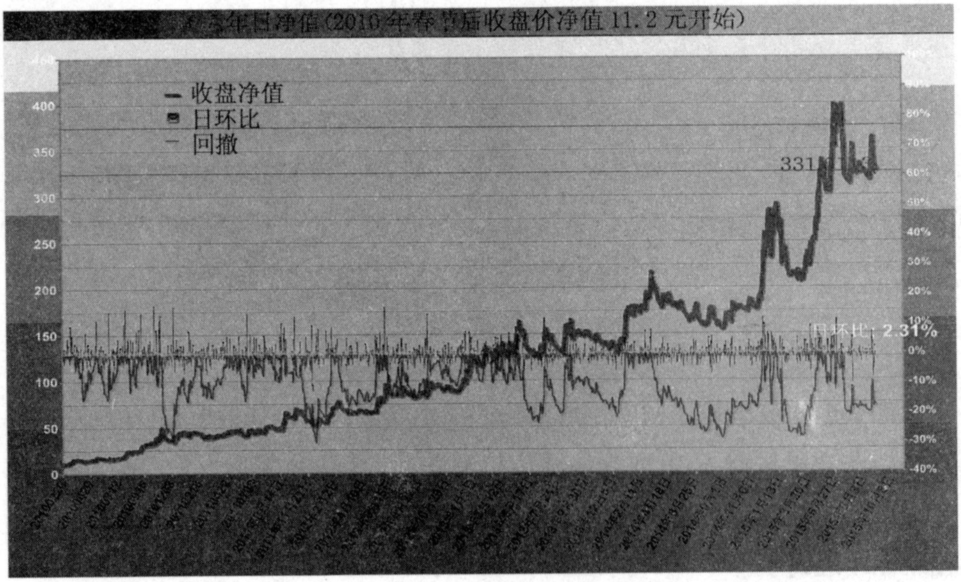

问题22：我们了解到您2008年在某网站开始晒单时账户权益只有8.3万元，通过了7年的期货生涯，目前您已经管理上亿资金规模了，在这个过程中是否有遇到瓶颈，例如资金容量、策略适应度等方面，您又是如何克服的？

严圣德：2008年开始我就是多品种多周期多策略交易，一步步走来，慢慢由小到大，在规模上基本没有遇到什么瓶颈，一开始资金小比较难分配风险，比如一手RU合理的止损就要亏掉总资金的4%，开一手CU就严重超过可承受风险，风险很难控制，运气成分占比很大，这时为了风险相对可控只能选择几个品种做短线的策略，而现在的资金规模可以按交易需要合理分配风险。当然随着资金的不断增加，我们也在逐步的调整交易策略。**资金小的时候更多的追求高收益，资金大了就更加关注稳定性，现在也变成以长线策略为主。**下图是“f 六年”账户(2008 年至 2015 年 8 月底)月结净值曲线。

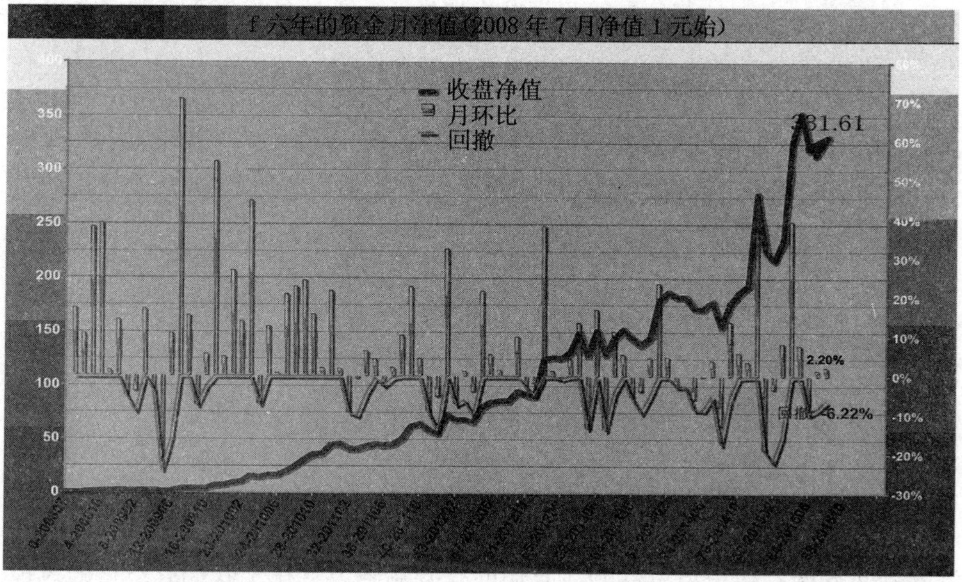

问题 23：国内 A 股市场在 8 月下旬的一轮暴跌把之前 1 个多月修复消耗殆尽，8 月 24 日上证指数下跌 8.49%，同时三大股指期货均以跌停收盘，一时间市场中再次响起股指期货是 A 股暴跌的罪魁祸首，这样的观点您怎么看？

严圣德：期货的波动根本上还是对现货波动的预期反映，期货有价格发现功能，幅度大于现货，和现货走势不同这个最正常不过了。但它不至于改变现货波动的方向。

这个经典的问题各发达国家历史上都有过讨论，就我国来说我个人认为主要是中金所没有推出适合大众交易的小合约，虽然出发点是为了保护中小投资者，但是也让广大中小投资者无法套保，有失公平，引起指责无可厚非。

问题 24：为了抑制过度投机，中金所在 9 月初也推出了严厉的股指限仓、提高手续费等措施，股指期货的成交量、成交额及流动性大幅锐减，在这样的背景下，对您的交易影响是否很大？您会做出哪些调整？

严圣德：这些措施导致交易成本大幅提高，市场参与资金的结构改变，因而会改变原来的行情走势特征，对短线交易影响比较大，我们暂时停止了股指期货交易，观察一段时间后中，视情况再启动交易，预计对中长线交易影响不大。

问题 25：近期证金公司的几年内不退出、上市公司的股东增持以及近日公布的养老金入市细则等均被市场认为是利好，然而这些“利好”却没有在盘面上兑现出来，股市与股指不断的创新低，您如何看这样的现象？您觉得后期行情将会如何演绎？

严圣德：我觉得一个成熟的、健康的市场应该少一些其他的干预，**在市场没有调整到位之前，任何的干预都只是会延缓它的速度，很少能改变它的本质的。**但我们也不得不承认中国股市还是有不成熟、不健康的方面，政府为了防范系统性金融风险进行这轮干预也确实迫不得已。

问题 26：您成立了德胜资产，并担任董事长，请您简单介绍一下德胜资产，您觉得德胜资产的核心竞争力应该在哪里？

严圣德：**我们的经营理念是专注、稳健、共赢。我们的交易理念是活着才是最重要的，稳定造就暴利。我们的核心竞争力就在于我们有严格的风控体系，丰富的交易经验，稳定的历史业绩。**

从 2008 年到现在，我们交易的账户任意 12 个月内均保持盈利状态。2009 年我就开始建立现有的交易团队，今后的交易只会更加成熟和更加完善。**我们的交易不局限于某品种、某市场。**我们有信心能获取长期稳定的绝对收益。

问题 27：随着机构化时代的到来，众多私募机构也以发行基金产品不断的扩大市场化规模，德胜资产在产品发行上有哪些规划？

严圣德：我们不想太快的扩大规模，第一阶段先发行两三只管理型产品，把这几只产品做好后再考虑要不要发行新的产品。第二阶段我们准备丰富产品种类，包括激进的、稳健的和套利产品等。我们会结合市场容量和我们的交易风格，设置一个规模上限，达到了上限后就不再发行新的产品了。

问题28：据统计，今年截至目前已有超过1200只阳光私募基金产品遭遇清盘，远超往年同期，您觉得要管理好一只产品的关键是什么？如何才能给投资者一个安全稳健的回报？

严圣德：我觉得管理产品更应该把风险控制放在第一位，为广大投资者负责。在时机的选择上也要更加小心，有时候宁可错过，也不要做错。在有盈利的基础上再逐步增加仓位，为投资者争取更大的收益。

唐冰：在股市中不要轻信任何人的消息

（2015年9月23日　翁建平访谈整理）

唐冰：

湖南人，现居上海。做股票23年，做期货5年，期货交易主要做波段和中长线，有时也做套利；主观交易，以基本面为主、技术面为辅；中长线基于基本面、短线技术面和市场情绪为主。曾获得2014年第六届蓝海密剑大赛上将称号。

访谈精彩语录：

要想在股市中生存的更久，首先，要对大宏观和大趋势有总体的判断；第二，看不懂的行情不要去做；第三，不要轻信任何人的消息。

要想获利需要自己深入去研究，不知道怎么研究就去请教有8年以上实战投资经验、最近2~3年没有大幅亏损、并且自身资产实力证明是成功的投资者。

熊市中要短时间持股、长时间持币。

在牛市中要想赚钱，要么做短线强势股，要么持有不动直到牛市结束，套住不要轻易割肉；熊市里少亏钱、不亏钱的最好办法就是及时止损后不要轻易入场玩。

A股暴跌主要有四个原因：①A股估值太高，泡沫显现（尤其创业板、中小板），是加杠杆引起的资金泡沫；②管理层主导的强力去杠杆；③规章制度被打乱，投资者信心和信仰被打乱，制度和信心面临重建；④宏观经济下滑未稳。

股市在10月份之后会有小反弹。

对策和操作永远比预测更重要。

一般人不建议抄底。等趋势出来，并且各方面都配合的时候，再入场胜算较高。

选择目前相对估值不贵，15年PE30以下，未来几年盈利增长预测30%～50%的股票。比如，网宿科技、航天信息、东方国信、万达信息、中航光电、利源精制等。

对于个人投资者，只需对某一两个品种深入与长期研究。

期货投资比股票投资要求更严格的资金比例控制、严格的止盈、止损。

基本面加技术面加市场情绪，中线以基本面为主，短线以技术和市场情绪为主。基本面研究一定要深入到产业第一线，或者与一线的研究员或者现货商去联系。

期货投资多数时候都不好做，所以多数时间是研究与等待，要像猎豹猎取食物一样。

波段做两三天到一周，中线1～2个月。

资金量越大要求对基本面研究越深入、持有时间越长。资金量小可以短线一点。

对曾经操作小资金的投资者，一次性放大资金量不要超过原来操作资金的5倍。

问题1：唐冰先生您好，感谢您在百忙之中接受东航金融和七禾网的联合专访。您1992年就进入了股市，到现在已经有23年了，可以说见证着中国股市的发展，就您看来，现在的中国股市和当时的股市相比，最大的不同在哪里？

唐冰：现在的中国股市和当时的股市相比，变化太大了，最大的不同主要体现在产品更丰富、对冲工具多了；投资者结构也发生了很大的变化，比以前更多层次；国内外市场和资金联动性更强。

问题2：您在进入股市之前是做什么工作的？为什么选择做股票？后来为什么又去做期货？

唐冰：进入股市之前在行政机关、科研单位、企业集团工作过。进入股市也是机缘巧合。觉得股票投资比较适合自己的性格和知识面，也比较自由。从股票顺其自然的尝试股指期货，再过渡到商品期货。各类投资有不同之处，但本质是相同的，操作方法可以彼此借鉴。

问题3：您作为一位20年的老股民，是否能够分享一下您的投资经验？

唐冰：**要想在股市中生存的更久，首先，要对大宏观和大趋势有总体的判断；第二，看不懂的行情不要去做；第三，不要轻信任何人的消息，要想获利需要自己深入去研究，不知道怎么研究就去请教有8年以上实战投资经验、最近2～3年没有大幅亏损、并且自身资产实力证明是成功的投资者。**

问题4：从1992年到现在，您应该经历过多次牛市和熊市，给您印象最深刻的一次是哪一次？就您看来，怎样才能在牛市中赚更多钱？在熊市中尽量少亏钱或者不亏钱？

唐冰：每次大熊市都让人印象深刻：2001—2005年漫长4年熊市、2008年的全球性危机和今年出符意料的暴跌。我很幸运这三次对我影响不大，基本上保住了牛市战果。2001—2005年期间学会了在**熊市中要短时间持股、长时间持币**；2008年已经有了大宏观、大逻辑的思维和判断，学习和理解了全球经济和金融市场的联动与相互影响。因为有了以前不断学习的理论、经验和严格的操作方法，所以对今年6月15日开始的股市急跌，警觉性更高，对随后的大跌有了较清醒的判断，操作上比以前更果断，也更能耐得住抄反弹的冲动。

在牛市中要想赚钱，要么做短线强势股，要么持有不动直到牛市结束，套住不要轻易割肉；熊市里少亏钱、不亏钱的最好办法就是及时止损后不要轻易入场玩（除非短线高手）。其实难就难在如何判断是牛市，熊市，还是震荡市？

问题5：A股在前段时间经历了大暴跌，近日又出现了大暴跌，以您多年的经验来看，本次股市暴跌的原因是什么？

唐冰：**A股暴跌主要有四个原因：①A股估值太高，泡沫显现**（尤其创业板、中小板），**是加杠杆引起的资金泡沫；②管理层主导的强力去杠杆；③规章制度被打乱，投资者信心和信仰被打乱，制度和信心面临重建；④宏观经济下滑未稳。**

问题6：对于股市下半年的行情，您是否看好？为什么？

唐冰：股市在10月份之后会有小反弹，因为已经有少量股票进入了价值投资区间。

但预测总是像算命。只有等到一定时候，各方面条件具备了，才能判断后面的行情。**对策和操作永远比预测更重要。**

问题7：有人说牛市已经结束了，现在进入了新一轮的熊市，您是否认同？为什么？

唐冰：这要看如何定义牛熊市了。**看半年到一年，可能是熊市；看2～3年之后，还不一定算熊市。**

问题8：现在很多投资者都在抄底，就您看来，怎样的底才可以抄？抄底需要哪些技术，需要注意哪些风险？

唐冰：大底和大顶都需要各种因素的结合才能判断：宏观面、政策面、技术面、资金面等。目前无法判断是否底部。短线操作水平较高的人可以尝试，**一般人不建议抄底。等趋势出来，并且各方面都配合的时候，再入场胜算较高。**

问题9：现在的股市行情，您比较看好哪些板块或者个股？为什么？

唐冰：依然看好科技与创新性的行业与公司，包括信息数据、互联网、军工、医疗、新材料、教育传媒等。**选择目前相对估值不贵，15年PE30以**

下，未来几年盈利增长预测 30%～50%的股票。即有确定性的、成长性的、创新型的龙头公司。比如，网宿科技、航天信息、东方国信、万达信息、中航光电、利源精制等。

问题 10：您现在除了做股票还在做期货，目前您以哪个市场为主？为什么？

唐冰：哪个市场和品种更有确定性就关注与参与更多一点。

问题 11：您觉得这两个市场最大的区别是什么？为什么？

唐冰：期货涨跌都是机会，理论上天天有赚钱的可能。对于个人投资者，只需对某一两个品种深入与长期研究；其次，期货投资比股票投资要求更严格的资金比例控制、严格的止盈、止损。当然，要想长期、稳定盈利，还需学习更多知识、视野更广才行。股票市场三年不开张，开张吃三年(短线高手除外)。股票市场要研究的东西更多：宏观经济、政策、行业、个股。

问题 12：那您是怎么控制期货市场的风险和资金比例的？

唐冰：做熟悉的品种、做确定性高的的机会。确定性越高，投入的保证金相对多；反之，少投入或者不做。有时需要对冲来控制不确定性。

问题 13：您做期货是否有借鉴做股票的方法？如果有，您主要借鉴了哪些方法？您的方法最大特点是什么？

唐冰：当然有借鉴，比如做确定性的行情，做确定性的品种，以及关注相关各品种之间的相互联系和影响。

基本面加技术面加市场情绪，中线以基本面为主，短线以技术和市场情绪为主。基本面研究一定要深入到产业第一线，或者与一线的研究员或者现货商去联系。

问题 14：现在股指期货和商品期货都不太好做，您觉得投资者该如何应对？

唐冰：期货投资多数时候都不好做，所以多数时间是研究与等待，要像猎豹猎取食物一样。

问题 15：在仓位控制上，您每个品种的仓位一般是多少？整个账户的仓位一般是多少？

唐冰：单品种和整体仓位没有固定的，还是看确定性。

问题16：您主要做波段和中长线，一般会持仓多长时间？最长多长时间？

唐冰：波段做两三天到一周，中线1～2个月。

问题17：您认为不同的资金量有不同的操作方法，比如10万、100万、1000万，您的操作方法会有什么样的变化？

唐冰：资金量越大要求对基本面研究越深入、持有时间越长。资金量小可以短线一点。具体多少资金算小或大，其实看投资人的经验和水平。

问题18：您表示要赚趋势的和定价错误的钱，请问您会做哪个级别的趋势？该怎么理解定价错误？

唐冰：我主要做大中型级别的趋势，从宏观面和基本面来判断。

如果受政策、宏观数据的短期影响，或者市场情绪、"庄家"操控资金的影响，某个商品出现了超跌或超涨，就会产生定价错误。

问题19：您参加2014年第六届蓝海密剑大赛获得上将称号，请问您当时参加大赛的目的是什么？能获得不错收益的核心原因是什么？

唐冰：没什么目的，别人邀请我就去了，去参加大赛也是看看自己的能力。

核心原因是多年的交易经验和对宏观经济的理解。

问题20：现在很多做得不错的盘手都去发产品了，您怎么看待这种现象？您是否有这样的打算？

唐冰：发行产品与自有资金的投资有很大的区别。其一，资金量突然比原来大很多，进出和止损不容易了，需要持有的时间更长。要求操作者对宏观经济、商品基本面的研究更深入、更细致、更准确，还可能需要采取适当的对冲策略规避黑天鹅不确定事件。其二，压力更大，心态不一样了。其三，对收益率要求应该降低，稳健性更高，回撤要小。

我个人觉得对曾经操作小资金的投资者，一次性放大资金量不要超过原来操作资金的5倍。一般来说超过5倍，失败的概率就大了。因为每翻5倍，则研究方法、操作方法和风险控制完全不同。这也是为什么这么多发私募的投资者会失败的主要原因。

我不打算发产品，不想太劳累。在目前的基础上每年有适度、稳健的收益就好，赚大钱既看水平，也需要一些运气。目前生活无忧，更想保持健康、快乐的生活。

希望热爱投资的人多看经典书籍，向高手学习，不要想着进入就获取暴利，要每年进步一点，稳定成长。

王向洋：不断学习，不断成长，才能存活

（2015年9月30日　沈良访谈整理）

王向洋

深圳如是灵魂投资管理有限公司副董事长，清华大学深圳研究生院期货实战高级研修班主讲老师，文华财经交易技术培训班主讲老师。

期货交易高手，20年期货生涯。东航金融潜龙出渊期货实盘大赛收益总冠军，创造的最高收益率为5个月54倍的神话。第五届“中期杯”实盘大赛冠军。多次在全国性的期货实盘大赛中名列前茅。

从2008年9月1日东航金融潜龙出渊实盘大赛（蓝海密剑）一直到现在，连续6年总排名中，一直是年度最高纪录保持者。

第六届（2014）蓝海密剑中国对冲基金经理公开赛，以24.77的净值获得收益率冠军。

访谈精彩语录：

外盘确实每年都存在一些比较大的机会。

外盘走势一般都有比较明显的趋势，骗线行情不会太多。

做好资金管理不论是在哪个市场都要谨记和严格执行。

只有不断学习，不断成长，才能在市场中存活下来。

市场上永远不缺机会，不要在一次大的战役中让自己全军覆没。

国内没机会，就去国外找，商品没机会，就到金融衍生品和外汇市场去找。

通常我把周线和月线所形成的方向定义为大趋势方向，而把日线所形成的走势定为一个小趋势方向。

当大趋势和小趋势趋于一致的时候，才开始建仓。

可以说外盘的操作者战术纪律执行得很坚决，所以在图表上更符合技术走势。

在内盘总有一些大资金喜欢主观地认为凭自己的资金实力可以很大程度上影响市场走势，所以他们经常会在一段时间里逆势操作，于是在某一段时间内会影响市场的走势方向，这就是内盘比较难做的地方。

做内盘必须时时刻刻注意盘面的变化，因为国内资金的做法太随意了，你时时刻刻得判断行情的真实性和正确性。

在信息方面，美国的很多经济数据比如非农报告、美联储会议、OPEC会议、USDA报告等等，我都非常关注。

通常这些报告都跟正在形成的行情是相符的，因为技术图表通常都走在信息的前面。

通常我只是在趋势的中间段介入。

通常我会在盈利拉开一段区间之后在下一个突破点加仓。

由于外盘没有涨跌停板的限制，所以无论如何都要养成把止损单设好的习惯。

奉行“让利润照看自己”的原则，通常不会特意去止盈。

单个品种的仓位通常不会超过1/4，整个账户的仓位一般没有超过半仓以上。

短期内的波动对我影响不大，只要设好止损，甚至一两个星期都不会触碰到我的止损线。

即使因为晚上确实会错过一些好机会，也可以在第二天研判这个行情，并以大趋势的原则做到这个行情，错失的只不过是一些点位而已，而不会丢掉整个行情。

我觉得美元未来的行情主要是由于一些非美货币的弱势造成的。

外盘品种目前还是在一些非美货币做空上机会比较多。

资产配置中可以考虑配置一部分港股。

有的品种总是可以在内外相互联动中寻找交易机会，比如豆粕。

经济本来就在全球化，交易也是一样的在全球化。

哪个市场有机会，投资者就会去哪个市场，国内机会来临的时候他们也会回来参与的。

（蓝海密剑）大赛已经做得非常好了，希望它能吸引更多的优秀投资者来参与这个比赛。

基金必须更稳，在交易上必须有所调整。

如是追寻的是世界本源，本真世界的真理！

灵魂是个人修为的体现，是个体精神的体现，是每个人在品行的本源追溯。

如是灵魂，追本溯源！

投资理念是跟随趋势为主，哪里有机会，我们就去哪里，永远跟着市场走。

产品对期市和股市都会考虑去配置，内外盘都会去配置，一是全局把握，二是分散风险，实现多市场、多品种、多策略的组合投资。

问题1：王向洋先生您好，感谢您在百忙之中接受东航金融和七禾网的联合专访。2014年您以24.77的净值获得蓝海密剑大赛收益率冠军，这一成绩的取得主要是通过外盘实现的。请问您主要操作了哪几个外盘品种？当时主要抓住了哪几波行情？

王向洋：这次交易中有做美元指数多头，原油空头，还有A50多头，但是主要还是抓住了美元指数的趋势性行情，在后期就直接以美元指数为主。

问题2：在外盘投资上，是否每年都存在获得高收益的投资机会？为什么？

王向洋：外盘确实每年都存在一些比较大的机会，最主要是由于外盘的品种多，而且有足够的活跃度，波动率也都非常大，再一个外盘走势一般都有比较明显的趋势，骗线行情不会太多，而且外盘是全球市场，各品种走势的合理性比较好。

问题3：总体来说在外盘上实现高收益是否要比内盘更容易一些？外盘的风险是否比内盘也更大一些？

王向洋：在控制好风险的情况下，外盘实现高收益的可能性比内盘容易些，这是由于国外的基金操作基本上是以趋势交易为主，而内盘主要是由于受国内不确定的政策影响比较大，造成行情的不稳定性很大。

问题4：除了大赚，您操作外盘，有没有大亏的经历？从这些盈盈亏亏的经历中，您总结了哪些经验教训？

王向洋：做任何市场都可能会有大亏的经历，这是我们在交易中不可避免的问题。在这些交易过程中我认为做好资金管理不论是在哪个市场都要谨记和严格执行。

问题5：您做期货已经20年了，这些年来，期货市场给您的最大感悟是什么？

王向洋：期货市场的专业化程度越来越高了，市场在不断变化，投资者也在不断成长，以前很多都是单枪匹马，现在更多的是团队运作，只有不断学习，不断成长，才能在市场中存活下来。

问题6：您曾说过"永远不要让自己没机会做单"，请您简单诠释一下这句话的含义？

王向洋：其实就是一种资金管理，也就是说你投入期货的资金永远是总资金的一小部分，市场上永远不缺机会，不要在一次大的战役中让自己全军覆没。

问题 7：您也说过“行情其实不是你创造出来的，是要你等出来的”。请问您一般会等哪些类型的行情？如果没有这样的行情，您会怎么做？

王向洋：一般我比较喜欢等趋势比较强烈明显的行情，这种行情一般都会在技术图表上有很明显的特征，对一个长期在市场上浸泡的老手来讲，是比较容易辨别出来的。如果没有这样的行情，我们可以试一些其他的方法，比如在不同的市场中寻找机会，就好比**国内没机会，就去国外找，商品没机会，就到金融衍生品和外汇市场去找**，总会在某些市场中找出一些符合条件的品种操作。

问题 8：很多人说相比内盘，外盘更适合做趋势交易，您怎么看？您是不是做外盘趋势行情的？

王向洋：是的。从实战的交易经验来看，外盘比较适合，这是由于国外的基金很多都是经过自己长期的调研，按照真实的数据得出的基本面，而他们的操作方法基本上多是按照趋势交易来做的，他们的持仓手法可能会达到半年以上不改变。**外盘我大部分都是按照趋势原理来做的。**

问题 9：您主要抓取哪个级别或哪几个级别的趋势行情？您主要用什么方法把握外盘的趋势行情？

王向洋：我做交易的周期通常是按照周线和月线的级别来定方向的，**通常我把周线和月线所形成的方向定义为大趋势方向，而把日线所形成的走势定为一个小趋势方向，当大趋势和小趋势趋于一致的时候，才开始建仓，我很少在大趋势和小趋势不一致的时候做单。**

问题 10：有人说外盘行情比内盘行情更容易预测，更符合技术走势。您怎么看？

王向洋：最主要是由于外盘行情更讲究技术的特征，比如一些经典的交易原则，外盘通常是遵循的，比如平台突破，那么做对的一方就会加仓，而做错的一方通常都会毫不犹豫地斩仓。**可以说外盘的操作者战术纪律执行得很坚决，所以在图表上更符合技术走势。**

问题 11：有人说外盘的波动节奏和内盘有所不同，您觉得呢？就您看来，外盘的波动节奏和内盘相比，主要有哪些方面的不同？

王向洋：主要是由于外盘的保证金比较低，杠杆比较高，**而在内盘总有一些大资金喜欢主观地认为凭自己的资金实力可以很大程度上影响市场走势，所以他们经常会在一段时间里逆势操作，于是在某一段时间内会影响市场的走势方向，这就是内盘比较难做的地方。**

问题 12：您操作外盘的交易方法和您操作内盘的方法相比，有何相同点，有何不同点？

王向洋：在外盘的交易中，我们只要设好止损单按照交易原则就可以了，甚至在很长的时间可以安心地休息，**做内盘必须时时刻刻注意盘面的变化，因为国内资金的做法太随意了，你时时刻刻得判断行情的真实性和正确性。**

问题 13：您觉得外盘的行情波动，最大的特征是什么？

王向洋：大部分的行情都是合理的，都是能得到基本面证实的。

问题 14：某些国际上的信息会导致外盘行情大幅波动，备受外盘交易者的关注。您操作外盘时会关注哪些信息？

王向洋：现在是信息时代，在国内有很多财经网站都能及时得到国外大投行的研究报告，而且都是第一时间提供的，做外盘时只要我们理性地甄别一下哪些信息是正确的和合理的就能得到很大的帮助。**在信息方面，美国的很多经济数据比如非农报告、美联储会议、OPEC 会议、USDA 报告等等，我都非常关注。**

问题 15：像美国的农业部报告、非农数据以及美联储的信息、一些主要国家的财政、货币政策、国际局势里的博弈、局部地区的对抗等。这些类型的信息，您都是如何解读的？

王向洋：**通常这些报告都跟正在形成的行情是相符的，因为技术图表通常都走在信息的前面**，这是由于国外基金的调研早已在信息公布前得出同样的结果，所以他们在行情公布前已经开始建仓了，所公布的信息只不过是证实这一点为他们提供加仓机会。

问题 16：您做外盘，一般如何选品种？如何判断方向？

王向洋：前面谈过我比较喜欢选行情趋势比较强烈的品种，而这种品种

通常我只是在趋势的中间段介入，行情的初级阶段由于没有太多的技术图表体现出来，**通常我不会做太多的战略性建仓，我只会顺着行情形成的趋势去跟随趋势。**

问题 17：选好品种后，行情符合哪些条件时，您会进场？进场后，您会不会有加减仓的动作？

王向洋：品种选好后，我会观察这个品种的行情走势是否有一定的稳定性和持续性，如果符合这个条件我会进场，**通常我会在盈利拉开一段区间之后在下一个突破点加仓，**加仓的仓位如果不能马上盈利的话，我会把加仓的那一部分平掉以保持资金的平稳性，至于减仓，如果不是行情逆转，通常不会做减仓动作。

问题 18：持仓的品种，当行情出现哪些状况时，您会考虑平仓出局？

王向洋：当行情走势与我的预期严重不符时或是行情突然逆转时，我都会毫不犹豫的平仓出局。

问题 19：外盘品种，一般没有涨跌停限制，为此您在止损、止盈方面是否会有一些特别的设计？

王向洋：由于外盘没有涨跌停板的限制，所以无论如何都要养成把止损单设好的习惯，尤其注重止损方面的设置，在止盈方面由于是做趋势行情，所以**奉行的是“让利润照看自己”的原则，通常不会特意去止盈。**

问题 20：在外盘上您一笔单子持仓时间一般为多久？单个品种的仓位一般为多大？整个账户的仓位一般为多大？

王向洋：在外盘中做对一个趋势行情的情况下，我通常是按照均线系统做止盈止损的，通常在一个趋势行情中价格在很长时间内很少回抽到均线系统以下，所以一个正常的趋势行情，通常可以把单子拿两个月以上。**单个品种的仓位通常不会超过 1/4，整个账户的仓位一般没有超过半仓以上。**

问题 21：外盘一般是晚上比较活跃，您做外盘在交易时间、作息时间上如何安排？会不会因为晚上时间不方便而错过一些好的机会？

王向洋：由于我是做趋势行情的，所以对行情的级别都是做周线月线以上的，**短期内的波动对我影响不大，只要设好止损，甚至一两个星期都不会**

触碰到我的止损线，所以大部分晚上的时间都是正常休息的，**即使因为晚上确实会错过一些好机会，也可以在第二天研判这个行情，并以大趋势的原则做到这个行情，错失的只不过是一些点位而已，而不会丢掉整个行情。**

问题22：您如何看待现在美元指数的走势？如何看待现在原油的走势？如今哪些外盘品种盈利机会较多？

王向洋：我认为美元强势是个长期趋势，对于美元来讲并不一定要看加不加息，**我觉得美元未来的行情主要是由于一些非美货币的弱势造成的**，所以从这一点来讲美元是有很大机会的。原油的走势，从交易形态来讲和行情的点位来讲目前还是处于一个震荡趋势，所以不符合我的交易原则。我认为**外盘品种目前还是在一些非美货币做空上机会比较多。**

问题23：您也比较关注港股，请问现在港股方面投资机会如何？

王向洋：港股目前经过一段时间的调整，PE和PB都比较低了，已经进入历史低位区域，也有点儿企稳的迹象，加之人民币贬值趋势的确立，**资产配置中可以考虑配置一部分港股。**

问题24：某些内盘品种在外盘上有相同的品种或关联品种，您觉得这类品种内外盘行情的联动性如何？我们能否在内外盘的行情走势和相互联动中找到交易机会？

王向洋：大部分品种之间的联动性都非常好，但是有的品种由于政策的原因，短期的联动性并不是特别强。由于贸易的存在，内盘也可以看成国际市场中的一小部分，只不过贸易政策的限制决定了品种关联性的强弱，但是**有的品种总是可以在内外相互联动中寻找交易机会，比如豆粕。**

问题25：现在内盘股指期货受到严格限制，商品成交也不算活跃，这是否意味内盘越来越难做了？这会不会导致较多原本做内盘的交易者转向外盘？

王向洋：内盘难度确实是有所增加，主要还是因为商品自身处于震荡期，没有大的趋势性行情，当然也不是一直都会这样，我相信当真正的大趋势行情来临的时候，大部分投资者还是会比较好的去参与。**经济本来就在全球化，交易也是一样的在全球化**，当然会有一部分做内盘的转向外盘，**哪个市场有机会，投资者就会去哪个市场，国内机会来临的时候他们也会回来参与的。**

问题 26：您目前的重点是做外盘还是内盘？为什么？

王向洋：目前内外盘都做，只要出现符合我们交易的机会，我都会去参与。因为内外本来就是国际市场的一部分，只要出现机会，我想只要是相对成熟的有条件的投资者都会去参与的。

问题 27：东航蓝海密剑实盘大赛，已经举办六届，并且仍会持续举办下去。您是该大赛的资深参与者和相关纪录保持者。请问，您觉得这项大赛最吸引人的地方有哪些？大赛还有哪些方面需要改进？

王向洋：大赛参与的人数规模非常大，而且业内很多知名投资者都有参加，也具有权威性，大赛的规则设置也非常好。其实**大赛已经做得非常好了，希望它能吸引更多的优秀投资者来参与这个比赛。**

问题 28：就您看来，操盘手、实盘冠军出身的基金经理、投顾，需要克服哪些难点，才能管理好基金产品？才能把业绩做好，把管理规模做大？

王向洋：需要克服的难点很多，一是有的客户预期会比较高，会带来很大的压力，二是基金产品和个人资金有很大区别，**基金必须更稳，在交易上必须有所调整**，基金需要的是不能错，更需要团队的力量，包括调研、研究、风控、资金管理都需要团队去把控，所以我们团队也在这方面下了很多功夫。

问题 29：您现在是深圳如是灵魂投资管理有限公司副董事长，公司的名字“如是灵魂”比较有意思，请问取这个名字有哪些方面的含义或渊源？

王向洋：“如是”是佛家用语，字面直译是“就是这样”的意思，佛教文化富含处世哲理，是悟世之大道！**如是追寻的是世界本源，本真世界的真理！体现品牌追本溯源，苛求严谨的精神。灵魂是个人修为的体现，是个体精神的体现，是每个人在品行的本源追溯。体现品牌对每家企业员工个人发现的重视。**如是是对世界的认知，灵魂是对个体的认知，结合大我与自我，在企业发展中不但要注重每个个人的成长修行，也要注重企业对社会的责任，如是灵魂，追本溯源！

问题 30：请您谈谈如是灵魂投资的定位和发展目标，以及主要的投资理念、交易手段。

王向洋：我们如是灵魂投资主要定位立足于国内外资本市场，**做一家有**

灵魂的专业投资机构，发展目标一是面向国际化，二是真正的做到稳定盈利。投资理念是跟随趋势为主，哪里有机会，我们就去哪里，永远跟着市场走。交易手段也比较丰富，有程序化交易，套利对冲等等，我们团队在不断的寻找新的交易手段，来适应这个不断变化的市场。

问题 31： 目前如是灵魂投资的核心人员主要有哪几个？是如何分工协作的？

王向洋： 如是灵魂投资目前由投资部、交易部、风控部、市场部这几个部门组成。投资部主要负责交易策略和交易计划的制订；交易部负责交易策略和计划的执行；风控部负责监控持仓、风险敞口、净值变化，在关键时刻甚至用强平来保证净值稳定，避免出现大幅回测。

问题 32： 在基金产品发行和管理方面，如是灵魂投资有何规划？就您看来，哪些类型的投资者比较适合购买如是灵魂投资旗下的基金产品？

王向洋： 在基金发行和管理方面，我们也是做了很多思考，**产品对期市和股市都会考虑去配置，内外盘都会去配置，一是全局把握，二是分散风险，实现多市场、多品种、多策略的组合投资。**其实大部分投资者都适合，尤其是追求稳定盈利的投资者。

林朝昱：风险控制好了，市场自然会给你奖赏

（2015 年 10 月 20 日　黄荣益访谈整理）

林朝昱

广东潮州人，水利工程师，兼职从事期货交易 9 年整。曾获“金太阳杯”第四届财富管理实盘竞技大赛全国总决赛优胜奖，第六届蓝海密剑中国对冲基金经理公开赛晋衔奖。

访谈精彩语录：

期货最大的特点是可以双向交易，做股票做久了都会有一种多头情结，希望市场永远向上涨。

对于中长线交易者来说，不盯盘能减少盘中的心理波动，能自动过滤盘中一些毛刺的影响，使自己专注于交易系统的操作。

历史并不是循序渐进的，而是在一步步地跳跃中前进，黑天鹅事件推动着世界的发展。

我期待黑天鹅的到来，并且期待自己能置身于正面黑天鹅之中。

现在信息网络太发达了，各种信息满天飞，如何取舍也考验着我们的智慧。

不要妄想抓住短期的波动，而应专注于捕捉更大的行情。

我把风险管理和资金管理合二为一，作为头寸管理，首先会根据自己的风险管理原则确定每次最多亏损额度，然后再结合市场的波动率，确定自己的开仓头寸。

不要觉得中长线赚钱慢，长期赚钱要靠复利的威力。

把风险控制好了，市场自然会给你奖赏。

股票市场有问题了，在衍生品上肯定会有反映。

我们的做空工具是太少而不是太多，应该尽快完善做空机制。

股市猛涨的时候皆大欢喜，也没人查一下谁在恶意做多，吹大泡沫之后一下子把它捅破，当然是灾难。

不要轻言见底，新兴经济体经济不断下滑，给大宗商品带来沉重压力，大宗商品可能会有一波像样的反弹，但见底应该还早。

A 股连续暴跌，已形成比较明显的下降通道，市场信心已明显丧失，见底言之尚早。

按照发达市场的经验，市场越成熟，简单的趋势跟踪系统就越难赚钱，市场会经常处于震荡状态，难得有趋势行情。

放大交易周期，专注于捕捉更大的行情，减少震荡行情带来的伤害。

我觉得手工操作和自动交易没本质差别，关键还是在于交易理念和交易思想。

当判断一个趋势形成时，顺势而为是最好的。

我以技术面分析为主，我相信 K 线已反映一切。

有时会用消息面来验证市场的强弱，比如出现利空或利好时市场的反应强度，并过滤掉一些操作信号。

历史胜率和历史赔率都是历史的，我们虽然坚信历史会重演，但还是应时时警惕。

那些比赛周期很短的大赛，相当于是诱导大家谋取短期暴利，这对交易者心态有很负面的影响，甚至会毁掉一位交易者。

资金曲线比较平顺，回撤风险控制得很好，应该是这些高手的共同特点。

问题 1：林朝昱先生您好，感谢您在百忙之中接受东航金融和七禾网的联合专访。您是一名水利工程师，请问您当初是怎么接触到期货，并投入到期货交易中来的？

林朝昱：你好，很荣幸接受东航金融和七禾网的联合专访。我从 1999 年开始做股票交易，2000 年开始连年亏损，一直到 2005 年下半年才扳成平手。如果 1999—2001 年算牛市的话，一轮牛市下来却是伤痕累累，直到自己经历第二次牛市的时候才开始有所恢复。当然这也跟绝大多数股民一样，在经历第一轮牛市时是专门交学费的。

具体怎么接触的期货，记不太清了。印象中 2004 年至 2005 年上半年股市一直处于熊市当中，交易机会不多，因此便想着另寻出路。我曾经在学校参加过股票期货的函授培训，知道有期货交易，经过几个月的熟悉之后便投身其中了。

问题 2：您从事期货交易已经 9 年，期间也进行股票、权证之类的交易，您觉得在种类繁多的金融市场中，期货的特点是什么？最吸引您的是什么？

林朝昱：因为期货相对股票来说，受人为操控的可能性比较小，特别是那些跟国际接轨的大品种比如铜、天胶等。而**期货最大的特点是可以双向交易，做股票做久了都会有一种多头情结，希望市场永远向上涨**，由于只有做多才能赚钱，很多人便热衷于抄底，记得两三年前跟朋友交流一个品种的操作，他看了 K 线图之后说“哇，跌了这么多，可以尝试抄底了”，我说为什么不顺势做空呢？说过之后才知道他不习惯于做空。碰到有朋友太热衷于抄底猜顶的，我有时会劝他试一下期货交易，但不要用杠杆，主要是怎么做到顺势而为。

问题 3：多年来您也一直有在交易股票，请问您在股市的收益情况如何？前段时间股市大暴跌，您在这波行情中表现如何？

林朝昱：近年来，我在股票上的交易很少，偶尔操作分类基金，但表现平平，今年以来在股市的收益基本平手。

问题4：您是一名水利工程师，平时兼职做期货，而您主要做中长线交易，国内也有多个品种有连续交易，在交易上可能需要花较多的时间，您是否能做到两头兼顾，如何做到两者之间的平衡？是否考虑过专职做期货？

林朝昱：相对于专职交易者来说，兼职交易者能用来盯盘的时间很少，但对于中长线交易者来说，**不盯盘能减少盘中的心理波动，能自动过滤盘中一些毛刺的影响，使自己专注于交易系统的操作。**当然兼职交易也会错过不少的盘中机会，优缺点是相对的，看自己怎么理解了。近两三个月来，我试过加大日内的操作，但表现却并不理想，可能超短线交易确实不适合自己。如果将来时机成熟，会考虑专职来做期货。

问题5：您的网名叫"期待黑天鹅"，这个名字比较有意思，行业内对黑天鹅事件避之不及，为何您会期待黑天鹅呢？

林朝昱：黑天鹅事件指非常难以预测，且不寻常的事件，通常会引起市场连锁负面反应甚至颠覆。

黑天鹅存在于各个领域，无论金融市场、商业、经济还是个人生活，都逃不过它的控制。**历史并不是循序渐进的，而是在一步步地跳跃中前进，黑天鹅事件推动着世界的发展。我期待黑天鹅的到来，并且期待自己能置身于正面黑天鹅之中。**

问题6：今年的行情可谓波澜壮阔，大起大落，也发生不少黑天鹅事件，您的账户在今年黑天鹅事件中的表现如何？

林朝昱：今年，商品期货基本上表现平淡，而股票市场却像过山车，暴涨暴跌，但我自己的表现一般，没有太出色的表现，主要还是准备不足。6月份，上证指数冲高到5100多点，当时我就判断日K线图上走了一个上升楔形，而且形态比较大，上升楔形向下突破之时一般会有一个急跌，但实际操作还是有点儿变形。6月中下旬上证指数向下跌破下轨，我及时把IF股指期货多单全部平仓，但在考虑是否要反手做空时却犹豫了，因为当时"牛市新起点论""改革牛""政策牛"等利好消息频繁出现在主流媒体上，狂轰滥炸，自己也被洗脑了，天真地认为股市不会有大幅度的调整，因此只是象征性地轻仓开了点儿空单。**现在信息网络太发达了，各种信息满天飞，如何取舍也考验着我们的智慧。**

问题 7：您认为“华尔街没有新鲜事，参与的人换了一拨又一拨，但人性是如此难以改变，操作习惯也是难以改变，因此价格模式也会重复，历史总会重演”。一件事情的发生有它的偶然性与必然性，历史会重演，但也一直在前进，您怎么看待金融市场中的偶然性与必然性？

林朝昱：期货交易本来就是概率游戏，从短期（或者单次交易）来看，有很大的不确定性，但把时间周期拉长了看，就有了确定性。**不要妄想抓住短期的波动，而应专注于捕捉更大的行情。**

问题 8：您说您是一位“长跑型”选手，请问您认为您能做到在做期货 9 年时间里翻 80 倍的主要原因是什么？

林朝昱：我觉得核心因素还是风险管理和资金管理，**我把风险管理和资金管理合二为一，作为头寸管理，首先会根据自己的风险管理原则确定每次最多亏损额度，然后再结合市场的波动率，确定自己的开仓头寸。**这样的头寸管理既反映了自己的风险偏好，又能反映市场的波动程度，我认为是比较合适的。

不要觉得中长线赚钱慢，长期赚钱要靠复利的威力，很多人都没想明白这一点，一年 40%～50%的收益，短期觉得没什么，但认真算一下会吓你一跳。

问题 9：近 5 年来，您的资金都实现了良好的正收益，而早年的资金曲线增长较为缓慢，请问您经过了怎样的调整与改变？

林朝昱：其实，早期的资金曲线增长也不慢，但波动更大一些，后来我采取更严格的风控来管理交易风险，同时只交易相关性较小的品种，对于那些行情相关性比较高的品种一般只交易一个，这样可以避免资金曲线的大幅回撤。**把风险控制好了，市场自然会给你奖赏。**

问题 10：您在 2008 年的雷曼黑天鹅事件中，资金有过一段快速增长，请问您当时经历了什么？是怎么操作的？

林朝昱：2008 年的期货市场各品种基本都是过山车行情，上半年暴涨，下半年暴跌，记得当时国庆长假期间，国内休市而外盘受雷曼事件的影响而暴跌，国内期货市场开盘后都是跳空跌停，连续三个跌停板的很多，但我当时仓位不重，天胶和PTA都一直持有两个多月才平仓。当时两个月翻了一番多。

问题11：我们了解到您是做中线趋势交易的，同时也会叠加日内操作，请问您是如何根据行情进行组合的？这样做的原因是什么？

林朝昱：我是做中长线趋势交易的，一般资金利用率都不高，而且在行情大涨之后的快速回调阶段，都会使资金曲线有比较大的回撤，虽然是利润回撤而非本金损失，但也觉得不妥，于是就尝试在行情后期叠加日内操作，以期平滑资金曲线。

问题12：您主要做股指期货和上期所的品种，在选择品种上您会考虑哪些因素？

林朝昱：最主要考虑的是流动性，股指期货（以前）流动性最好，而上期所的品种流动性也比较好，合约设计合理，而且都是跟国际接轨的大品种，受人为操控的可能性比较小，交易所也很少修改规则，人为干预比较少，连续性比较好。

问题13：什么样的品种您会选择日内短线操作？什么样的品种您又会选择中长线操作？日内短线平均一天做几次？中长线一般持有多少时间？

林朝昱：日内短线操作的品种都是波动性比较大的，会关注时间比较长，行情波动比较有规律的品种。以前日内主要交易股指期货和天胶，但后来天胶增设夜盘，再后来股指期货被限仓，现在找不到合适的日内交易品种。日内交易一般一天操作不超过两次。中长线品种前面已经说了，最主要是考虑流动性，再有就是各品种的相关性。中长线持有时间这很难说，得看行情发展，如果建仓后触及初始止损那么一两天内就会平仓，如果行情发展顺利，持有半年也很正常。

问题14：在仓位设计方面，您每个品种的日内和隔夜仓位一般分别是多少？整个账户的日内和隔夜仓位一般分别是多少？

林朝昱：我是根据市场的波动情况确定止损位，再根据自己愿意承受的

风险度，来确定自己的开仓头寸。仓位会根据市场的波动情况而有所变化，一般隔夜品种在5%～10%左右，日内仓位根据近几天的市场波动而定，变化更大，有时单个品种会达到25%甚至30%。

一般日内我只做一个品种，隔夜仓位根据市场情况吧，行情比较顺畅时会同时持有五六个品种。

问题15：近来，为维护市场稳定，中金所出台了一系列限制股指期货交易的政策，对此您有何看法？您如何看待股指期货未来前景？

林朝昱：把股指期货作为股市下跌的元凶，这显然是有问题的，股指期货是金融衍生品，股票市场的涨跌肯定有其内因，监管机构首先应该规范好股票市场，监管好上市公司，**股票市场有问题了，在衍生品上肯定会有反映。**

我觉得，我们的做空工具是太少而不是太多，应该尽快完善做空机制，股市猛涨的时候皆大欢喜，也没人查一下谁在恶意做多，吹大泡沫之后一下子把它捅破，当然是灾难。如果有了完善的做空机制，并且监管规范的话，涨得过快，自然有人通过做空，通过套利来给市场减速，跌得过快，也可以通过套利来减少市场的大幅波动。像IF合约基差最大时达到过两三百点，但却没办法进行套利，因为监管层不允许做空现货。或许可以考虑推出股指迷你合约，使普通股民能通过做空赚钱或对冲风险，当然前提条件是先做好投资者教育，我们现在很多教育、测试都只是走过场。

问题16：股指期货限制手数之后，对您交易有什么影响吗？您在策略上有没有做出调整？

林朝昱：股指期货限制手数和提高保证金之后，对我产生的影响还是比较大的，现在我基本上不交易股指期货了，股指期货流动性已经大大减低，每天成交量也就1万多手。现在暂时还没在策略上做出调整，只能先停止交易期指。

问题17：自进入6月份以来，A股连续暴跌，商品不断探底，您认为市场还会有牛市吗？您对市场后期发展持何种态度？

林朝昱：不要轻言见底，新兴经济体经济不断下滑，给大宗商品带来沉重压力，大宗商品可能会有一波像样的反弹，但见底应该还早。A股连续暴

跌，已形成比较明显的下降通道，市场信心已明显丧失，见底言之尚早。

问题18：目前国内金融市场正在逐渐走向专业化与机构化，越来越多的专业机构投资者进入到这个市场，对散户形成了一定的冲击与影响，您作为个人投资者，是怎么看待这一现象的，该如何应对挑战？

林朝昱：现在的市场，赚钱比以前难了，资管产品越来越多，交易者也越来越职业化，以前是跟一大批散户同台竞技，现在不同了，现在是跟一大批专业选手同台竞技。**按照发达市场的经验，市场越成熟，简单的趋势跟踪系统就越难赚钱，市场会经常处于震荡状态，难得有趋势行情，**这是应该引起注意的。对市场保持敬畏，降低预期，同时采用更严格的风控。具体策略方面：**放大交易周期，专注于捕捉更大的行情，减少震荡行情带来的伤害。**

问题19：有人认为中国经济发展速度正在减慢，国内金融市场也因为政策等问题处处掣肘，很多投资者的标的渐渐向境外市场转变，请问您怎么看待这样的现象，您是否会考虑配置一些外盘头寸？

林朝昱：我暂时还没配置外盘头寸，先做好国内市场吧。

问题20：我们了解到您现在是做手工交易的，将来有打算转变为自动交易吗？您觉得手工交易和自动交易的优势和劣势在哪里？

林朝昱：将来会慢慢地转变为自动交易，手工操作几个账户有时会手忙脚乱。**我觉得手工操作和自动交易没本质差别，关键还是在于交易理念和交易思想，**只要把交易理念细化和量化就可以转化为自动交易。

问题21：我们了解到您在期货交易上主要以技术分析为主，请问您技术面主要分析哪些指标、图形或量变？您觉得自己技术分析的最大特征是什么？

林朝昱：主要看的是K线和趋势线，做股票时会参考成交量。由于我主要做趋势突破交易（包括点突破和趋势线突破）因此比较看重的是趋势线。当**判断一个趋势形成时，顺势而为是最好的。我以技术面分析为主，我相信K线已反映一切。**

华尔街没有新鲜事，参与的人换了一拨又一拨，但人性是如此难以改变，操作习惯也是难以改变，因此价格模式也会重复，历史总会重演，这就是技术分析的本质。

问题 22：您说您有时会加上基本面作为滤镜，请问分析哪些品种时，您会考虑基本面？又是怎样影响到技术分析？

林朝昱：我会通过财经网站了解一些基本面和消息面，但一般也只是了解而已，一般不作为操作的主要依据。**有时会用消息面来验证市场的强弱，比如出现利空或利好时市场的反应强度，并过滤掉一些操作信号。**

问题 23：您是主观交易与客观交易相结合的交易方式，当两者出现背离的时候，您会采取怎样的操作？

林朝昱：如果是开仓操作，当两者出现背离我会先暂缓开仓，先观察几天；如果是平仓操作，我会先平仓离场。

问题 24：您有一套自己的交易系统，能否简单介绍一下您的交易系统？

林朝昱：前面已经说过，我主要做趋势突破交易（包括重要点位突破和趋势线突破）比较看重的是趋势线，再加上几个经典的形态就是我交易系统的全部。要判断市场的趋势，教科书上有许多方法，最经典的就是道氏理论：一个高点比一个高点高或者一个低点比一个低点低，这就是最经典的方法。当判断一个趋势形成时，顺势而为是最好的。

问题 25：您在期货市场也已经有 9 年了，在期货市场长期存活下来的人必然有很强的风险意识，请问您有哪些风控措施？

林朝昱：做期货交易，想要生存下去，风险管理和资金管理很重要，我称之为头寸管理，我一般先根据市场的波动率，确定合适的止损点，如果止损幅度合适再按照止损幅度确定自己的开仓头寸。这样的头寸管理既反映了自己的风险偏好，又能反映市场的波动程度，我认为是比较合适的。对于中线交易系统，交易的胜率和平均赔率波动不会太大，尽量控制住每笔交易的亏损，那么你就能控制你的最大资金回撤。当然，**历史胜率和历史赔率都是历史的，我们虽然坚信历史会重演，但还是应时时警惕。**

问题 26：您目前作为东航金控——CTA 孵化私募投资基金和 CTA 精英孵化私募投资基金投资顾问主要负责什么？

林朝昱：主要是开展投资顾问活动、负责子基金在中国期货市场的投资，并配合、支持和协助进行相关私募基金的市场推广活动。

问题27：目前国内有很多全国性的实盘大赛，蓝海密剑也是其中之一，您在第六届蓝海密剑大赛中也取得了不错的成绩，您觉得蓝海密剑与其他大赛有什么比较特别的地方？

林朝昱：蓝海密剑是国内办得最好的实盘大赛，没有之一。最主要是比赛周期长，净值计算合理，综合评级也较合理。在期货界，短时间暴利或许并不难，但想长期稳定获利就是难上加难，我们应该争取当交易的寿星而非明星。**那些比赛周期很短的大赛，相当于是诱导大家谋取短期暴利，这对交易者心态有很负面的影响，甚至会毁掉一位交易者。**即便短时间内赚钱了，但也会很快还给市场。

问题28：蓝海密剑大赛创办以来历经7年，涌现了诸多如王向洋、严圣德、孙永刚、持赢投资等优秀的操盘手，您认为这些选手们最值得学习的地方在哪里？

林朝昱：我觉得各人有各人的交易理念，不应妄自评说。**但资金曲线比较平顺，回撤风险控制得很好，应该是这些高手的共同特点。**

应思飞：期货赚钱的人都不算正常人

（2015 年 10 月 21 日　黄荣益访谈整理）

应思飞

浙江丽水人，从事期货行业 8 年，蓝海密剑第六届实盘大赛空军组第一名，净值 4.21。七禾网私募排行榜“南京飞鹰”账户管理者，截至 2015 年 10 月 23 日，该账户复合收益率 2222.51%，累计净利润 12674079.01 元。

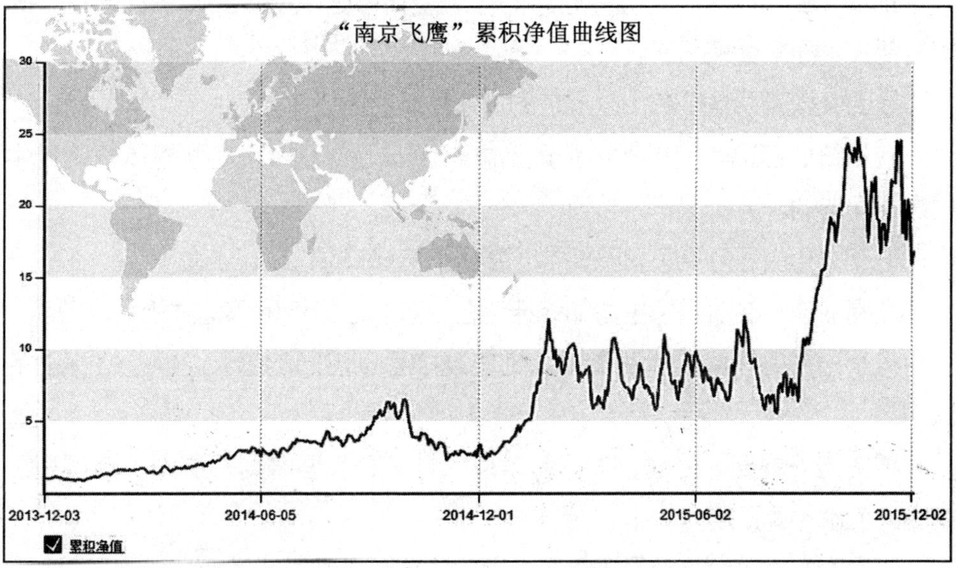

访谈精彩语录：

各类市场的交易都是各管各的，互相之间基本没什么影响，可能有时候也有相辅相成的作用。

我觉得赌博也是需要技术的。

反映到投资上就是，顺风的时候押得大一点儿，逆风的时候赔一点儿就去休息。

实体经济确实出现了比较大的泡沫，市场上各种渠道的配资也使得杠杆越来越大，但核心还是因为泡沫。

我觉得3000点这个位置是最能体现价值的。

不管政策怎么变，市场还是遵循客观规律的，核心还是人。

监管力度严未必不好，先把基础的东西建设好了，再去创新，再去发展，这样才能让市场健康发展。

现在很多人觉得市场在倒退，我觉得也没有必要这么悲观。

期货最吸引我的地方就是它能促使我去纠错。

期货交易中趋势是最能赚钱的，即使是正常的波动，一些老手也不一定能把握好，真正能把握的也就趋势。

基本面能体现核心的价值，大的框架逻辑都是以基本面为主，但基本面也需要技术面来互相印证。

我的操作风格是没有什么规范的，就是随着市场来。

我觉得现在说商品见不见底还不太好说，但现在要基本面整体好转走牛也是不可能的。

把交易和生活分开来，不要为了生活而去做交易。

交易的钱不要跟用来生活的钱挂钩在一起，这样你的情绪才不会过激。

其实亏损的经验是最宝贵的，你能从中看到自己的错误，以及性格上的缺陷。

期货的交易规则里面，很多都是反人性的，那些赚得多的人，其实在正常定义上都不算正常人。

正是因为大部分人都是正常人，所以大部分人都亏钱了。

问题1：应思飞先生您好，感谢您在百忙之中接受东航金融和七禾网的联合专访。您说您做期货已经8年了，您是大学的时候就开始做期货了吗？当时是怎么接触到期货的？一开始的业绩怎么样？

应思飞：大学的时候做的是股票，后来股票做的多了觉得期货的T+0模式也蛮好玩的，就开始尝试做期货。一开始做期货的时候业绩极不稳定，经常出现大赚大赔的现象。

问题 2：除了期货之外，您也做其他投资，那您主要会做什么？在其他投资上面的经历，对您的期货交易有没有产生什么影响？

应思飞：我股票和外盘都做一点儿。**各类市场的交易都是各管各的，互相之间基本没什么影响，可能有时候也有相辅相成的作用。**一般你股票做的顺手了，股指也会做得很顺手。

问题 3：有人说股票和期货市场就是赌场，或是电子鸦片，给人带来伤害却让人难以自拔。对此您是否认同？为什么？

应思飞：赌场我是很认同的，我也一直跟朋友说这个市场就像一个赌场，不过我认为的赌博可能跟一般意义的赌博不太一样。**我觉得赌博也是需要技术的，**一开始可能会认为赌博是靠运气，后来我发现，运气的作用大概只能占到三成，更重要的是技术。就像在赌场里总是赢的人，他可能就有赌术。用到投资上也一样，我觉得我的投资风格跟我对赌博的理解很接近。在运气好的时候，或者对手弱的时候，多赌几把，你可以赢多一点儿，一旦遇到强劲的对手或者运气有点儿背的时候，那输一点儿就走人。**反映到投资上就是，顺风的时候押得大一点儿，逆风的时候赔一点儿就去休息。**

问题 4：您对期货市场的理解认为这是一个赌博的地方，那您认为运气对于您的交易来说，是怎样的？您认为期货市场有没有什么不变的规律？

应思飞：一开始觉得运气不是特别重要，现在觉得运气很重要。这就是赚多赚少的问题，运气好就赚多一点儿。期货市场不变的规律就是它一直在变。包括在我的体系里面也没有任何不变的东西。

问题 5：8 月底的时候，股市又迎来一波大跌，您认为这次股市大跌的原因是什么？

应思飞：我觉得下跌的核心是泡沫，泡沫太大了。**实体经济确实出现了比较大的泡沫，市场上各种渠道的配资也使得杠杆越来越大，但核心还是因为泡沫。**

问题 6：您认为股市反弹会在哪个点？您是怎么选股的？

应思飞：现在我觉得 3000 点是属于很安全的位置，5000 点的过度乐观肯定是错的，但你到 3000 点了，2500、2800 点去过度悲观，对市场没有信心也不可取。**我觉得3000点这个位置是最能体现价值的。**选股的话我会看一下基本面和一些政策方向和产业方向。

问题7：这一次“股灾”后，股市受政策影响会不会越来越大？也有人担心监管力度的提高会减慢股票和期货市场的创新步伐，您怎么看？

应思飞：我觉得还是会趋于正常的，本身中国股市跟政策的关联度就会很强，之后也不会说变得更强或者关联度更小这样。**不管政策怎么变，市场还是遵循客观的规律的，核心还是人，**是参与人的一些特性，一旦涨起来就极度乐观疯狂，跌下来就极度恐惧。

监管力度的提高肯定会对创新有影响，不过市场前期有些创新就我看来，步子有点儿迈得太快了。在很多规则没有规范的情况下，市场创新太快，漏洞一出来，在这种监管力度下，反而会减慢创新速度。所以其实**监管力度严未必不好，先把基础的东西建设好了，再去创新，再去发展，这样才能让市场健康发展。现在很多人觉得市场在倒退，我觉得也没有必要这么悲观。**

问题8：您大学毕业之后就一直从事期货行业，请问您大学学的是什么专业？期货行业里最吸引您的是什么？

应思飞：我大学学的就是金融专业，**期货最吸引我的地方就是它能促使我去纠错。**因为我本人性格比较马大哈，反映在交易上就是下单比较随意，然后错漏就比较多，所以必须马上去纠错。这是对我性格的一个补足，是最好的一个点。

问题9：您没有固定的交易风格，却表示在期货市场中最想赚趋势的钱，请问您是怎么看趋势交易的？为什么最想赚趋势的钱？

应思飞：趋势就是在有行情的时候要做到顺势。**期货交易中趋势是最能赚钱的，**即使是正常的波动，一些老手也不一定能把握好，**真正能把握的也就趋势。**

问题10：您是根据行情来做交易的，那您能具体说一下会根据怎样的行情进行操作交易？

应思飞：我主要是顺势交易，先了解一下基本面，觉得有行情，要涨了或者要跌了，就开盘进去，之后有盈利了，或者觉得不对了，但市场还是基本符合预期的时候，我就拿着，也不差这点儿钱；但如果亏钱了，或者觉得不对了，我就割掉，但基本上还是做到顺势。

问题11：您是基本面与技术面相结合的分析方式，请问您主要看哪几个技术面指标？

应思飞：技术面我都不怎么看，期货方面就看一下成交量和持仓量，然后是一些K线、均线什么的，我觉得意义不是特别大。刚开始做交易的时候会看，现在基本不看了。

问题12：在金融投资行业中，技术面派和基本面派算是最大也是最主要的两大派系，您的期货交易品种涉及多项商品，而商品期货受基本面影响较大，对于基本面您如何看待？

应思飞：基本面能体现核心的价值，大的框架逻辑都是以基本面为主，但基本面也需要技术面来互相印证，因为你理解的基本面不一定是正确的基本面，就是你拿到的基本面不一定是市场真正的基本面，它的误差会比较大。所以需要结合技术面来验证基本面。就像最近做空铝的比较多，铝的基本面就是供应过剩，成本降低，技术面上也是下行的，互相印证就可以去做空铝了。

问题13：您觉得自己的交易风格最大的特征是什么？

应思飞：我觉得我交易风格最大的特点就是，即使赔钱，也不会亏太多；赚钱就要看行情，也要看运气了。

问题14：您的交易风格较为多变，既做日内短线，也做中长线交易，那您觉得您更为适合哪一个级别的交易呢？

应思飞：这个说不好，要看行情大小，行情如果是持续性的，那就会拿得长久一点，如果它一直波动，那我的周期会短一点。主要还是看行情，**我的操作风格是没有什么规范的，就是随着市场来。**

问题15：今年以来大宗商品市场整体呈现下跌走势，很多人说这是抄底商品期货的好时机，也有人说商品期货价格仍未见底，您是怎么看的？

应思飞：我觉得现在说商品见不见底还不太好说，但现在要基本面整体好转走牛也是不可能的，因为价格实在是太便宜了，大家都觉得易涨难跌，但技术面看起来还是应该跌，矛盾就在这里。所以我觉得应该会有一个大范围的波动吧，可能会有几天反弹，但大范围上涨还是比较难的，可能还会继续跌吧。

问题 16：近期中国股市迎来了两次超级 V 形大跌，政府为了救市，股指期货首当其冲，中金所也出台了一系列公告限制股指期货交易，对此您有什么看法？

应思飞：这个政策我个人觉得是有点儿不恰当的。其实对我也没有太大的影响，但总体的流动性还是受到了影响，量也做不大了，总还是会有一点儿影响的。

问题 17：您在七禾网私募排行榜上注册的账户"南京飞鹰"，该账户配置的品种涵盖了所有上市的期货品种，您是尝试还是不知不觉就这样了？您现在看好哪几个品种吗？

应思飞：就是有什么行情就做什么品种，也没有什么特别擅长的品种。现在比较看好玉米和鸡蛋，就是玉米的去主粮化，是一个较大的利空，有下跌空间。然后因为玉米这样的变化，我觉得油粕格局也会发生变化。然后鸡蛋的话，因为玉米跌了，养殖成本低了，需求也没有增长，会有一个很大的下跌空间。

问题 18：了解到您交易时仓位相对来说是比较大的，请问您是怎么分配仓位的？

应思飞：我个人比较喜欢隔夜一刀流，我可能只有盘中的时候仓位会比较小，但尾盘我可能会把仓位放上去。就是有些时候没有行情，就想赚一个隔夜跳空的钱，不过隔夜跳空有时候也会赔钱。

问题 19：那您是通过什么手段来有效地控制交易风险的呢？

应思飞：没什么特殊的风控手段，就是不涨了，或者赔钱了就砍掉。不会有特定的止损线，就是一有不对，直接砍掉。不过有时候我的隔夜单子仓位比较大，跳空比较大，也会砍仓的，该砍还是得砍。说起来觉得风险很大，但就我个人整体长期来看，也还好。

问题 20：您的参赛账户曲线波动非常大，尤其是在 2014 年下半年，净值一度到达低点，后来又出现了净值的暴增，请问这是什么原因？

应思飞：就是单个品种仓位放得太大了，我记得好像是白糖还是大豆，反转的时候波动很大，亏的有点儿多。暴增也是这个原因，盈亏同源。就是大行情来的时候，我自己又比较确定，但前期没准备好，一开始转的时候就会有比较大的回撤。

问题21：暴增之后曲线又重归波动，您认为出现这样的情况最大的原因是什么？您的账户“南京飞鹰”也一直处于长期的剧烈波动的状态，面对这种情况，您的心态还能保持稳定吗？

应思飞：可能是我的节奏跟市场的节奏有点儿出入，因为市场也一直在波动，我的曲线一直处于震荡。基本还是稳定的，回撤大了也随它，慢慢来嘛。

问题22：了解到您是做主观交易的，会不会在交易中受自己的情绪影响比较大？如果不是，请问您是怎么克服情绪的影响的？

应思飞：以前会比较受影响，现在就一直在改，希望这个影响能越来越小。**把交易和生活分开来，不要为了生活而去做交易**，交易只是交易，账户只是账户，赚的钱不是拿来生活的，也不是拿来买房子的，**交易的钱不要跟用来生活的钱挂钩在一起，这样你的情绪才不会过激。**

问题23：您现在的交易比较不稳定，未来有什么系统化的规划吗？

应思飞：大的规划也没有想过，我觉得自己这样子比较逍遥。我现在就在家里交易，有时候也会到有工作室的朋友那里待一待。

问题24：在您8年的交易生涯中，也有过大赚大亏的经历，这些经历给您最大的收获的是什么？

应思飞：就是磨炼自己的个性，**其实亏损的经验是最宝贵的，你能从中看到自己的错误，以及性格上的缺陷。**

问题25：大部分投资者在期货市场是以亏钱告终的，您觉得主要原因是什么？

应思飞：**期货的交易规则里面，很多都是反人性的，那些赚得多的人，其实在正常定义上都不算正常人**，都是有点儿毛病的。所以正是因为大部分人都是正常人，所以大部分人都亏钱了。

问题26：心态是交易过程中重要的一课，您觉得您现在的交易心态如何？

应思飞：我的交易比较个性化，都是很随性的，我的心态也比较随意。

问题27：当时参加蓝海密剑大赛是出于什么考虑？在这次大赛中您觉得收获最大的是什么？

应思飞：是一个朋友推荐的，就是说可以让我每天在盘后看一下自己的资金曲线，可以了解一下自己的情况，对自己有一个更好的认识，对自己的交易有一个总结，因为人总是在成长，一开始不太成熟，但这样每天有一个总结对我帮助还是蛮大的。在参赛期间，每天能看到大赛给我发来的统计数据，仓位变化，回撤幅度等等，对认识自己帮助挺大的，还有就是在大赛中看到了一些其他选手的操作方法，也认识了一些朋友，收获挺大的。

陆敏杰：在量化投资的专注领域持续多元化发展

（2015年10月29日　唐正璐访谈整理）

陆敏杰

陆敏杰，36岁，江苏南通人，现居北京，拥有8年的期货交易经验。2005年获北京邮电大学计算机硕士学位，后在通讯领域从事7年软件研发工作，随后于2012年初加入北京蓝色天际投资有限责任公司，任职投资总监，负责自有量化投资软件平台和交易策略的研发，以及自营资金的运营管理。目前，负责的自有量化平台成熟可靠，发行过多只私募基金产品，总计规模1.2亿。

访谈精彩语录：

转行是时代给予的机会，量化投资在国内逐步成长、成熟起来，尤其在期货投资上。

一个成功的投资者首先要确保能长期生存，因此应该具备将风险控制放在首位，而后追求盈利的投资理念和心态。

（对期货市场的）感悟就是“念念不忘，必有回响”。

量化交易的一些思路和方法来源于传统的主观交易，IT技术提升后，一些主观交易者可能升级为量化交易者。

主观交易可以在更高的维度管理量化交易，比如如何进行市场品种选择、策略组合配置和资金管理。

量化交易擅长持续可重复交易，而主观交易的优势在于灵活发现稀缺的投资机会。

就量化交易而言，交易者走向稳健盈利需要计算机编程能力和策略研发能力。另外由于环境多变，需要持续学习的素质。

我们尽量丰富策略的思路，目前主流核心是趋势交易，因为趋势交易的理论基础扎实，市场生存空间较广，策略有效期较长。

程序化交易系统的技术核心部分是历史回测和实盘执行，历史回测要精准，实盘执行要可靠。

监管层对程序化交易“严格管理、限制发展、趋利避害、不断规范”的指导思想，将影响整个程序化交易的生态系统，程序化交易的食物链可能被重塑，某些优异的交易策略，可能永远失去生存环境，很多策略都需要重新审视在新环境下的有效性。

组合投资最大的优点是在不降低收益的条件下减少波动，附带的好处是能提高资金容量和降低局部策略衰退时对整体的影响。

根据每个策略每天能亏的“风险配额”，进行各个策略的仓位配置。

蓝海密剑和其他大赛相比，最大的特色是赛制的长期性，这与投资是场长跑相吻合。

市场波澜壮阔而又充满诱惑，管理好产品需要一个安静的操盘室和一颗宁静的心。

市场机会大，但是行业竞争也非常激烈，我们必须保持谦虚和开放，在量化的专注领域持续多元化研发，才能在激烈多变的市场中维持一小块立足之地。

问题 1：陆敏杰先生您好，感谢您在百忙之中接受东航金融和七禾网的联合专访。您做期货之前是一名通信外企软件工程师，请问这样的工作经历给您开发量化策略提供了哪些便利？您为什么会从软件工程师转行到期货投资上？

陆敏杰：我们的量化策略运行在自有的量化平台上，这样一个完备的软件系统需要专业的系统设计和软件开发能力，我之前的专业背景和工作经历储备了这样的能力。另外，我之前有段时间业余做主观交易，为后来专职做量化策略储备了交易理念和策略思路。**转行是时代给予的机会，量化投资在国内逐步成长、成熟起来，尤其在期货投资上**；同时这个领域能将我的技能和爱好相结合，适合自己。

问题 2：您表示您属于稳重型的性格，请问您的交易风格是否也是如此？您觉得一个成功的投资者应具备怎样的投资理念和心态？

陆敏杰：我的交易风格属于稳健型，性格决定了我对资金曲线回撤的容忍度比较低。我觉得**一个成功的投资者首先要确保能长期生存，因此应该具备将风险控制放在首位，而后追求盈利的投资理念和心态。**

问题 3：您期货交易至今已有 8 年，请问这 8 年中，有哪些记忆让您终身难忘？您得出了哪些感悟？

陆敏杰：有个戏剧性的事，8 年前我想转行时去一家期货公司应聘，老总面试后没有收留我，8 年后的行业聚会上我们相聚了。**感悟就是“念念不忘，必有回响”。**

问题 4：您认为从程序化交易的角度看各大市场，期货市场是国内目前在制度和技术上最适合程序化交易的市场。通过量化对冲、程序化交易的方式，可以在期货市场中做出绝对收益的产品。您为什么会有这样的理解？

陆敏杰：做绝对收益要求与大市相关，不管牛熊每年都能赚，而期货 T+0 和多空双向交易的制度具备了前提条件，加上对冲的模式降低波动，以及程序化的手段降低人为因素带来的不确定性，就能在期货市场做出绝对收益的产品。

问题 5：据了解，您主观交易在 2010 年开始稳定盈利，2012 年转成量化交易以来也一直是盈利的，请问您是怎么看待主观交易和量化交易的？交易者要走向稳定盈利应具备什么素质和能力？

陆敏杰：**①量化交易的一些思路和方法来源于传统的主观交易**，IT技术提升后，一些主观交易者可能升级为量化交易者；②主观交易可以在更高的维度管理量化交易，**比如如何进行市场品种选择、策略组合配置和资金管理；③量化交易擅长持续可重复交易，而主观交易的优势在于灵活发现稀缺的投资机会**。总结而言，两者可以相互借鉴、优势互补、人机结合。

就量化交易而言，交易者走向稳健盈利需要计算机编程能力和策略研发能力。另外由于环境多变，需要持续学习的素质。

问题6：目前您和您的团队采用的是全自动程序化交易，拥有几十套交易策略，请问，团队的交易策略是如何开发的？策略开发的核心思路是什么？

陆敏杰：我们的策略研发通常是先有一个粗略的原始主观想法，然后利用各自擅长的工具进行快速原型开发和测试，没有被否决的策略再到我们自有的量化平台进行细化和精细测试。**我们尽量丰富策略的思路，目前主流核心的是趋势交易，因为趋势交易的理论基础扎实，市场生存空间较广，策略有效期较长。**

问题7：您认为一套完整的程序化交易系统应该包括几个部分？其中哪个部分最为重要？

陆敏杰：**程序化交易系统的技术核心部分是历史回测和实盘执行，历史回测要精准，实盘执行要可靠。**但一套完整的系统还需要很多其他支撑系统，比如数据收录整理、策略绩效评估、策略和账户管理、交易合规检测、风险控制等。

问题8：您的策略库中日内短线、波段、中长线的模型都有，目前哪种模型的表现最为优秀？原因是什么？

陆敏杰：股指期货日内策略表现最优，因为正常时期股指日内流动性和波动性都较大，短周期策略具有交易次数上的优势。但是市场环境多变，再加上政策调控的影响，优秀的策略依然需要多策略组合的配合。

问题9：您如何评估一个模型的优劣？是用风险收益比、胜率、盈亏比、最大回撤率等评判，还是用其他标准？一个优秀的模型要经过怎样的积累和不断的优化才能研发出来？

陆敏杰：评估策略从收益、风险、容量与其他策略的相关度去衡量。会关注策略背后行为金融学上的逻辑，以及兼顾收益和风险的评估指标，比如Calmar Ratio和Sharpe Ratio。策略构建时有一定的逻辑支撑，实盘执行观察后会加深对这种逻辑的理解，进一步归因出本质，反馈给策略改进，甚至开发出新的策略。

问题10：市场更迭，没有亘古不变的道理，从长期来看，模型都会走向“衰老”甚至“死亡”，您是怎么应对和解决这一问题的？

陆敏杰：首先，通过多策略组合缓解局部策略的“衰老”和“死亡”对整体业绩的影响；其次，关注市场环境的变迁，对老策略持续迭代，同时不断研发新的应对策略；另外，积极开拓新的投资市场，挖掘新的投资机会；最后，通过实战经验提高人机结合的能力，更好地进行品种选择、策略部署和资金管理。

问题11：对程序化交易者来说，您认为是否需要关注基本面？目前您的团队是否应用到基本面的分析研究？

陆敏杰：我们的策略本身只参考市场行情数据，没有考虑基本面因素，但是程序化交易者本身需要关注基本面，要有大局观。目前我们没有用到基本面的分析研究，但是以后的提升进阶，这方面是需要的。

问题12：10月9日，证监会就证券期货程序化市场交易管理办法征求意见，如果施行的话，您觉得这会对程序化交易的投资者影响有多大？

陆敏杰：**我觉得监管层对程序化交易“严格管理、限制发展、趋利避害、不断规范”的指导思想，将影响整个程序化交易的生态系统，程序化交易的食物链可能被重塑，某些优异的交易策略，可能永远失去生存环境，很多策略都需要重新审视在新环境下的有效性。**

问题13：您认为组合投资至关重要，始终坚持“无组合，不实战”的投资方针，重视品种组合和策略组合的实盘应用。请问，您觉得组合投资最大的优点是什么？

陆敏杰：组合投资的最大优点是在不降低收益的条件下减少波动，附带的好处是能提高资金容量和降低局部策略衰退时对整体的影响。

问题 14： 蓝色天际团队股指期货和商品期货都做，那团队的策略是否两者兼顾？针对不同的品种，策略是否有不同？

陆敏杰： 我们对股指期货和商品期货的策略都有兼顾，商品上使用的是通用策略跑多品种，股指期货上是独立的策略。

问题 15： 在商品期货和股指期货交易上，您的资金是怎么配比的？

陆敏杰： 会根据市场环境调整商品期货和股指期货上的资金配比。比如商品：股指在 2014 年大致是 1∶1；2015 年股指限制以前大致是 2∶8；股指限制以后全部是商品。

问题 16： 在股指期货交易上，您主要采用什么策略？三大期指的交易策略是否有不同？

陆敏杰： 股指期货上主要是趋势类型的策略。三大期指的策略配置会有所不同。

问题 17： 中金所为抑制过度投机，先后几次出台限制开仓、提高手续费和保证金等政策，请问这些政策的推出对您的交易产生什么影响？您又是如何应对的？

陆敏杰： 中金所抑制过度交易的政策是逐步加码的，前面几次对我们影响还不大，最后一次后流动性百倍衰竭，我们停止了股指交易。目前我们除了商品的程序化交易外，开始启动手动商品套利对冲交易。

问题 18： 在商品期货交易上，您采用的是什么交易策略？主要做哪些品种？一般同时操作多少个品种？您又是如何选择交易品种的？

陆敏杰： 商品期货上主要是隔夜的趋势策略，主要做活跃的、成交量大的品种，一般同时操作 5～10 个品种。

问题 19： 您的团队在交易中是如何进行仓位配置的？在风险管理方面又是如何做的？

陆敏杰： 根据产品级的风控约定，建立“风险配额”的概念，并将此细化分配到每一个策略、每一天的交易。也就是**根据每个策略每天能亏的“风**

险配额”，进行各个策略的仓位配置。风险管理和实时风控会细化到策略级别，产品整体日亏损争取控制在0.5%以内。

问题20：您表示曾尝试性做过期现套利、跨期套利、跨品种套利，但都还不够深入，完全没有程序化。请问，涉及程序化的套利是不是比较难？目前是否继续筹备程序化套利策略？

陆敏杰：程序化套利交易的难易程度要看该种套利模式需要参考的输入信息的复杂度。很多套利模式不仅仅单纯地参考价格信息，还要同时考虑品种基本面、上下游产业链关系、季节性因素、期现价差、期限结构等信息，因此比较综合复杂。我们会在程序化套利方面进一步探索，至少能利用我们软件方面的长处，提高套利交易执行和管理的效率。

问题21：您参加过国内多项实盘大赛，并取得了不错的成绩，蓝海密剑便是其中之一，请问是什么原因让您参与这些大赛的？在大赛中您收获了什么？您觉得蓝海密剑和其他大赛相比有什么特别的地方？

陆敏杰：参加实盘大赛是为了有个公开、公正、透明的平台，展示我们的实盘交易。大赛中的收获是能看到很多优秀的选手，可以相互学习借鉴。**蓝海密剑和其他大赛相比，最大的特色是赛制的长期性，这与投资是场长跑相吻合**。

问题22：在蓝海密剑实盘大赛上，您操作的账户“蓝色天际A”从2014年12月至2015年9月累计盈利近千万，对于这样的成绩您是否满意？您能简单介绍一下该账户吗？

陆敏杰：我对这样的成绩挺满意，但中间也有遗憾和可提升的空间。这个是我们对外参加比赛和实盘展示交流的单账户，单账户的风格比产品激进，有展示平台统计结果是净值2年15倍，最大回撤20%。

问题23：从“蓝色天际A”的净值曲线图可以看出，该账户在2015年5月4日至2015年6月1日有一波强拉升，主要是什么原因？

陆敏杰：是策略组合与市场行情比较匹配的结果。其实程序化很少刻意去把握行情做一波曲线拉升，**都是策略组合客观运行的结果，是守候的结果**。

问题24：蓝色天际发行过多只私募基金产品，总计规模1.2亿，请问这些基金产品表现如何？

陆敏杰：蓝色天际的产品是以绝对收益为目标，希望以中低风险换取中高收益。目前产品运行良好，与预期吻合。以两只在七禾网基金栏目展示的产品曲线为例：

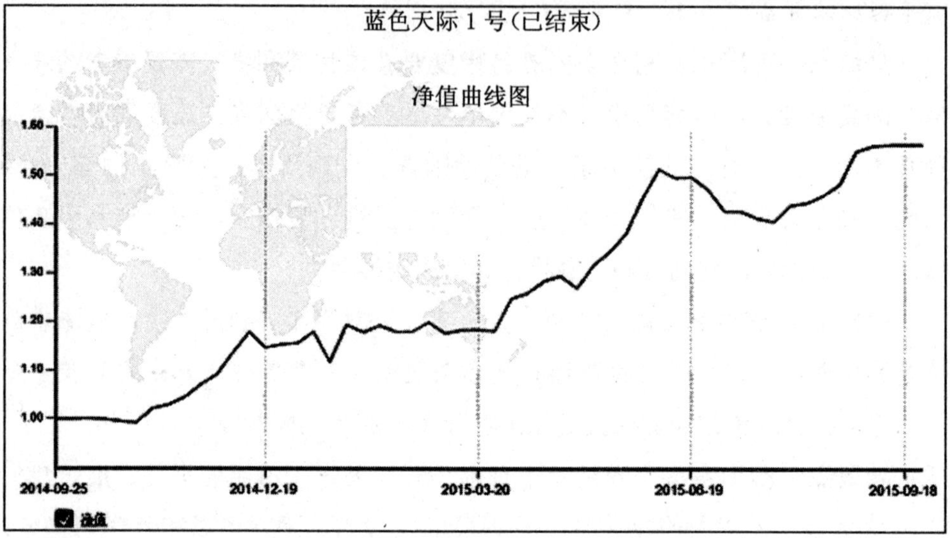

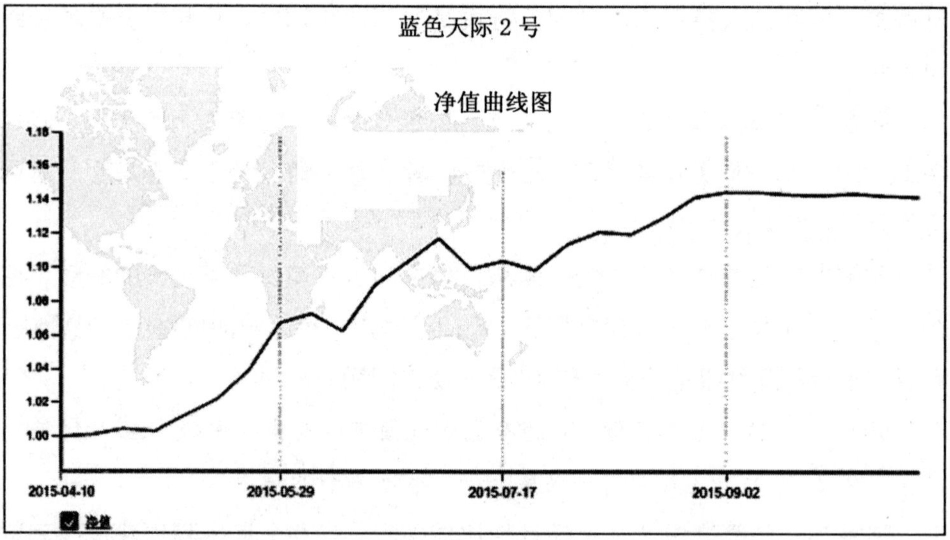

问题 25：您觉得要管理好一个产品的关键是什么？如何才能给投资者一个安全稳健的回报？

陆敏杰：市场波澜壮阔而又充满诱惑，管理好产品需要一个安静的操盘室和一颗宁静的心。为了给投资者一个安全稳健的回报，对我们而言需要贯彻坚持“量化对冲、绝对收益”的投资模式，贴近市场持续研发，严格风控审慎运营。

问题26：就您看来，产品化运作和单账户操作是否有不同之处？

陆敏杰：在操作上，产品和单账户的差别主要为考虑风险承受能力和规模对交易的影响。产品汇聚了风险偏好相近但又不完全一样的资金，我们以更加稳健的方式运作，尤其产品初期需要积累一个安全垫；单账户的风险承受能力相对大些，会激进些。另外，有些优秀但资金容量小的策略，放在资金规模大的产品里没有太大帮助，但放在单账户中就非常靓丽。实践中我的体会是**投资经理对产品化和单账户切换风险评判标准，是件劳神而又不利的事情，因此我们现在只做产品，不做单账户的代客理财。**

问题27：您作为蓝色天际的投资总监，请您介绍一下您的团队以及您对公司未来发展的规划。在机构化时代，您觉得蓝色天际需要具备哪些核心竞争力才能在市场中长期生存？

陆敏杰：我们团队从2010年开始投入了一两年的时间做量化交易的软件平台，同时逐步研发积累交易策略，实盘交易自营资金。2014年各项支持私募阳光化的政策出台后，公司完成了私募备案，陆续发行了多支私募产品，未来公司还会延续以阳光化私募产品为主营业务。**市场机会大，但是行业竞争也非常激烈，我们必须保持谦虚和开放，在量化的专注领域持续多元化研发，才能在激烈多变的市场中维持一小块立足之地。**

火蓝投资：十年炼狱，十年一剑——杠杆放大的不仅仅是你的梦想

（2015 年 11 月 2 日　刘健伟访谈整理）

火蓝投资

江西上饶人，现居南京，曾在海军作战部队和宏观经济部门工作，参与期货交易 13 年，现任火蓝国际投资有限公司(香港)总经理，专职从事外盘交易。在东航金融、汇添富基金和第一财经联合举办的第六届蓝海密剑中国对冲基金经理公开赛中，以 7130.40%的季度收益率和 18904.16%的半年收益率打破国内期货交易实盘大赛记录，并获得蓝海密剑大赛高地军旗手、上将晋衔奖、远征军组第一名和年度先锋勋章等奖项。2014 年 6 月到 2015 年 3 月，大赛实盘最好战绩 9 个月收益率 111434.16%，从本金剩下不到 1 万美元，6 手美元指数期货持仓，做到盈利最高超过 1000 万美元。

访谈精彩语录：

军队经历的痛苦和磨难，难以用言语表达，但也正是这些苦难为我夯实了基础，让我在期货杠杆交易中能历经重大挫折而不倒。

当我恐慌地逃离市场后，我却记住了一点——期货市场是一个能赚大钱的地方，我却没有记住亏损，这就是赤裸裸的人性。

期货可以说帮我重新恢复了人生的平衡，杠杆交易开始承载我的人生梦想，但它后来会给我带来那么多的苦难，是我当时没想到的。

杠杆交易在放大你梦想的同时，还放大了你的贪婪、恐惧和痛苦，放大了你身上所有的缺点；用杠杆放大的梦想象肥皂泡一样一触即破，而放大的苦难却实实在在每天都跟随着你。

我从未怀疑过自己会做不好期货交易，我坚信自己一定能成功。

准确判断长期趋势和做好杠杆交易真是两回事，两者相差太远了。大行情启动的第一个阶段，大概率会走得非常反复，高杠杆重仓交易几乎是不可能赚得到钱。

我学习过很多种交易理论，也使用过很多种技术工具，但我认为这些都不是最重要的，如果你只相信它们，那失败是早晚的事情。

成功的交易需要你有自己的交易逻辑，要形成自己的交易逻辑，最重要的是自信，而获得自信有两种途径，一是经历一次巨大的胜利，二是经历无数次的胜利。

每一次交易我投入的资金，就是我这次交易能够承担的亏损，应对调整或震荡时，我的持仓会被动减少，但只要趋势没有发生改变，我会一直持有仓位，只要行情启动，我一定有仓位并且能迅速把仓位加够。

持有仓位并不断试盘，你才能近距离感受市场，你才能在行情真正发动时找到和以前不一样的感觉，这样你才能勇敢地果断出手。

从 2011 年我开始做多美元指数，我始终有仓位，而且只做多。

杠杆交易是我实现人生梦想的工具，我认为我现在走在了正确道路上，过往交易经历过无数次失败，这能让我更加安静地面对行情波动，这些失败带来的伤痛并没有真正消失，他们藏在我的心灵深处，只有修心才能让伤痛复原，否则总有一日，当我面对我无法承受的失败时，我会把自己燃烧成灰烬。

期货市场是一个快速实现财富转移的地方，它并不创造财富，如果你对它一无所知，那么失败的结果是必然的。

高杠杆带来的是更高的交易难度，更高的失败概率，高杠杆交易并不是想象中那样简单，外盘高杠杆交易能够获取暴利的同时也能够产生巨大亏损。

我习惯使用高杠杆重仓交易，但会根据资金规模做交易策略的细分，大资金交易会设定一定安全边际的交易，也可以采取对冲策略，如以期权锁定期货的盈利等。

你来到这个市场交易，要了解这个市场是为谁服务，要了解这个市场谁是主导者，要了解你所交易的品种，你还要了解什么是杠杆交易，什么是投机，你还必须了解自己，了解你自己是谁，了解你为什么来到这个市场，了解你该怎么做。

当我们来到这个市场，要牢牢记住，我们不是来理财的，我们是来获取暴利的，冒着高风险，就是要获得高回报。

很多人做股票，不了解企业的基本面，不知道对手盘，用不用杠杆，都是在冒险赌博。

对我来说，没有所谓“仓位”的概念，但我每次交易有亏多少资金的概念，投进去多少钱就是我愿意亏损的钱。

有一定交易能力的交易员，他大多数的钱也都是在震荡中亏损的，这并不是因为判断的错误。

基本面分析判断市场的走向，最后落地的是市场价格，市场价格通过各种形态和指标(K线形态组合、均线系统、RSI的背离……)表现出来。我认为基本面分析更为重要，你要有清晰的内在交易逻辑。

我参与交易的外盘品种锁定得很明确，主要是外汇、黄金和原油，这些都是战略性品种，市场流动性非常好，规模大且无人可操纵。

我所明白的是背离的次数越多，最后形成的趋势越大。

所有的指标都不是准确的，都有一定的滞后性，你看到的时候价格是在变动的，需以收盘价为准。

我的暴利逻辑就是当市场走出大行情的时候，我手上有足够的仓位。

军人的经历对我交易情绪的控制有很大的帮助，让我能够承受交易的失败，坚持继续交易，不回头、不放弃，遭遇极大的痛苦也能扛下来。

高手和普通交易者的差距在于能否控制自己的交易情绪不受干扰，而不在于交易技术。

控制交易情绪是决定杠杆交易能否成功的关键。

期货交易还承载着我的人生梦想，我并不仅仅是想利用期货交易去赚钱，所以无论爆仓几次，只要我还有能力继续，我都会坚持下去。

我认为他们失败最大的原因是不知道自己在做什么，第一，你不了解这个市场；第二，你不了解你所交易的品种；第三，你不了解自己能要什么；第四，你不知道你该怎么去做。

我在蓝海密剑实盘大赛中最好的战绩是9个月收益率111434.16%。我有浓厚的海军情结，至今我依然认为自己是一名战士，期货市场和蓝海密剑实盘大赛就是我现在的战场。

只要我能通过修行尊重和理解自己的生命，我的交易一定会获得真正的成功。

市场在震荡，我就在震荡。很多人在震荡中选择离开，而我有自己不离开的理由，一旦大行情启动时，我肯定在车上，而他们有可能上不了车。

我认为美元牛市行情至少还可以持续三年。当它成功突破100美元，将是最安全的机会。

美联储加息绝不仅是货币政策，加息还有其背后深层次的原因，美国终结宽松，一是确认经济好了回归加息通道，二通过加息制造危机，加速美元回流美国，推动美元资产上涨，制造欧元区和新兴经济体的危机。

成熟的交易员是不会凑在一起抱团取暖的，大家都有自己的交易逻辑和强大的自信，谁也不会听谁的。

交易这条路对我来说还很长，我会坚定、勇敢地走下去。

问题1：火蓝投资您好，感谢您在百忙之中接受东航金融与七禾网的联合专访。您从事期货交易已经13年了，能不能结合您的经历，谈一下您是如何接触到期货，又是如何开始做外盘期货的？

火蓝投资：现在来看，我专职从事期货交易，既有偶然性，又有必然性，我喜欢投机且擅长投机，我先谈一下自己的经历。我16岁参加高考被军校录取，军校生活非常艰苦比劳改犯都不如，工作、学习、训练、救灾、各种体力活、人情世故……，最后我坚持下来，23岁硕士研究生毕业，成为一名基层指挥军官，后来又去机关、院校工作过一段时间，然后转业到地方工作。**军队经历的痛苦和磨难，难以用言语表达，但也正是这些苦难为我夯实了基础，让我在期货杠杆交易中能历经重大挫折而不倒。**

第一次接触期货时，我在南京读博士，有位做期货经纪的旧友因为保证金不够找我借钱，她向我介绍了期货如何能用小钱赚大钱，我感觉期货交易很有趣，数字上上下下跳动，似乎有规律可循，感觉赚钱好简单。我于是开户，入金8万元人民币，交易橡胶，第一天赚了，可两天后亏了4万多，赶紧撤了。我懵懵懂懂地初入期货市场，投入8万，三天时间亏了4万多，**当我恐慌地逃离市场后，我却记住了一点——期货市场是一个能赚大钱的地方，我却没有记住亏损，这就是赤裸裸的人性。**

之后我就没再碰期货，直到后来我遇到一次重大挫折，我感觉自己前途渺茫，这时我想到了期货交易，觉得杠杆交易能帮我实现人生梦想。我在军队经常接触首长和机关领导，并很擅长处理这种人际关系，这是投机，也是一种杠杆交易。**期货可以说帮我重新恢复了人生的平衡，杠杆交易开始承载我的人生梦想，但它后来会给我带来那么多的苦难，是我当时没想到的。杠杆交易在放大你梦想的同时，还放大了你的贪婪、恐惧和痛苦，放大了你身上所有的缺点；用杠杆放大的梦想象肥皂泡一样一触即破，而放大的苦难却实实在在每天都跟随着你。**我为什么能成功活下来？自信、勇气、坚忍、学习，还有侥幸或者说运气。如果再给我一次机会重新选择，我不会选择期货交易，我会留在军队踏踏实实工作，可叹人生没有如果。

我开始学习各种期货交易理论，蜡烛图、波浪、西方交易技术分析、三角洲、亚当等等，开始读江恩、杰西•利弗莫尔、巴菲特、索罗斯、克罗等等的传记。我有一个很大的优点，就是喜欢学习和思考，我也知道，想做好期货交易必须先学习。**学习同时交易的过程是一个按图索骥的过程，**我不停地学习、不停地交易、不停地亏损，庆幸的是，当时我没有太多的钱，这控制了我的绝对亏损。一开始我做橡胶、铜，钱不够了做豆油，再不够了做糖，再不够了做燃料油，再不够了做大豆、豆粕，再不够了做玉米……**我不记得自己期货交易失败过多少次，爆过多少次仓，总共亏了多少钱，但我从未怀疑过自己会做不好期货交易，我坚信自己一定能成功。**到 2009 年，我开始赢利，2011 年，以前亏掉的钱我都赚回来了，我开始参加蓝海密剑实盘大赛，当时用的网名是走向深蓝，曾经获得过第七名还接受过电话采访。那时的我，已经逐步接触到期货市场杠杆交易的本质，但还没有自己成熟的交易体系，当时我判断商品进入大熊市，橡胶、棉花和铜很可能回到原来的底部，但我并没有继续做空商品期货，而是转向了外汇交易。

为什么转向外汇交易？急于赚大钱，想使用更高的杠杆。为什么会交易美元指数，起因是我一直阅读时寒冰老师的博客和书，当时还去深圳听了他的课，他当时判断美元要进入大牛市，这给我了一个念头——交易美元能赚到暴利，我开始在招商银行交易欧元美元期权，最好的一次交易用 2000 美元赚了 20000 多美元，后来又把赚的都亏掉，我把原因归咎于手续费太高，交易周期太短。我在东航金融开户做多美元指数期货，美元指数涨到 84 美元的时候，我赚了十几倍，当美元指数第三次突破 84 美元，我觉得机会来了，入金加仓，当晚伯南克讲话后美元指数跌了 1200 多点，次日早上又跌 1300 多点，一夜之间爆仓，而且几乎亏完了所有的钱，那种心痛的感觉终生难忘，心非常非常痛，我第一次真正感受到高杠杆交易的风险。我以为自己离成功很近了，可依然回到原点。我现在明白了，**准确判断长期趋势和做好杠杆交易真是两回事，两者相差太远了。大行情启动的第一个阶段，大概率会走得非常反复，高杠杆重仓交易几乎是不可能赚得到钱。**我没有自己的交易逻辑，也没能真正理解杠杆交易，一夜爆仓亏掉自己所有的钱是必然的。我很固执，一旦决定了，再难也会继续做，我后来就是 1 万美元、1 万美元的投入做多美元指数期货，1 万美元全亏完了再继续投，大概还投了 4、5 次，直到 2014 年 6 月底行情爆发。在交易的过程中，我不断寻找推动美元上涨的各种因素，观察每一种因素随着时间变化对价格波动的影响，比较之间的区别，以此来判断市场所处的状态，再决定自己的仓位。经历过太多次的不一样，我感觉到了美元指数大行情开始启动，我重仓并使用浮盈加仓。在美元指数涨到 86.7 美元之前，最大的回调几乎没有超过 500 点，我从 6 手美元指数期货做到了 400 手，盈利 150 多万美元，然后美元指数开始大幅回调，因为有了以前的经验，回调的第一天我就减仓三分之一，回调后我依然坚定做多，但仓位没有那么重了，到 2014 年 12 月 30 日，我以实盘成绩最高点收盘，盈利 300 万美元，破了全国期货实盘大赛的季度和半年收益率记录，这是我真正意义上通过期货交易赚到的人生第一桶金。**我学习过很多种交易理论，也使用过很多种技术工具，但我认为这些都不是最重要的，如果你只相信它们，那失败是早晚的事情。成功的交易需要你有自己的交易逻辑，要形成自己的交易逻辑，最重要的是自信，而获得自信有两种途径，一是经历一次巨大的胜利，二是经历无数次的胜利。**打破国内实盘大赛收益记录后，我才真正获得了自信，从此我逐渐形成了自己的交易逻辑。

2014 年 10 月，我报名参加清华大学深圳研究生院的期货实战班，当时我已经破了蓝海密剑实盘大赛的季度收益率记录。这个班很多讲师都是国内资本市场的顶级操盘手，我一是想和大师们学习，二是想了解自己的水平到底如何。之前我除了看书看博客学习之外，没有和任何人进行过交流，我只有习惯性的交易方法，没有完整的交易体系，更没有自己的交易理论。上课过程中，老师们的无私分享，让我受益匪浅，可以说，每一位老师都给了我很大帮助。**交易员在获得一次大胜后，通常紧接着就是大败，一次胜利并不能代表什么，因为做得好很大可能是因为运气。**对此，我是怀有一份警戒和敬畏的，但是内心的自信还是让我在今年比赛上选择了资金规模 1000 万人民币起步，进入基金组。要知道，**一个交易员掌控资金的能力是随着自己的心胸、定力逐步增加的，**100 倍杠杆重仓交易，我选择 1000 万人民币起步，当时是有点超出我承载能力的。今年前三个月，当美元指数涨到 95.5 美元时，我已经有所警觉，美元指数调整到 94 美元，我最后一次加仓，持有的美元指数期货合约近 1000 手，当美元指数涨到 100 美元整数关口的时候，盈利超过 1000 万美元。我曾经试图把美元指数期货合约换成远月期权，为此还去了两次香港，因为香港东航交易平台的原因未能实现，为了规避风险，我转走了 500 万美元盈利。我判断美元指数的第一波回调幅度在 3000 点左右，也留足了保证金，但没想到的是，期货合约只 4 小时就从升水 700 点变成贴水 2000 点，这可是美元大牛市啊，美元指数 4 小时跌了 3300 点，期货合约却跌了近 6000 点，下跌的过程我一直静静地看着，最极端的时候几秒钟跌 1000 点，**正是因为经历了这些，才知道市场真的是什么事情都有可能发生。**如果自己没有转走大部分盈利，我将再一次回到原点。从今年 3 月份开始到 11 月份，美元指数一直在调整震荡，我一直保留少量仓位应对震荡调整，当我觉得行情恢复上涨时，我会入金重仓且浮盈加仓，判断错误就减少仓位出金。我基本上是高杠杆重仓交易，我的仓位长期是 100%，**每一次交易我投入的资金，就是我这次交易能够承担的亏损，应对调整或震荡时，我的持仓会被动减少，但只要趋势没有发生改变，我会一直持有仓位，只要行情启动，我一定有仓位并且能迅速把仓位加够。持有仓位并不断试盘，你才能近距离感受市场，你才能在行情真正发动时找到和以前不一样的感觉，这样你才能勇敢地果断出手。**选择重仓交易，不是什么品种都可以做，也不是什么时候都可以做。我选择重仓交易美元指数期货，是因为美元指数的单日波动相对小，而且我只在美元指数经历过大幅回撤后重新恢复上涨的过程中重仓交易。**从 2011 年我开始做多美元指数，我始终有仓位，而且只做多。**

杠杆交易是我实现人生梦想的工具，我认为我现在走在了正确道路上，过往交易经历过无数次失败，这能让我更加安静地面对行情波动，这些失败带来的伤痛并没有真正消失，他们藏在我的心灵深处，只有修心才能让伤痛复原，否则总有一日，当我面对我无法承受的失败时，我会把自己燃烧成灰烬。

交易的境界是由交易体系到交易理论，再到独立的交易精神世界，当我们能把交易的每一步都做到极致，完美如行云流水，专注到一定境界，我们便能与交易合一，这是一种忘我，也是一种修行。**期货市场是一个快速实现财富转移的地方，它并不创造财富，如果你对它一无所知，那么失败的结果是必然的。看清期货市场的本质，遇到大行情，你或许可以分一杯羹，但不要妄想吃到一整块肉。**

问题2：有人说外盘投资由于杠杆高能够短期获取暴利，而也有人表示外盘品种波动不大只适合做长期投资，您如何看？您主要做什么周期的交易？

火蓝投资：有人说，如果给他一根足够长的杠杆和一个支点，他可以撬动地球，可他用尽全身的气力，或许才能让地球晃一晃，但是地球随时一个细微的晃动都足以让他不知所踪。**高杠杆带来的是更高的交易难度，更高的失败概率，高杠杆交易并不是想象中那样简单，外盘高杠杆交易能够获取暴利的同时也能够产生巨大亏损。**

外盘品种包括股票、大宗商品、金融衍生品等，波动幅度和内盘品种没有什么区别，一样可以做长期投资，只是给予了交易员更高的杠杆。**我习惯使用高杠杆重仓交易，但会根据资金规模做交易策略的细分，大资金交易会设定一定安全边际的交易，也可以采取对冲策略，如以期权锁定期货的盈利等。**外盘市场成立时间早，相对完善成熟，流动性好，市场操纵行为少。中国市场还处于成长期，很多都在完善过程中，市场政策的修改总会牺牲一部分人的利益。**你来到这个市场交易，要了解这个市场是为谁服务，要了解这个市场谁是主导者，要了解你所交易的品种，你还要了解什么是杠杆交易，什么是投机，你还必须了解自己，了解你自己是谁，了解你为什么来到这个市场，了解你该怎么做。**毕竟，你是冒着倾家荡产的风险来这里，这些功课都不做，是对自己太不负责任。**期货交易这条路很难走，无数的先行者告诉大家这条路是能走通的，但需要你付出很多代价，还要有运气，付出代价后也不一定就会成功。**当你运气不好的时候，选择的应该是坚守和学习，好运也是给有准备的人，逆境时的坚守和不断学习改进，到顺境时才有可能成功。我从做期货开始，运气就很差，整整10年，也曾经消沉过，但仍旧选择了坚守，绝不放弃。2011年到2014年，我做美元指数亏损多次，也爆过仓亏掉所有钱，但我仍然坚持，不是傻傻地坚持，坚持的过程中不断学习，不断寻找交易的规律，理解交易的本质，分析和判断市场的变化，找到主导当前市场价格波动的基本逻辑，确定了自己的交易逻辑后，相信自己，坚定地去做，市场会给你答案，你也总会有好运的时候。只要行情不结束，我就会一直持有仓位，当我觉得市场进入趋势行情时，我就会重仓，我的交易频率不高，觉得市场恢复时，遇回撤会不停地加仓，但从不做反向交易，我的交易体系就是为了获取暴利。**当我们来到这个市场，要牢牢记住，我们不是来理财的，我们是来获取暴利的，冒着高风险，就是要获得高回报。**

问题3：您表示“赚自己能赚的钱”，这往往也是大多数投资者所希求的，但却只有寥寥无几的人能够实现，您觉得怎么样才能赚自己能赚的钱？什么样的钱才属于自己能赚的钱？

火蓝投资：期货市场就像自然界的丛林，优胜劣汰、弱肉强食，丛林里有狮子、老虎这样的猛兽，也有大象、长颈鹿，还有蚂蚁、蜜蜂等等，它们共同生存。长颈鹿只要吃自己能吃的食物就好，不要妄想着去和猛兽争食，除非你从长颈鹿变成猛兽。**个体交易者跟着大行情走，也要及时收手，或许可以分一杯羹，但不要妄想吃到一整块肉。要想赚到自己能赚的钱，先活下来再说。充分认识市场后，靠什么活着就继续去做，没有千篇一律的方法。**打个比方，你本是食草动物，当猛兽们正在吃肉的时候，你偏要去凑热闹，那你很大可能成为它们的食物，就算你知道哪里有肉，也没有什么用，关键你要有体量去吃。**想要稳定盈利，一定要有自己的交易逻辑，很多人有交易系统，却没有交易逻辑，交易逻辑的形成源于自信心。**像我，就是用小资金赚取暴利，大资金做安全边际，我一直在市场里面，经过遴选后，我觉得当行情启动，市场也在状态的时候，我就小资金重仓出击。我的判断可能会失误，但是通过遴选后，失误的概率会降低，判断错了，市场会让你的仓位自然减轻。

问题4：您认为期货市场就是杠杆交易的市场，而对于杠杆，有的人认为期货市场提供了杠杆就应该好好利用，不然还不如做股票，而有的人觉得有杠杆更应该控制仓位，您长期参与海外市场，海外市场的杠杆更高，您如何看待这样的争论？

火蓝投资：交易要看标的，股票、金融衍生品、大宗商品等所能用的杠杆都是不同的。商品有其基本价值、供需关系和淡旺季，是在一定范围内波动的，除非遇到百年一遇的大牛市，而股票从 2 元炒到 40 元是很正常的，金融衍生品如国债，如果不用杠杆，基本就没有什么波动了。交易品种不一样，用的杠杆也不同，就算是同一类品种也分不同情况，如农产品中的小麦，天气炒作暴涨暴跌，原油突遇战争和飓风会暴涨。还要分析供需季节关系，当行情趋势是熊市，现货商可以选择在旺季做反弹，在做近月反弹时抛掉远月做对冲。各品种交易使用的杠杆没有统一的标准，具体情况具体分析。我做美元指数期货敢用 60 倍甚至 100 倍的杠杆，是因为它每天的波动通常很小，我高杠杆重仓交易，只能选择做波动小的品种。要想使用好杠杆，首先要了解什么是杠杆，你是在做自己力所不能及的事情，你需要很高的技巧，杠杆交易对大多数人来说都是赌博，做商品期货，却不懂它的基本面、变动成本、产业链……即使不用杠杆，也是在赌博。**很多人做股票，不了解企业的基本面，不知道对手盘，用不用杠杆，都是在冒险赌博。**

问题 5：众所周知，外盘部分品种的杠杆远大于国内的品种，您也表示要“以小资金获取暴利”，那么在交易中您的仓位会如何设置？是否会为赚取暴利而用足资金？

火蓝投资：**对我来说，没有所谓“仓位”的概念，但我每次交易有亏多少资金的概念，投进去多少钱就是我愿意亏损的钱，**这就没有什么好担心的了，大不了亏完，否则一旦亏下去，根本就无法收手了，因为抱有侥幸的心理，具体量化一下，比如一次交易不要亏掉你正常工作一年的收入。就是**有一定交易能力的交易员，他大多数的钱也都是在震荡中亏损的，这并不是因为判断的错误，**我们不要试图去拿到趋势行情 100%的利润，其中有一部分一定是属于市场的，这就是我们对市场的敬畏。**只能以不变应万变，以静制动，并不是不做止损，而是有一个绝对止损。**

问题 6：在交易的过程中您是否会根据行情的变化进行加减仓的操作？很多人称外盘讲究的是资金管理，您是否有一套资金管理体系？

火蓝投资：我自己不会主动减仓，当我觉得行情来的时候，就以入金重仓浮盈加仓应对。刚开始做的时候，以投入的资金量做绝对止损，当有了100%的盈利后，我会转出本金，以不停地出金来控制风险，剩下的风险，期货公司会替你控制。

问题7：在交易中您主要是依靠技术分析还是基本面分析？抑或是两者相结合？如果是两者相结合，您会如何运用？

火蓝投资：**基本面分析判断市场的走向，最后落地的是市场价格，市场价格通过各种形态和指标(K线形态组合、均线系统、RSI的背离……)表现出来。我认为基本面分析更为重要，你要有清晰的内在交易逻辑。**以交易美元为例，要了解美国的经济状态，要知道哪些数据代表美国的经济，要知道美联储的态度，相关货币（欧元、日元、英镑、瑞郎）的央行态度和他们国家的经济数据、利率政策，有无经济风险……这些都是交易逻辑的组成部分。我做美元，判断主趋势是靠基本面加历史图表辅助。看历史图表，美元现在是处于牛市的状态，已经突破了长期下降的趋势压力线通道，并且这一次的上涨超出了上次下跌的比例。全球现在只有美国和英国的经济尚好，欧洲国家和新兴经济体都在走下坡路，美国的综合国力最强，其他国家要宽松，美国要紧缩，大方向就出来了。具体做的时候要结合基本面和技术分析，央行的表态、采取利率政策的时间、公布的数据，这些都决定了市场在什么阶段，市场的阶段决定了价格的位置，价格的位置决定了你的建仓点、平仓点、加仓点。**因此，基本面的分析是交易逻辑的重要组成部分，技术分析是验证工具、辅助手段，只有两者和市场价格发生共振的时候，把握才更大；当出现不一致的时候，我们就需要静一静了。**

问题8：您有宏观经济部门的工作经验，对宏观经济政策的解读是不是更加擅长？交易外盘品种常常要研究国外的一些报告和政策信息，普通投资者往往没有头绪，您觉得哪些信息比较重要，您主要会关注哪些方面的信息？

火蓝投资：外盘的很多信息都是公开透明的，无需费功夫去找，国内一些金融网站都有很明确地公布出来，并且会告诉投资者这个消息是利空金银、利多美元、利空欧元等。**我参与交易的外盘品种锁定得很明确，主要是外汇、黄金和原油，这些都是战略性品种，市场流动性非常好，规模大且无**

人可操纵。

我并不看国外一些机构发布的研究报告，只关注公布的数据和央行、政府的表态。做美元，会关注主要央行政策、央行主要官员的发言和美国政府公布的经济数据，以及重要的会议，偶然也会看看高盛怎么说，帮我界定市场所处的状态。做农产品（小麦、咖啡、可可），你需要关注厄尔尼诺等气候因素；做国内白糖，就要多关注现货商、糖业协会和发改委。找到不同时间阶段影响和推动品种价格的主要因素，把相应的数据和市场信息与具体价格波动匹配对应。杰西·利弗莫尔的《大作手操盘术》最核心的理念就是，价格变动幅度决定市场的状态，而市场的状态决定了交易策略。拿美国非农数据来说，有时公布数据利多美元上涨，有时公布数据利多美元却下跌，有时公布数据利空美元也上涨，这是因为市场所处的状态不同。

问题 9：国内适用的一些技术指标在外盘品种上是否同样适用？

火蓝投资：技术指标肯定适用于外盘，关键是怎么用，要具体问题具体分析，不同品种不同人使用都不一样。以 RSI 背离为例，有时背离一次就上涨，有时两次、三次，甚至四次，但是**我所明白的是背离的次数越多，最后形成的趋势越大。**然而，并不是每次出现背离你都会去做，很少人会坚持。**所有的指标都不是准确的，都有一定的滞后性，你看到的时候价格是在变动的，需以收盘价为准。**盘中的变化不能为准，收盘价时间周期越长越好，这也和个人交易风格有关，看你做什么样的趋势，基本的指标都差不多。

问题 10：您表示您有一套自己独立的交易系统，能否给我们简单介绍一下这个交易系统的特点以及盈利逻辑？

火蓝投资：我一直都持有仓位，当我觉得市场进入上升趋势时，就会重仓且浮赢加仓，我的交易频率不高，觉得市场恢复时，遇回撤就不停地买进，但不做反向交易，这是一种获取暴利的交易体系。**我的暴利逻辑就是当市场走出大行情的时候，我手上有足够的仓位。**

问题 11：您有过军人的履历，那想必在交易执行上应该做的非常到位，请问您进场点是如何设置的，止损止盈又是如何设置的？

火蓝投资：军队服役的经历对我交易情绪的控制有很大的帮助，让我能

够承受交易的失败，坚持继续交易，不回头、不放弃，遭遇极大的痛苦也能扛下来。这是我军队给予我的财富。有一句话叫“重势不重价”，**当市场行情启动时，我就以市价杀入，不管价格如何，不考虑具体点位，但需判断市场是否处于上涨或下跌趋势中。**确定市场状态后，再使用相应方法去做。我认为美元突破了，就持有尽量多的仓位，当趋势破坏后，也不去处理。我以出金止盈，但也是根据市场状态。如果美元涨到100美元后，我认为会有大的回调，我便会出一部分金；翻一番后，也会出金，保住自己的本金。

问题12：您参与过国内外市场的交易，您觉得国内市场与海外市场最大的区别是什么？您目前主要参与哪些市场的品种交易？

火蓝投资：外盘市场时间周期长，制度和规则相对比较完善，而中国资本市场正处于成长期，规则需要进一步的完善。国内市场的品种我基本都做过，除了最近的新兴品种。外盘目前主做外汇、原油和黄金，以美元为主，农产品做得较少，我觉得大行情还未到，去库存还需要一段时间。

问题13：据不完全统计，国外期货市场70%的交易、股票市场1/3的交易都是通过量化完成的，这也意味着您在参与外盘交易时，面对的可能有很多“机器人”对手，您如何看待这一类的对手？您目前是做主观投资的，未来是否会考虑加入量化策略？

火蓝投资：我不会走到单纯依靠量化做交易，但我会使用一些简单的量化统计工具，比如说市场价格波动幅度，时间和波动率，通过数据的统计和比较，来确定市场当下所处的状态。我交易持仓的交易周期很长，而且基本上忽视建仓价格，这些机器人对手，对我来说不影响我的交易。**对我来说，寻找正确的交易逻辑，主观交易是最重要的，量化只是统计工具，是用来辅助我主观判断。**

问题14：很多投资者包括成功的盘手通常都会强调“交易心态”的重要性，但“心态”这东西和技术不同，很难表达出来，您如何理解“交易心态”，“心态”在您的交易系统中占据什么位置？

火蓝投资：交易心态，实际上是杰西·利弗莫尔说过的控制“交易情绪”，你是否能拿住单子？面对震荡和调整的时候是否会改变自己的想法？**高手和**

普通交易者的差距在于能否控制自己的交易情绪不受干扰，而不在于交易技术。交易技术大家都有，但当市场价格波动与你的分析结果相反，你是否还会继续相信自己的分析判断。当你面对市场的反向运动，你会怎么做才重要。交易系统包括交易情绪控制，**我要做好高杠杆重仓交易，第一是我要准确判断趋势方向和市场状态，建立正确的交易逻辑；第二是要控制自己的交易情绪，拿住自己的单子，**我能用100倍杠杆重仓，就因为我拿得住。遗憾的是，很多大作手最后都没能成功控制好交易情绪，包括杰西•利弗莫尔，当然，直到现在也没有人能超越他，面对无数次的失败他都能重新站起，但最后一旦他经历到一次他所不能承受的失败，他就毁灭了自己。**控制交易情绪是决定杠杆交易能否成功的关键。**

问题15：爆仓对大多数投资者来说是毁灭性的打击，很多人可能会因此黯然离开这个市场，我们了解到您也曾爆仓数次，那么您为什么还是选择坚持下来了？

火蓝投资：**期货交易还承载着我的人生梦想，我并不仅仅是想利用期货交易去赚钱，所以无论爆仓几次，只要我还有能力继续，我都会坚持下去。**我们不能抱着侥幸心理，资本市场中什么糟糕的事情都会上演，今年资本市场出现的“黑天鹅”非常多。

问题16：很多人描述期货市场就是一个屠宰场、绞肉机，国内超过九成的投资者是亏损，在国外是否也是这样的情况？您13年的期货经历应该也目睹了国内外很多人的失败，您总结他们失败的主要原因是什么？

火蓝投资：无论什么地方的期货市场，个体交易者绝大部分都是亏损的，因为期货市场成立本身就是为行业、为现货商、为现货企业分担风险的，而这种风险的分担是通过财富转移来完成的。期货市场，我们只要明白市场是为谁服务，谁能获得最大利益，你就知道这个市场对于大多数的投机者来说，意味着些什么。**无论什么期货市场，99%的投机者可以说都是亏损的，国外期货市场提供的高杠杆更容易让投机者灭亡。我认为他们失败最大的原因是不知道自己在做什么，第一，你不了解这个市场；第二，你不了解你所交易的品种；第三，你不了解自己能要什么；第四，你不知道你该怎么去做。**你做一种商品，你要懂得什么是杠杆交易，你要懂得商品的基本面，要了解它的主要交易群体，要懂得自己能赚什么样的钱。你什么都不了解的情况下，来期货市场，倒不如去赌场，赢的几率还大一点。

问题17：在期货这个小众市场，参与外盘的显得更加小众，您在东航的比赛中应该也认识了一些外盘选手，您觉得国内外盘交易的整体水平如何？是否有值得您注意并想与之交流的盘手？

火蓝投资：**我们中国人赌性大，又聪明，又肯拼命，国内操盘手与国外相比在能力上是不差的。**我所接触到的单纯做外盘交易的操盘手，很少很少，我自己也很少和别的操盘手交流。一起比赛的外盘选手，成绩好的少，都是小资金。随着境外投资的开放，未来会有更多国内操盘手参与外盘交易，也会有更多的基金会进入国外市场。我也在考虑如何通过期货和期权组合、设计有安全边际的交易，去降低外盘交易的风险，去承载更多的资金规模，使收益曲线更加平滑。**中国还没有出现像杰西•利弗莫尔、巴菲特、索罗斯这样的国际大作手，人民币国际化、投资国际化，对于我们来说就是机遇。**

问题18：在第六届蓝海密剑大赛中，您获得了多个奖项，更是打破了大赛的季度和半年收益率记录，您当初是为何参加蓝海密剑大赛的？您觉得蓝海密剑大赛与目前国内多种实盘大赛相比有什么不同？

火蓝投资：**我在蓝海密剑实盘大赛中最好的战绩是9个月收益率111434.16%。我有浓厚的海军情结，至今我依然认为自己是一名战士，期货市场和蓝海密剑实盘大赛就是我现在的战场。**我自己的交易，会有很多作战布局的影子，比如说，在关键位置构筑一个阵地再向上突破，这样成功的概率就很大，因为打上去再回来有一个阵地可以防御，构筑阵地的时间越长，说明这个阵地越夯实。一个点位就相当于一个山头，价格到了这个地方晃了一下就走了，这是“侦察兵”，为了看看上面有没有阻力。**今年美元指数盘整了7个月，它构筑的阵地就很夯实，往上冲的力道就很大。**蓝海密剑实盘大赛宣传为国家培养金融战场的战士，这很吸引我，我想自己可能找到了军队外的另一个战场，我把人生梦想寄托在这个战场。我刚开始参加比赛时叫“走向深蓝”，现在叫“火蓝投资”，都是类比原来的海战场。我也曾了解过国内其他的期货实盘大赛，**我认为蓝海密剑这个平台比其他比赛平台都好，它有持续的历史交易记录，而且这套体系包括比赛规则都非常公正合理。**我心里对蓝海密剑这个平台是充满感谢的，在我人生非常艰难的时候，我知道这里很多人都在和我做一样的事情，而且无数的前辈和先行者以他们的战绩给我旗帜一样的指引，为我在黑暗的道路上独行时点亮了一盏盏明灯，这个平台能将这么多优秀的操盘手聚集在一起是非常了不起的。

问题 19：请您为我们简单介绍一下您的收益率记录是如何创造的？您觉得这样的记录是否有出乎您的意料？

火蓝投资：**第一，准确判断了大行情趋势；第二，在大行情启动的时候，我在车上；第三，就是敢于重仓，且利用浮盈加仓，以幅度和仓位取胜；第四，对行情的发展把握得比较精准；第五，坚定的自信和强大的内心帮我牢牢地拿住了单子。**交易前我没有想到过自己会创造出这样的收益率记录，**这是一次成就我人生梦想的成功交易，对我来说是一次伟大的胜利，让我更加充满信心，也因此帮助我形成了自己的交易逻辑和交易系统。**不过，我也没有太高兴，也没有想太多，期货交易之路都是最后能走到哪算哪，我也知道一次大胜之后肯定会紧接着有一次大败，关键是面对这一次大败，我得扛住而且要再次成功地站起来。从我今年比赛的资金曲线上也能看出来，本金没有回撤，盈利出现大幅回撤，这种回撤对我来说很正常，我投入 1000 万资金依然是高杠杆重仓交易，发现自己的问题所在，就能够解决，我在放大自己的资金规模时稍微急了一点，不过挺过来就好了，现在看来 1000 万规模资金重仓高杠杆做外盘交易，也习惯了。未来更大资金规模做外盘交易时，需要配置期权和设计有安全边际的组合交易。今年的比赛也快收官了，现在就看美元什么时候向上突破，突破了交易成绩自然也就上去了，我是跟着市场行情走。当然，我也给自己也设定了一个极限，至少盈利 100%，明年的比赛资金规模适当放大，会把期权对冲和安全边际的产品组合加入自己的外盘交易策略。

问题 20：6 手美元指数起步，收益率峰值达到 1000 倍，获利超过千万美元，这样的成绩让很多投资者瞠目结舌，您觉得能够获得如此佳绩的主要原因是什么？这样的成绩是否具有可复制性？是否还会重演？

火蓝投资：**第一，这和我人生中军人经历分不开，我在军队经历过很多苦难和磨练，历经血与火的考验。第二，我经历过无数次交易失败，亏得够多，十年有九年都处于大起大落的亏损中，**经历过这些能让我安静地面对行情波动，拿住别人拿不住的单子。**第三，我特别喜欢学习，思考和分析；**做美元指数时，经历过很多次市场的不一样，当美元指数真正开始启动的时候，我能通过分析准确判断，在相对安全的时间周期内果断重仓出击，我使用浮盈连续加仓，逢回调就加满仓，美元涨到 86 美元之前，几乎没有大的回撤，最大也没有超过 500 点。三个月我从 6 手美元指数做到 400 手，盈利 200 多万美金。**第四，我的交易系统就是用来获取暴利的，只要市场行情没有结束我就一直都持有仓位，**当我觉得市场有趋势行情时，就会重仓出击浮赢加仓，我的交易频率不高，觉得市场恢复时，遇回撤就不停地买进，但不做反向交易。**第五，我非常固执，一旦决定了，坚决不回头、不放弃，再难也要做好。我从 2011 年开始做多美元，一直到现在。**对我来说，暴利是可以复制的，只要有大行情我就有机会，而且，我还在不断地进步中。我现在通过学习中国传统国学来沉淀自己，让自己静心，恢复曾经的伤痛，重获新生，外表坚强的人，内心其实是脆弱的，只是未到痛处。我经历过三次人生低谷，都站起来了，虽然随着年龄的增长，我的血性和勇气会有所消磨，也许我还会经历和遇到人生的低谷，**只要我能通过修行尊重和理解自己的生命，我的交易一定会获得真正的成功。**

问题 21：2015 年 3 月以后，我们也从蓝海密剑的排行榜单中发现，您管理的"火蓝投资"出现了较明显的回撤，这样的回撤水平是否在您的预期范围内，您平时的交易账户回撤一般控制在多少？

火蓝投资：这次盈利非常大的回撤，现在问我，我只是说非常遗憾，就算是我高杠杆重仓交易，回撤本来也可以更小些，因为我对美元指数到 100 美元时的回撤，早有预期也做了相应准备。最初，我试图用期权去锁定我的盈利，为此我专门去了香港东航金融好几次，遗憾的是因为技术问题和交易平台的问题，两个月这件事情也没搞定。我在美元调整到 94 美元后加完仓到

1000 手就再没有加仓。期间我转走了 500 万美元的盈利，且账户上留有的资金能够轻松应对第一波下跌 3000 点。实际上美元指数的下跌虽然几小时就跌完了，但符合我的预期，出乎预料的是当时 6 月份期货合约从比现货升水 700 点，下跌的那天变成贴水 2000 点，这是前所未有的，毕竟是美元牛市。那晚我一直安静地看着它下跌，4 个小时跌了近 6000 点。正是因为经历了，才知道什么事情都有可能发生。美元之后进入震荡调整行情，有上有下，我也一直在市场内经历震荡，交我该交的学费亏我该亏的钱。我自己的交易账户是不控制回撤的，投进去的钱就是我决定这次交易能够亏掉的钱，如果有了大幅的盈利，我一定会出金，留着盈利的钱去重仓搏杀。这种方式只适合交易自己的资金，而且是小规模资金。**大规模产品资金，必须做期权对冲，而且要设计安全边际，其中只有很少比例的资金（10%）才可以用来做高杠杆重仓交易。**

问题 22：近半年时间账户的震荡主要是什么原因？您觉得没有机会还是在交易中碰到了问题？

火蓝投资：**市场在震荡，我就在震荡。很多人在震荡中选择离开，而我有自己不离开的理由，一旦大行情启动时，我肯定在车上，而他们有可能上不了车。**我交易周期很长，我从 2011 年开始交易美元指数期货，**我认为美元牛市行情至少还可以持续三年。**在市场中，你可以从很多次失败的交易中找到判断大行情启动的感觉。盈利数字上的波动，意义并不是很大，只要大行情发动时有一定仓位就可以了，行情走出来了，就大胆出击，重仓浮赢加仓。**真正的大行情启动时，我很快就能拿回在震荡中失去的仓位。**

问题 23：6 手美元指数给您创造了惊人的成绩，那么就目前来看，美元指数是否还有交易机会？

火蓝投资：我个人觉得美元指数已经恢复强势，现在推动美元指数上涨有三个主要因素：第一，全球现在只有美国和英国的经济尚好，欧洲国家和新兴经济体都在走下坡路，美国的综合国力最强；第二，其他国家政府和央行要宽松，而美国政府和央行则要紧缩，大方向就出来了；第三，欧洲、日本和新兴经济体有发生经济危机的风险。

目前欧央行和美联储都有明确的表态，欧央行宽松要进一步推进，而美联储则要加息，我认为现在是美元多头的机会，但具体情况还是要静待市场的检验。**当美元成功突破100美元，将是最安全的机会。**

问题24：美联储一月一开的议息会议贯穿了2015年的资本市场，是否加息整整一年都悬而未决，您如何看待这样的现象，对您的交易是否产生过影响？您觉得美联储会加息吗？如果会将在什么时候？

火蓝投资：美联储加息的不确定，对我的交易影响非常大，从美元指数3月份涨到100美元，然后调整震荡了7个月，对美联储加息的预期，会让美元指数重新回到100美元。美联储年内加息是比较确定的，正常情况下宣布加息后美元短期内会见顶，但我觉得不会有太大的调整，一是美联储会连续加息，二是其他国家还在继续实行宽松，一正一负的作用下，回调的力度是有限的。**美联储加息绝不仅是货币政策，加息还有其背后深层次的原因，美国终结宽松，一是确认经济好了回归加息通道，二通过加息制造危机，加速美元回流美国，推动美元资产上涨，制造欧元区和新兴经济体的危机。**

问题25：原油在今年也出现了几次良好的投资机会，您是否有把握住？而近期原油走势就在40-50美元上下震荡，多空双方争议不断，您怎么看？

火蓝投资：今年我谨慎地做了几次短空，因为它在熊市末端，震荡中，原油的地缘政治因素非常明确，现在原油的主产区战争和动乱纷纷，**历史上原油曾经一天飙升几十美元，现在这个位置，你再看空也不能做空，也不适合做多**，对我来说，只能看看。

问题26：2015年也进入了尾声，就您来看，2016年有什么品种值得投资？您是否有开始研究布局？

火蓝投资：**我认为最值得投资的品种是美元，所以我现在只有美元仓位。**同时我也在关注黄金，看看有没有做空的机会，其他商品都在熊市的末期，不会有太大的交易机会。

问题27：随着国内机构化时代的到来，包括在境外，专业的机构投资者是市场的主力，许多老交易员为了避免单枪匹马作战都选择了组建团队或者是抱团取暖，您有这方面的举动或者是规划吗？

火蓝投资：所谓组建交易团队，核心还是交易员自己。国外好的对冲基金经理，个人都可以交易几十亿美金。**成熟的交易员是不会凑在一起抱团取暖的，大家都有自己的交易逻辑和强大的自信，谁也不会听谁的。**我正在组建自己的交易团队，也在寻找志同道合的合伙人，完成从单打独斗的操盘手向团队运作基金做大企业的方向转变。我今年去了很多地方，到了香港、美国、日本，感觉都不是太适应，最后还是回内地，以后虽然还是做外盘交易，但还是立足于国内，下一步就是以自己的俱乐部为基础，带好自己的交易团队，修复自己的心身，争取做到专注，让自己和交易合一。我以后会发国际基金产品，我希望有一天，我可以为百姓、为国家交易，为此我需要更加努力去学习、理解和感悟市场，需要提高自己的研究分析和操盘能力，需要继续修炼自己，**交易这条路对我来说还很长，我会坚定、勇敢地走下去。**

彭俊英：不管对不对，断尾求生是第一位

（2015 年 11 月 17 日　叶晓丹访谈整理）

彭俊英

参赛名“时务投资”，交易以中长线为主，基本面与技术面相结合，基本面为主，主观手动交易，有自己独立的一套交易系统，曾做过两年股票，黄金外汇 MT4 平台的模拟盘，目前还交易外盘。获得蓝海密剑第六届年度净值总排名第四的年度先锋勋章。

访谈精彩语录：

我的训练方法：一是用大量的行情数据复盘自己对于交易的任何想法，然后去芜存菁；二是把自己过往的交易清单拉出来，然后总结亏损的原因。

期货作为现货市场的延伸，使传统的现货市场成为了一个开放式的市场，提高了流动性，提高了相同商品不同时空之间和不同商品之间的联动性，这些使得市场更加稳定。

我觉得，做期货交易，把总杠杆控制在2~5倍是比较合适的，就算极度有信心也别轻易超过10倍。

做杠杆类投资，要注意仓位控制和资金管理。

这是个负和博弈的市场，不能有中生无，其存在的意义就是为整个经济体系的货币循环做服务，参与别的经济环节、横向扩张是“大”的生存策略。

根据基本面决定方向，根据技术面的信号离场。

以基本面开仓，以技术面止损，如果技术面和基本面发生冲突了，那就是有问题的，为了生存只能离开。

不管对不对，断尾求生是第一位。

做中长线的趋势单是必然要回撤一部分的浮盈的，逐步拉高止损点，时间线由长变短。

没有交易系统是完美的，只有说与当前市场是否契合。

我们能看着我们过去的脚印，去推测我们未来要去往何方吗?

基本面与技术面相结合，即意味着可以更加全面地考虑各因素，也意味着干扰因素更多、市场杂音更大。

以基本面开仓，以技术面止损，如果技术面和基本面发生冲突了，那就是有问题的，肯定是我忽略了市场某种信息了，那为了生存我只能离开。

持仓时间是要根据行情的实际走势而定的，不管盈亏硬撑到被市场赶走的那一刻。

做多品种的时候，趋势性越强的仓位配置越大，做单品种的时候就浮盈加仓。

散户可以考虑用闲钱做一些定投的被动投资策略，会输时间但很难输钱。

在做趋势交易上，能够较好地做到知行合一。

我不过就是头风口上的猪，猪就做好猪该做的事，其他的与我无关。

不断反省缺陷进行修正，和自我激励做得好的方面，多想如何解决现在面对的问题，而不是想别的。

这个行业是一个少数人有收益，平均收益为负的行业，在这个行业里如果挣扎了多年未果，离开也是一个不错的选择。

问题1：彭俊英先生您好，感谢您在百忙之中接受东航金融和七禾网的联合专访。您参加比赛用的账户名为“时务投资”，请问您取这个名字有什么寓意吗？

彭俊英：我是趋势交易者，自然希望我的交易过程能够顺应时势，所谓识时务者为俊杰，故而取名“时务投资”。

问题2：您原先是做技术文件翻译工作的，这份工作与期货可谓是泾渭分明，那么您是怎么接触到期货？为什么您会选择从事期货交易？

彭俊英：接触股票之后，就学习交易、金融方面的知识，就接触到了杠杆交易，而国内合法的我又能接触的杠杆交易就是期货交易了。当时，在股票市场练习了两年，觉得自己的操作也达到一个较为完善的水平，就去开了股票的融资融券，后来一想，融资融券还要利息，那么干脆就来期货市场验证我的操作技术。

说实话，选择做期货是冲着挣钱来的。在从事交易之前，我也经过了几个月的思考，觉得期货市场的确存在挣钱的可能性，那么接下来的问题就是如何把逻辑上的可行性化为实际可行。

问题3：您脾气偏急躁，但是很多人都提到说在期货市场中交易，要耐得住性子，等待行情的到来，请问在交易中，会不会因为您这样的性格导致您耐不住性子等待大行情？在震荡势中，您会不会因为您的性子而频繁交易，导致出现亏钱的情况？

彭俊英：毫无疑问，会。但是现在相比之前会好许多，我可以拿着单子一两个月不动。作为一个传统的中国人，我现阶段就是留一些生活教育的资金给孩子未来所需，留一些给我的家人生活，其他的继续使用自己的策略进行投资。

问题4：请您举个您印象中比较深刻的因为您耐不住性子而错失了这个大行情的例子？

彭俊英：比如像去年第一次做白银空单的时候，当时有点儿想做一点儿日内波动，想降低一下成本，结果一动就乱了，成本不断地提高，因为日内和趋势开平仓点的逻辑相悖，加上性格原因，使得这个矛盾一下子就爆发了。

问题5：那您是如何训练自己，使得自己能够拿得住单子？

彭俊英：其实没有什么训练方法，**一是用大量的行情数据复盘自己对于交易的任何想法，然后去芜存菁；二是把自己过往的交易清单拉出来，然后总结亏损的原因**，这样逐渐形成认识，想急切降低成本反而会提高成本，做一个趋势单能产生正收益就已经很不错了，没必要再为这些小芝麻而丢掉了西瓜，一旦能形成这种认识，那么就能渐渐约束我们的行为，这样就能忍住不乱动单子。其实这就是把我们整个的交易逻辑框架和思考外化为行为，落实到实际行动上。

问题6：您认为期货市场是现代市场中的金融市场的一部分，对实体产业的发展可以起到稳定器的作用，您为什么这样认为？请问期货市场是怎样稳定实体产业的发展的(请简单举例说明)？

彭俊英：第一个问题，要说的是现代金融制度与现代经济体系的关系，简单来说，**一般等价物的发明可以说是人类在社会意识层面的众多创造中最伟大的创举之一**，这让人类从物物交换脱离，实现生产力的初步解放，并且为人类大规模的协同作业提供了可能性。而随着经济体系的发展，一般等价物，也就是钱的循环也需要一个配套的制度来完成，这样就逐步发展出了现代金融制度，而期货市场作为金融市场的一部分，也一样在风险共担、利益均享、降低流通成本等等方面服务着经济体系。**期货作为现货市场的延伸，使传统的现货市场成为了一个开放式的市场，提高了流动性、提高了相同商品不同时空之间和不同商品之间的联动性等等特征，而这些毫无疑问会使得市场更加稳定**，当然有些人看着每日的波动，就会产生“期货让市场更加跌宕起伏”这种本末倒置的错觉。

(1)**套保的作用**。可以帮企业锁定成本、利润。这点应该较为熟知，就不赘述了。

(2)**做空机制对流动性的补充作用**。说得通俗易懂一点，如果都是单边牛市，那熊市一来，绝大部分人都是亏钱的，会极大缩减社会资本的流动性，而做空机制，就是两轮牛市了。使流动性的变化较为平稳。

问题7：您觉得期货市场还是存在着一些问题，请您谈谈这个市场中存在着哪些问题？我们作为这个市场的参与者，对于这些问题的解决能起到怎样的作用？

彭俊英：比如企业的套保参与度太低，一些合约就跟僵尸一样，毫无生气，当然也有合约设置的问题。

这个问题，**一方面需要社会修正对金融业、对金融交易的偏见**，比如有矿企庆幸自己没参与期货市场而减少损失的新闻。**另一方面也需要我们交易者们不断提高自己的理论水平，好向更多的人说清楚**（这里我就不用科普这个词了）**现代金融制度对现代经济体系运行的重要意义。**而合约的设置这些问题，我们作为个人投资者基本无能为力。

问题8：您目前主要做杠杆类投资，以快速增长资金，请问您是如何设置您的杠杆大小的？

彭俊英：以期货为例：**把总杠杆控制在2～5倍是比较合适的。**理由：①**根据基本面的方向确定性决定仓位大小**，②而基本面方向确定性越大，逆向波动越小（以密集成交区为基准），③具体波动数值：一般性波动很难超过30%，方向性越确定越难超过10%，也就是说这个杠杆率，方向没错就能硬扛，当然不推荐硬扛，根据事实，反省自己的遗漏，**就算极度有信心也别轻易超过10倍，否则很容易作死。**要注意交易的背后都是人，而人都倾向不认错的，属于“我死了你也休想活”，而当这种人是大鳄级别的时候，就有能力逆向暴击，大家鱼死网破。国内最著名的例子参见“3·27”国债事件的最后8分钟。当然，交易不规范也是此事原因之一，但这不妨碍以上推论。

问题9：就您看来，做杠杆类投资，应注意哪些方面？您觉得随着资金量的变大，您会转向股权投资，这是为什么？

彭俊英：就杠杆这个特征来说主要就是注意：①**仓位控制，通过控制总杠杆来调节总风险度。**②**资金管理，通过盈利出金等手段保住“革命”的胜利果实。**

毕竟总体来说，**这是个负和博弈的市场，不能有中生无，其存在的意义就是为整个经济体系的货币循环做服务，那么参与别的经济环节、横向扩张是“大”的生存策略。**

问题10：您有自己单独的一套系统，请问您的这套系统是基于什么原理开发出来的？系统开发出来后，您会不会再进行调整或者优化(若调整，会在什么情况下进行)?

彭俊英：这个问题有点儿大。**简单阐述核心原理大概是：商品价格因素的平衡与再平衡**——简化来说某商品的决定因素只有A，那么如果所有交易者都以A作为衡量标准来进行交易，A变动10%，商品价格也会因为交易者的一致行为，快速变动10%，如瑞郎变态的半小时。而现实中一个商品的价格在一定时间范围内决定性因素往往是以一定权重比处于平衡状态，随着时间推移，各因素权重发生变化，价格构成权重与因素权重不匹配，矛盾爆发，因素权重兑现，直至再平衡，这时候价格权重与因素权重再度匹配，也就是价格处于区间震荡，积累矛盾期，直至某因素累积爆发，开启再平衡。

细化之后如何执行大概有以下几点：①趋势的变化是一个过程，这个认识决定了你能不能扛住小周期的逆向波动干扰。**②根据基本面决定方向，根据技术面的信号离场。**虽然我们会去尽量多地考虑影响商品价格的各种因素，但是我们无法面面俱到，总有出乎我们意料的或者被我们所忽视的因素，忽然在价格变化中起到主要作用，但当时我们又不知道，这时候技术面的作用就体现了，**不管对不对，断尾求生是第一位。**这就是第3点，保住本金，就是通过及时的断尾求生。接着就是下一个目标，保住浮盈，保住浮盈不是说浮盈不回撤，这不可能，**做中长线的趋势单是必然要回撤一部分的浮盈的，逐步拉高止损点，时间线由长变短，因为一般来说行情是加速的。**其他的，对于技术指标的处理，比如运用边际效用理论分析一些指标，比如运用分形理论的自相形似性分析图形，等等。

毫无疑问，会的。一来没有交易系统是完美的，只有说与当前市场是否契合。二来每个交易者对于市场的认识、对于经济、金融的知识的学习都在随着学习的深入不断加深，那么渐渐地这些抽象的认识会不断地反映到具象的交易系统中，也会一点点的改变。第三，交易系统的形成也不是什么灵感突发，也是一点点磨炼、修补的过程。所以，其实我无时不在修正交易系统，而不是一定要遭遇到怎样的境况时才去调整优化。

问题11：您有一套自己的交易系统，请问您的交易系统是由单个策略组成还是多个策略组成？如果是多个策略组成，那么这多个策略组成是相似的策略还是不同的策略？

彭俊英：目前是单策略，就是做中长线趋势交易。我觉得我这样的个人投资者没必要做多策略，因为，①不同策略的开平仓点是不同的，甚至是互斥的。②从数学的角度看，所有策略的集合就是一个被动投资策略，而主动投资的精髓就在于放弃一些策略的收益，而通过优化某单一策略的操作，以此获取超过平均收益的超额收益。

问题12：您是基本面与技术面相结合，请问相较于单纯的只看基本面或者只看技术面，两者结合有什么优点，有什么缺点？

彭俊英：这个不好说，毕竟对基本面与技术面的逻辑关系，大家也没有一致的认识。我的观点是这样的，技术面是行情演化的结果而不是原因，也即是技术面条件是一波行情的充分条件。但大基本面因素对行情作用是呈现于大周期的，小周期级别的剧烈波动经常会让交易者迷失。

只看技术面的缺点，我常说的一句评价是**“我们能看着我们过去的脚印，去推测我们未来要去往何方吗”？**

只看基本面的话，因为基本面因素，如前所说，①作用慢。②周期大。③一些信息非对称因素，那么往往很难对盘面的反应有及时的处理。

二者结合的优点就是缺陷，即意味着可以更加全面地考虑各因素，也意味着干扰因素更多、市场杂音更大。

问题13：基本面的信息往往多而杂，很多交易员难以分辨基本面信息对于市场的影响是否有效，请问您是怎么分析这些基本面信息的？

彭俊英：不同的基本面信息对应的周期是不同的，有的信息就是对应可能影响一天，有的能持续数年。比如，某小仓库被烧，那可能就是一日游的行情。我比较喜欢用(4sin(aX))/(aπ)(其中a=1357)函数图来说明各不同因素是如何影响价格的。

分析各因素的影响，首先就过滤一些小周期的基本面因素的杂音，只关注自己所做周期的基本面因素的信息。

问题14：您主要做中长线，一般持仓一至数月，请问您在什么情况会持仓一个月？在什么情况下又会持仓数月？您主要是根据什么来设置持仓周期的？

彭俊英：这个不好说，**持仓时间是要根据行情的实际走势而定的。说得通俗点儿就是不管盈亏硬撑到被市场赶走的那一刻。**这涉及走势和行情的关系，前面的问题有说到，走势是行情的结果而不是原因，我一旦开仓了只要它没有达到我的止损线，那我就拿着，等在那边，等到它行情启动，或者说如果中途有的品种行情启动了，那我就切换，把这个仓位平了。就是说我持有这个品种，它既没有打到我的止损线，又没达到我的止盈线那我就一直拿着，并没有说一定要去设置个周期，如果说我今天买了明天就打止损了，那我就走。

问题15：您说不管盈亏硬撑到被市场赶走的那一刻，这里说的是亏完的那一刻，还是说行情走完的那一刻？

彭俊英：随着行情的走势，我们的止盈线是不断地往上移的，就是说到了最后一刻这波趋势走完不管是什么状态，最后都是以止损或者止盈走掉的。就以我以前做的螺纹钢为例，根据基本面和技术分析，那一拨行情大概是到2500点左右，我到了2500点就走了，后来也是在2500点左右也盘整了几个月。

问题16：那比如说您判断到螺纹钢会到2500点，做多单，但行情走到2400点的时候就往下了，您又是怎么应对的？

彭俊英：这个经常有，就像我后面说的**以基本面开仓，以技术面止损，如果技术面和基本面发生冲突了，那就是有问题的，肯定是我忽略了市场某种信息了，那为了生存我只能离开，**不走的话可能会完全超出你的预期，所以还是赶紧止损为宜。

问题17：您以中长线为主，但您偶尔会做日内，请问在什么情况下您会考虑做日内交易？

彭俊英：如果日内波动在预期中会很大，那么做日内趋势也会有不小的盈利区间。但自从决定做趋势交易之后，我越来越不会做日内了，2012年我还能做到在一波下跌中逆势做多，略有微幅盈利，这可能是因为二者的开平仓逻辑基本是相反的。日内其实基本就是做震荡行情，因为日内的趋势性往往不强，绝大多数情况都是在震荡。

问题18：您选择品种合约是选择远月流动性足够的合约，为什么您会这样选择？您在品种的选择上主要会考虑哪些因素？

彭俊英：(1)流动性充足的话，不用担心进得去出不来。

(2)流动性越强，越难被个别大资金的意志影响。

(3)远月的话一般大周期的基本面因素，在价格决定因素的权重比较大。

(4)品种我觉得无所谓，只要符合基本面矛盾较突出、流动性强、远月，就可以，当然各品种有各品种的特性，这就要再根据情况深入学习，各个品种的一些注意点，虚心向各品种的一些高手学习。

问题19：近期股指期货由于受到交易所的限制，其流动性大幅下降，就您看来，股指期货还有没有参与价值？您觉得投资者应该怎样调整策略继续参与股指期货的交易？

彭俊英：股指期货说到底，还是目前我国境内主要的合法风险对冲工具，当然具有参与价值，但对于最近的一些举动，不予置评，我觉得我国期货市场的风控制度已经相对成熟。因为我主要做的是商品，只是偶尔做几单股指期货，所以，提供不了太多有益的指导。

问题20：如果很多投资者也考虑参与外盘交易，您会不会考虑做外盘？您觉得A50是否适合做股指期货的替代品？

彭俊英：有这方面的考虑。但没做过A50，不是很清楚。

问题21：您是如何设置您的仓位大小的？您的仓位是固定的，还是随着市场的变化而变化的？

彭俊英：仓位不太一定，有时候做单品种有时候做多品种。**做多品种的时候趋势性越强的配置越大，做单品种的时候就浮盈加仓。**

问题22：您的账户最大回撤是多少？最小回撤又是多少？您是如何控制您的回撤的？

彭俊英：单次回撤吗？一般控制在30%以内，印象中最多应该不超过40%。

最小几乎就不回撤吧，最小回撤几乎没啥意义，运气罢了。目前越来越倾向于，**随着浮盈增加机械地控制浮盈回撤百分比。**

问题23：您是学计算机出身，对程序也有一定了解，而您目前交易是主观手动交易，为什么您会选择主观手动交易？未来您有没有考虑做程序化交易？

彭俊英：我对程序化交易涉及不深，我所学的仅对我在交易编程方面有所裨益，比如在2012年中那几个月，比较专注于自编指标，然后大量回测数据。有考虑再多了解一下程序化交易。

问题24：您曾经做过股票，股市之前迎来了一波大牛市，一直涨到5000多点后又迎来一波大跌，很多股民都在这波行情受到了重创，请问您有没有参与这波的股市行情？盈亏如何？

彭俊英：没有直接做股票。当时就是在做商品了，只是中间做了几次股指期货多单，挣了点零花钱。

问题25：近期，为了稳定股市，各种救市政策相应而出，就您看来，这些政策对于股票市场的走势是否有效？未来股票市场的走势如何？

彭俊英：这个问题很难回答。因为严谨来说，要说AB两个事件之间的关联程度、是否有因果关系是很难的一件事。简单看一下的话，说难听点儿，那么多跌幅60%～70%的股票，谈论救市是否有效似乎没啥意义，重庆啤酒、苍九生化没救市的跌幅也才多少？所以，救市政策是否有效？至少我似乎没看出救市对于市场来说具有啥统计意义上的影响？

预测就是作死，我不做预测，但是可以简单说一下，相对于中国经济，股市现货价大概在3000～3200点，这一点国庆时我也跟一些炒股的同学说过，3000点，**散户可以考虑用闲钱做一些定投的被动投资策略，会输时间但很难输钱。**不过，要是传说20年的“中国崩溃”真的实现了，那就不好说了，不过真到了那时候，就我们散户投在股市中的那点儿钱还重要吗？

问题26：您当时报名参加了蓝海密剑的比赛，请问您当时是出于什么考虑报名参加了比赛？现在市场中，这样的比赛很多，很多交易员也对这样的比赛趋之若鹜，就您看来这样的比赛对于交易员的成长有没有帮助？这样的比赛有没有存在弊端？

彭俊英：为了找寻自己在交易者中的定位，通过比较其他交易者的状态，确定自己到底是处于一种怎样的水平。

我是觉得这样的比赛对我的提升是有所帮助的，我会通过观察其他选手的净值曲线找寻一些自身存在的缺陷，研究一些选手的历史，为自己将来可能犯的错误做一些准备。

因为比赛的评价标准，可能会给选手造成一些误导；但这又不可避免的，因为是比赛总要有个客观评比依据的。

问题 27：您参赛的账户在前 5 个月一直处于盘整状态，从去年 9 月份开始，才开始慢慢爬升，是什么原因导致您出现这么长时间的盘整？后来您的账户出现了一波快速的拉升，又是因为做到了哪一个的哪几波行情？

彭俊英：那时候在做空白银，那段时间白银有不小的反弹，后来止损出场。之后的快速拉升的净值曲线，主要是因为空白糖 5200～4600 点、螺纹钢 3050～2500 点、甲醇 2700～2000 点、PP9600～7600 点。

问题 28：在最新一届的蓝海密剑比赛中，您的资金曲线并不像去年那么稳步趋升，而是震荡比较多，请问这是为什么？

彭俊英：(1)年初没控制好在 LL 上的浮盈的回撤。

(2)客观因素方面，今年从年初开始因为一些事情，我就基本白天没看盘。几乎持续到现在。所以，其实今年市场发生什么不太知道。离市场太远。

(3)我所做的那些品种，今年大多过山车行情，比如黄金三天就把两月的跌幅抹去，而作为中长线的交易者，在这样的行情中略显迟钝，所以，我的净值曲线就从 4 月一直震荡向上，但对于回撤控制还行吧，不会再亏及本金。今年净值截至目前只有 2 点多，惭愧。但我今年年初就发微博，今年首要目标就是保本，这一点目前还是做到了。

问题 29：您做期货仅仅 1 年的时间就取得了蓝海密剑第六届年度净值总排名第四的荣誉，而您的对手基本都是从事交易很多年，在这个市场中不断磨炼过的期货老手，您觉得您能取得这个荣誉的主要因素有哪些？您觉得从这个比赛中您收获到了哪些东西？哪些方面是您欠缺的，后续还需要提升的？

彭俊英：(1)运气好。这不是谦虚，如果恰好是在我大幅回撤的那几天比赛截止，那我也不能获奖。我们也有许多选手在比赛过程中净值做到10点多的，但到截止日净值回落到2～3点的。所以，不得不承认，运气，是很重要的一个因素。

(2)能够坚持趋势交易，又恰好迎来一大波的做空机遇，我在决定进入期货市场时候卖了两个月的银，煎熬了两个月止损出局，而后迎来转机，似乎也只能说是运气好吧？

(3)我自己**在做趋势交易上，能够较好地做到知行合一**，比如不会出现“一阳改三观”这样的事。这是我个人能力的因素。

在比赛中，能更深刻地认识能力与成绩的矛盾统一。说得不好听点儿，交易者和行情的关系，不是谁谁谁多牛把某某某品种怎样了，而是某种行情来了，某类交易者就能脱颖而出，就像进化论里的自然选择，当然，人也具有一定的能动性。而**我不过就是头风口上的猪，猪就做好猪该做的事，其他的与我无关。**

个人的缺陷很多，相对于前辈，对于市场的经验不如他们，比如，如果我在比赛结束前些天，能像另外一名选手学习，那我的最终名次似乎可以再高点，这点我不如他。相对于，学经济学、金融学、数学专业出身的人，我的专业知识不如他们，毕竟我是学计算机出身，目前所掌握的经济、金融方面的知识还是过于碎片化，还需要再进行深入的学习。相对于有过现货从业经验的，那在某个细分商品领域里的专业知识，那我还是需要不断学习的！所以，革命还未成功，同志还需努力。

问题30：期货交易不是人人都能做的，请问您当初进入这个市场的时候是不是马上就能适应这个市场的？如果不是，您当时是怎样调整自己从而适应这个市场的？

彭俊英：当然不是。我是2011年底决定以交易为生的，做好了交学费两年的准备，即便如此还是有在深夜独自舔伤口、无法入眠的时刻。但是，当时，仔细想想自己是否有进步，如果纵向对比的确是有进步，那说明我还是有继续走下去的可能，就这样坚持一步步走过来了。简单来说，就是**不断反**

省缺陷进行修正与自我激励做得好的方面，多想如何解决现在面对的问题，而不是想别的。

问题 31： 您从事期货交易一年时间就决定专职做交易，为什么您决定专职从事这个行业？您个人在期货这个行业的规划是怎样的？

彭俊英： 不是，是已经专职做交易三年了，两年股票练手期，一年期货。规划就是为将来××企业帝国打下地基，我注册了家时务国际资产管理有限公司的空壳公司，这就是我规划的中长期目标（借机说一下，福州时务投资有限公司，与我没有一毛钱关系，如果有人用这名义干嘛的话，与我无关）。

问题 32： 请问，这个市场有没有您比较崇拜的偶像级交易者？如果有，请问他吸引您的地方在哪里？

彭俊英： 优秀的交易者我都蛮佩服的，因为这两年主要读的书都在于解决如何做交易这一块，因此，对于人物传记不甚了解。目前印象最好的是巴菲特吧。

首先我们要形成用大数据的方式来思考问题，**这个行业是一个少数人有收益，平均收益为负的行业，在这个行业里如果挣扎了多年未果，离开也是一个不错的选择，** 这只是一个可选项，任何一个行业如果机会来了，前景都是很好的，没必要一条路走到黑。

雷百亮：承认大多数时候我们看不懂市场

（2015年11月23日　陈智超访谈整理）

雷百亮

陕西西安人，性格开朗脾气直爽，1993年开始做股票，2003年进入期货市场，2007年6月认沽权证操作整体资金平均6倍左右利润。目前专职做股票和期货，程序化全自动交易和人工手动交易各自独立交易，曾荣获第六届蓝海密剑中国对冲基金经理公开赛晋衔奖和CCTV证券资讯2012年度期货投资优胜奖。

访谈精彩语录：

期货交易，投资者必须截断损失，必须认赔出局，而不能像股票的操作那样等解套，摊低成本，短线变长线，甚至做股东。

所谓成也杠杆，败也杠杆。

期权是我的最爱，因为操作它，我的理解是很多时候损失是有限的（事前确定可以承受全部损失的权利金）而利润是无限的（本金的N倍）。

顺其自然，不攀比，不羡慕别人的短期收益。永远不要有怕踏空的思想。

不要为市场将怎样变化而担心，因为我们无法控制市场走向，要考虑的是如果市场将发生或处于哪种情况，该采取怎样的对策。

要冷静观察，少操作，必须承认市场在大多数时候我们是看不懂的，所以经常需要学会休息。

（妖股现象是）弱势之下的热钱操纵行为、击鼓传花的博傻行为、短线高手的抢钱机会，中国股市历史上每年都会出现这样的股票。

未来比较看好健康中国板块的医疗器械、医药、工业4.0、新能源、环保板块，另外保险股也应特别重视。

关于期货我现在对朋友或助手讲得最多的就是戒过频、过量、逆势交易。

只要交易所开着，市场每天都存在着大大小小各种机会，做交易必须建立好适合自己的筛子，来筛去一些看不懂的行情。

我发现一个规律：我的月结算单成绩特别好的月份一定手续费特别少，这充分说明了少是多，慢是快。

感觉时常徘徊纠结在贪与不贪，究竟是逆势还是不逆势等等的矛盾中。

再精明老练的交易员都可能行情预测经常出错，但是却可以用严格的规则制度让亏损限于小额，让利润必须奔跑。

遵守纪律真得很难，人在盘中，身不由己。

这么多年我一直坚持每天晚上做第二天交易计划的习惯。

涨势中压力不是压力，跌势中支撑不是支撑，涨势中逢利空买进，跌势中逢利好沽空。

永远记住要和趋势做朋友。

我一般只做最强或最弱的品种或合约中最凌厉部分的走势，严格止损，尽量少地去做止盈处理。

程序往往可以做到有风使尽帆，而人工却经常会平仓过早。

只看K线组合，移动平均线，因为价格是最真实的，涨就是涨，跌就是跌，骗不了人。

市场一定会自己纠错，谁也无法阻挡，市场最终会不以任何人的意志为转移地按照原有内在的方向运行。

深入基本面研究才能找出高成长企业，潜力板块。增强持股的信心，一路骑好黑马。

问题 1：雷百亮先生您好，感谢您在百忙之中接受东航金融和七禾网的联合专访。在您做期货之前是一名销售员，后来是如何接触到期货？是什么因素促使您选择专职交易期货？

雷百亮：2001 年之后股市经过连续几年的下跌，没有好的投资机会。之前也读过很多关于期货方面的书籍，也很崇拜书里很多的期货传奇人物和故事，于是就自己去到期货公司开户了。

问题 2：您 1993 年开始炒股，在 2003 年进入期货市场，在股票和期货方面的时间已经很久，现在很多投资者认为期货和股票的不同在于股票无法做空，而期货既可以做多也可以做空，就您而言，您觉得股票市场和期货市场的本质区别在哪里？

雷百亮：是的，过去中国股市是几乎不可以做空。但是现在股市多空机会却很多，众所周知，目前股指期货，上证 50ETF 期权，还有未来的个股期权，都会给我们带来很丰富的投资机会。

我觉得期货和股票在投资角度上没有多大区别，区别只是期货是当日结算的无负债保证金交易，这就会对投资者的风险控制能力提出很高的要求。**投资者必须截断损失，必须认赔出局，而不能像股票操作那样等解套，摊低成本，短线变长线，甚至做股东。**期货对资金管理技巧也有很高的要求，这么多年做期货，我自己和身边很多朋友，曾经很多次行情分析判断得非常准确无误，可是最后不但到手的鸭子飞了，还赔了不应该赔的钱，究其原因，都是因为仓位太重，行情一个或多个，反复止损出局。**所谓成也杠杆，败也杠杆。**

问题 3：据了解，您在 2006 年、2007 年权证的操作占用很大的精力和仓位，并也获得了不错的收益表现，现在虽然没有权证，但是上交所推出了上证 50ETF 期权，您在期权方面有哪些打算和准备？此外，您觉得期权市场未来的发展如何?

雷百亮：由于上证50ETF期权推出后流动性和资金容纳性的原因，并且这几年股指期货的操作占用了很大的精力和仓位，所以到目前为止还没有操作它。但是就我个人而言，**期权是我的最爱，因为操作它，我的理解是很多时候损失是有限的(事前确定可以承受全部损失的权利金)而利润是无限的(本金的N倍)**。未来期权市场将要推出的商品期权，个股期权，股指期权。我也在认真地学习有关期权发面的知识。期待能再现2006年、2007年的辉煌！也期待中国的期权市场健康地壮大起来！

问题4：近期的股市一直处于震荡状态，虽然11月股市遭遇“开门黑”，但是大盘却一路攻破3500点和3600点，之后却一直在3500点上下宽幅震荡，您觉得近期股市不断震荡的因素有哪些?

雷百亮：首先，**3500点处在下有获利盘上有巨大套牢盘，双重抛压的尴尬位置**；其次，股灾之后市场参与各方的信心需要恢复；再者，徐翔被抓，市场中的热钱及很多私募会特别小心翼翼。最后，我个人认为，**此轮反弹非市场自身行为，而是在政府外因刺激之下的反弹**。

问题5：股市如此大起大落，作为一名投资者保持好的心态是非常重要的，请问您认为投资者要具有哪些好的心态，才能保证在震荡行情中不被市场所淘汰?

雷百亮：顺其自然，不攀比，不羡慕别人的短期收益。永远不要有怕踏空的思想。

问题6：股市在这样的震荡行情中，您认为应该采用怎样的投资策略?

雷百亮：不要为市场将怎样变化而担心，因为我们无法控制市场走向，要考虑的是如果市场将发生或处于哪种情况，该采取怎样的对策。更重要的是如果市场最不可能发生的情况出现了，自己应该如何应对，这种时候往往孕育着大机会或风险。在震荡市中追涨杀跌，特别是在趋势中后期，频繁操作失误，当趋势真正走出来的时候，心态全坏，信心彻底丧失，怀疑，胆小，最后失去机会。所以要**冷静观察，少操作，必须承认市场在大多数时候我们是看不懂的，所以经常需要学会休息。**

问题 7：自国庆以后，大盘一直处于震荡上行，其中出现了一些不受大盘影响，连续涨停的“妖股”，例如被称作“妖王”的特力 A 在 4 个月内涨 780%、兔宝宝 4 天就涨了近 60%等等，请问您是如何来看待这些“妖股”的？

雷百亮：**弱势之下的热钱操纵行为、击鼓传花的博傻行为、短线高手的抢钱机会，中国股市历史上每年都会出现这样的股票。**

问题 8：11 月 6 日，证监会决定重启 IPO，IPO 重启提上日程表明目前 A 股交易基本恢复常态，步入正轨，危机模式结束，您认为 IPO 的重启对市场会有哪些影响？

雷百亮：我认为 IPO 重启对市场不会产生太大的影响，就如同星星还是那个星星，月亮还是那个月亮，并没有实质上的变化。

问题 9：目前股市热点板块非常多，例如中英在核电领域达成合作关系促使核电板块大涨，生态文明写入“十三五”规划促使美丽中国板块走高，新能源汽车受利好政策影响相关概念股持续火爆等。就您而言，您比较看好哪些热点板块？如何来选择个股？

雷百亮：**未来比较看好健康中国板块的医疗器械、医药、工业 4.0、新能源、环保板块，另外保险股也应特别重视。**

问题 10：您现在专职做期货和股票，主要侧重于股票还是期货？为什么？

雷百亮：股票占大头，因为**股票的资金容纳量和流动性远远优于期货。**

问题 11：您曾经经历过两次破产，一次是股票，另一次是在期货上，请问当时在股票和期货上造成破产的原因分别是什么？从中您吸取了哪些经验教训？

雷百亮：第一次是 2001 年中科创业股票的超跌抢反弹（之前几年喜欢操作有庄被套股票的反弹），结果是和庄家一块破产了。第二次则是刚刚介入期货市场重仓，频繁、逆势交易，几个月下来就全军覆没了。这两次破产从很多方面对我的伤害都非常大，生活拮据，心理负担，**刻骨铭心的教训之后给自己定了很多纪律。**股票这么多年从来没有做过反弹（老股民一般都会输在半山腰的抢反弹中，今年多少人都是因为在利好抢反弹中损失惨重）。**关于期货我现在对朋友或助手讲得最多的就是戒过频、过量、逆势交易。**

问题12：您提到“如何避免过频操作？界定频与不频，少是多，慢是快”。请您具体阐述一下这句话的含义？

雷百亮：只要交易所开着，市场每天都存在着大大小小各种机会，做交易必须建立好适合自己的筛子，来筛去一些看不懂的行情，这个筛子孔很多时间都应该大一些，放弃不确定的机会。有些时候可能会懊恼失去赚钱的机会，但是这样我们可以规避很多风险。可以将精力专注在一些非常确定的机会重仓出击，甚至全垒打！丹尼士曾经说过他95%的利润来自5%的买卖。**我发现一个规律：我的月结算单成绩特别好的月份一定手续费特别少，这充分说明了少是多，慢是快。**

问题13：您对期货市场的理解是“期货是艺术不是科学”。请您谈谈如何来理解期货是艺术？

雷百亮：做了这么多年的期货又看过太多期货大师们的访谈，可能是自己的感觉，也可能是自己追求的一种境界。**感觉时常徘徊纠结在贪与不贪，究竟是逆势还是不逆势等等的矛盾中。**没有标尺，这个度应该怎么把握？有时感觉交易就像是弹奏音乐，是轻是重？也许我可能还需要很多年才能感悟出来。

问题14：您认为期货交易最重要的不是预测分析的是否正确，而是遵守纪律高于一切，那您在交易的时候是如何来遵守纪律的？

雷百亮：再精明老练的交易员都可能行情预测经常出错，但是却可以用严格的规则制度让亏损限于小额，让利润必须奔跑。用纪律约束人性的弱点。**遵守纪律真得很难，人在盘中，身不由己。**过去是每隔一段时间仔细复盘总结自己的交割单，然后反省记录下来并尽量完善交易计划。现在是团队里有专门的风控员，负责审查交易计划，全程监督交易员的执行过程。

问题15：您主要是以主观交易为主，而主观交易往往会受到情绪的影响，请问您是如何克服情绪化交易的？

雷百亮：这么多年我一直坚持每天晚上做第二天交易计划的习惯，基本上是用这些交易计划来克服在交易时的情绪化。

问题16：您没有固定的操作风格，然而却表示在期货市场中最想赚趋势波动的钱，请问您是如何理解趋势交易的？为什么最想赚趋势波动的钱？

雷百亮：趋势是最简单的走势，趋势不容易形成，一旦形成短期也不容易改变，**涨势中压力不是压力，跌势中支撑不是支撑，涨势中逢利空买进，跌势中逢利好沽空**，就像今年股指这轮跌势，每次利好开盘都是你最佳的放空机会，简简单单傻傻地赚钱，**永远记住要和趋势做朋友。**

问题17：您视行情及品种来定操作风格，有时日内多些，有时波段多些，那您做日内的时候会如何操作，做波段交易的时候又会如何操作？

雷百亮：日内操作必须提前很长时间研究好一个品种的波动性，每个品种不同的个性。结合分钟K线图，小周期浪型结构，**我一般只做最强或最弱的品种或合约中最凌厉部分的走势，严格止损，尽量少地做止盈处理。**波段操作一般是大周期的K线，日线或1小时K线上的操作。

问题18：您操作的时候是程序化全自动交易和人工手动交易各自独立交易，如果某些行情在人工交易与程序化交易中会发生冲突，此时您会严格按照程序化进行交易还是选择手动交易？为什么？

雷百亮：尽量不去干预程序。过去也曾经经常人工单加进程序，或者程序单做人工的止损止盈。结果最后总结经常是得不偿失，要么双重损失，要么错过行情进不去。**程序往往可以做到有风使尽帆，而人工却经常会平仓过早。**但是人工单却可以在确定的行情中下重手获取暴利，程序单则因为考虑回撤的原因不可能仓位太重。各有所长，各有短板。

问题19：日前，证监会发布《证券期货市场程序化交易管理办法(征求意见稿)》，此管理办法对您的程序化交易带来哪些方面的影响？

雷百亮：目前不好定论。最近的股指期货程序操作已经停止。不过**我的程序都不属于高频交易，属于趋势模型**，每天也就几笔交易，未来可能不会有影响。

问题20：您拥有多年的交易经历，目前也形成了几套属于自己的交易系统，但是交易系统里的策略需要不断完善或者更新换代，请问您一般多长时间会去调整策略？

雷百亮：一般来说经过3个月到半年会调整一次。

问题21：您在品种选择上并没有特别品种喜好，而是发现机会就做，您是如何来看待机会的？

雷百亮：必须是赔率很高的买卖机会，也许是不被大部分人认同的机会反而是不错的机会。

问题22：您通过技术面发现有交易机会的品种及介入点，请问一般您会看哪些技术指标？

雷百亮：刚开始做股票的时候什么技术指标都看，甚至还曾经画图，什么KDJ、RSI、MACD、威廉指标都看，慢慢地这些都不看了，最后只看K线组合，移动平均线，因为价格是最真实的，涨就是涨，跌就是跌，骗不了人。另外波浪理论可以观察当前品种处于什么阶段。

问题23：大部分技术投资者都很看重技术面的研究，而对基本面并不重视，而您还会去究基本面提供交易的依据及持仓的信心，您如何来看待基本面研究？

雷百亮：商品最终决定价格的还是供和需，市场可能会因为人的因素(多头逼仓或人为操控，等等)暂时扭曲，但市场一定会自己纠错，谁也无法阻挡，市场最终会不以任何人的意志为转移，按照原有内在的方向运行。这就要求你必须从基本面里找出它的内在条件是什么？股票投资，牛市里无法用技术面找出好票，因为牛市所有股票技术图形都是多头排列，图形都很完美。这就要求必须深入的基本面研究才能找出高成长企业，潜力板块。增强持股的信心，一路骑好黑马。

问题24：您为什么会选择参加蓝海密剑大赛？您觉得最大的收获和感悟有哪些？

雷百亮：蓝海密剑大赛中的选手很多，而且高手如云，我参加比赛也是为了可以更好地学习，了解自己与对手的差距，同时也可以激励自己，让自己更加努力。

问题25：您在2012—2014年参加蓝海密剑大赛的净值曲线都是比较平稳的，而在2015年新一届的蓝海密剑大赛中账户的表现突飞猛进，请问是哪些原因造成的？

雷百亮：2015年主要是操作股指期货，正好2015年的股市比较火爆，行情比较配合，所以净值曲线上升得比较快。

问题26：您2015年度的参赛净值曲线在6月上旬的时候波动非常大，而且还出现了较大回撤，6月底才开始上升逐渐恢复稳定，当时是什么因素导致如此大的回撤？您如何来控制以及避免回撤？

雷百亮：上证上5000点之后我就将所有股票基本上清仓，然后在6月9日开始期指试探做空，虽然距离大跌只提前了5天，但是因为止损设得有些过大，仓位比较重，行情上下波动频繁止损。这次大的回撤教训比较深刻，一度差点影响了做空的信心。就像杰西•利弗莫尔所说，任何时候都不要在市场本身没有发出进场或出场信号的时候开始交易，千万不要领先市场而动，只有市场确认了你的判断才能行动，扳机不能扣动得太早！从这件事情也反映了我多年操作的一个坏习惯，总是下手太早。2003年的306橡胶在接近16000点的几次重仓空单损失惨重，信心打击全无，几天后橡胶连续跌停板到11500左右，自己却一手没有。

问题27：据了解，您在仓位上是轻仓、重仓都会涉及，请问您是怎样来分配仓位的？

雷百亮：目前我们团队的纪律是单一商品一般不超过5%仓位，特别看好的最大仓位不超过20%。

问题28：您提到刚刚成立并发行了基金产品，请您简单介绍一下产品的主要配置以及交易策略等情况？

雷百亮：刚刚发行成立的《康宝亮1号证券投资基金》期货资金分配是0～30%，股票资金分配是0～100%。人工操作和程序化操作同时运行。

王卿：我的模型不会让我错过属于我的行情

（2015 年 11 月 29 日　韩奕舒、叶晓丹访谈整理）

王卿

湖北武汉人，95 后，从事期货行业两年时间，在七禾网程序化排行榜展示的账户“王卿：做期货的 95 后”，2014 年 6 月初至 2015 年 8 月底，14 个月的时间盈利近 867.07%。获得了东航期货第六届蓝海密剑对冲基金经理公开赛的晋衔奖，位列少校。

访谈精彩语录：

我觉得关于游戏规则，这方面看书了解一下，至于交易方法还是要自己摸索，寻找能够稳定盈利的交易规律。

只要能坚守自己能稳定盈利的模型，第一个 100 万是指日可待的。

我认为 90 后盘手的优势在于年轻，而且思维没有被固定，勇于创新，可以很快适应市场的变化。不足则是，因为年轻，经验会有些许欠缺。

在市场中能赚到钱的好方法很多，但是我认为每个人还是需要找到最适合自己的一套方法。

我觉得既然已经确定好了固定的交易模式就去完美地执行它，来了信号就开仓，既然来了信号就不要错过它，对自己的模型有信心；没有信号也不用着急，没有必要在毫无机会的时候找机会进仓。

我的模型抓住了行情，行情属于我的模型，那我是不会错过这样的机会的。

对于空仓观望我倒没什么压力，我相信我的模型不会让我错过属于我的行情。

因为在一个板块，大多数时候走势都差不多，风险也一样，还不如好好做TA。

对于小资金而言，单品种投资能够更好地把握行情的节奏，不会分散资金和精力。

因为只有符合我的模式以及策略的行情，才让我产生盈利，让我模式“失灵”的行情才让我发生亏损。

这个市场就是水，而交易者则是船，我们只用顺势就行，并不是行情跟着我的预判来，而是我的模式跟着行情走。

我认为回撤并不可怕，不知道是什么原因造成的回撤才可怕。

无知、乱做、重仓，没有一个清晰的交易方式，这才是高风险。

控制风险并不是像有些人说的“只用控制仓位就OK”那么简单，必须要有一个“交易胜率”和“平仓盈亏比”较高的交易模型。

我认为客观交易是基于“这个市场无论它怎么无序地变化其实都有它内在的规律”，根据这个理念来设定的交易体系。

我不看基本面的消息，一般落到交易者手上的消息大部分都已经是几周甚至一个月之前的，而且还是难辨其中的真假，然而所有真实的消息变化最终都会演变成价格诚实地展现在K线图上，简单直观最为方便。

程序化交易模型的确没有说是一成不变的，但它也不是可以随意改变的。

能稳定盈利的关键因素是，我只做属于我的行情，并且贯彻始终。

在市场中任何一位交易者都有适合他的一段行情，使用的交易方法都是基于概率，都有他的局限性，根本就不存在能够永远抓住行情的交易模式。

成功的交易实际上就是完美的交易系统同良好的个人品格的结合。

我觉得学习最好的方法是实盘交易，这样你会有更深切的理解和收获，这是做模拟感觉不到的。

这个市场永远是少数人赚钱，大多数人亏钱，这才是这个市场健康发展的根基。

我觉得初入这个市场的交易者，最好的方式是找一位在全国实盘大赛中能连续几年稳定盈利的高手拜师学习，这样可以少走弯路，更快迈入正确的门。

现在参加了蓝海密剑为期 10 年的实盘大赛，目标为参赛 10 年，年年盈利。

问题 1：王卿您好，感谢您在百忙之中接受东航金融和七禾网的联合专访。您高中毕业就直接进入期货这个行业，您当时是如何接触到期货的？彼时的期货对您来说是什么样的？

王卿：也是因为一次机缘巧合接触到期货这个行业。我有个同学的家长是期货公司的经纪人，有一次在向别的家长介绍这个行业时我也在场，于是自己就去了解了期货，也就对这个行业有了最初的了解。最开始对期货的了解和大多数人认为的一样有较大的风险，可是也有很大的机会，1∶10 的杠杆式交易，也意味着你用同样的资金，做期货资金的利用率会更高。

问题 2：您刚接触期货交易的时候，是通过看书、找老师学习，还是自己摸索，或者是其他的方式学习做交易的？就您看来，哪种方式更适合新进入这个行业的投资者？

王卿：看书加上自己的摸索。**我觉得关于游戏规则，这方面看书了解一下，至于交易方法还是要自己摸索，寻找能够稳定盈利的交易规律。**毕竟谁也不会真的把自己赚钱的秘诀，通过几十块钱的一本书或者几个小时的一堂课传授出来，只能说作为参考。当然，全靠自己摸索的过程中其实也会遇到不少困难，比如说我并不是很擅长编程。有时为了改变一点点程序里的内容，就会在电脑前一坐就是几个小时，所以目前交易还是以手动化交易为主。

问题3：在资本市场，第一个100万通常会被认为是最难赚的，我们了解到您在今年实现了自己在市场上的第一个100万，您有什么样的感悟？

王卿：首先，觉得自己的努力有了回报，也向家人证明了自己选择这条路是可以的，让家人安心；其次，对自己的程序化交易的模型也更有把握，对于自己今后的道路也充满着信心。**只要能坚守自己能稳定盈利的模型，第一个100万是指日可待的**，当然，资金超过100万后更要注重风险意识管理，要克服一些浮躁轻狂的心态。

问题4：就如您的昵称一样，作为95后的女生，未满20岁就进入了高风险的期货市场，您的家人及朋友对此持什么态度？有反对过吗？

王卿：我朋友是觉得很新鲜，**大家都在忙着高考，而我却在谋划着创业**。家人最开始肯定是反对的，他们也没有接触过期货，对这个行业很陌生，可是我想试一试。经过那段时间反复地统计、论证，向他们证明自己的选择是可行的，希望获得他们的支持与理解。最后，我父母在看了我向他们展示的模型和数据后最终同意了，并且给了我开始的10万本金。看到我目前的状况，他们也放心了许多，觉得女儿选择这条路是可以的。所以也非常感谢父母的支持。

问题5：目前市场上90后的盘手开始慢慢崭露头角，但仍非常稀少，就您的体验来说，90后做交易的优势在哪里？不足又在哪里？

王卿：我周围的同学都还在大学校园里学习，我没接触过90后盘手。但**是我认为90后盘手的优势在于年轻，而且思维没有被固定，勇于创新，可以很快适应市场的变化。不足则是，因为年轻，经验会有些许欠缺。**

问题6：成熟的交易者都会有属于自己的风格，您觉得您现阶段是否有形成交易风格？您理想中的属于自己的风格是什么？

王卿：现阶段大致已经形成了我自己的风格，有信号就进场，没信号就可以休息。在最开始，我理想中是做日内交易，每天赚一定数目的钱就退场，第二天再战。所以我观察过一些日内高手操作的手法，也非常认可他们，然而渐渐地我发现这种交易风格并不适合我，我更适合做趋势化的中长线单子，所以日内的一些方法就被我舍弃了。**在市场中能赚到钱的好方法很多，但是我认为每个人还是需要找到最适合自己的一套方法。**

问题7：很多交易者都表示只想赚市场中自己能够赚的钱，您也不例外，但是什么样的钱才是自己能够赚的？怎么样去赚这些钱？

王卿：我觉得既然已经确定好了固定的交易模式就去完美地执行它，来了信号就开仓，既然来了信号就不要错过它，对自己的模型有信心；没有信号也不用着急，没有必要在毫无机会的时候找机会进仓。

问题8：从您的资金曲线图中可看到您在2014年8月底至2014年11月初通过把握PTA几个月的下跌趋势行情实现盈利翻番，而今年以来的4月、7月、8月您三次资金大幅增长都是在几日内实现的。您为什么会从以中长线为主转变为短线交易为主？这两种盈利方式你觉得各自利弊在哪里？如何能将短线和中长线更好的结合？

王卿：其实我的交易风格没有改变，快速盈利是因为出现了单边行情。无论是2014年8月、11月，还是今年的几次盈利，都是由于行情配合，所以才实现了资金增长。**我的模型抓住了行情，行情属于我的模型，那我是不会错过这样的机会的。**

至于中长线和短线，我的理解是，中长线是持有隔夜仓的，短线是不留仓的，但他们各有优势和短板，中长线适合大资金运作，交易者比较轻松，开仓平仓有选择的余地，缺点是风控掌握不好，会由赢变亏收场；短线优势，只赚取所做商品当天波动的差价，当天结算，无后顾之忧，缺点不适合大资金运作，不能复利开仓。目前也没有考虑短线和中长线结合的组合，主要把重心放在多品种组合的研究上。

问题9：从资金曲线图看您的“蛰伏期”比较长，如在2014年11月至2015年3月您都是处于空仓观望状态，这是基于什么原因观望？您如今也是专职做期货，那在长时间的空仓期您会做些什么？如果经常性的出现上述的行情，会不会对交易心态产生一定影响？

王卿：我只做属于我的行情，没有信号肯定就只有休息。没有交易做，就好好地享受生活，陪父母出去玩，和朋友逛逛街，或者宅在家里看看动漫、追追新播电视剧什么的。**对于空仓观望我倒没什么压力，我相信我的模型不会让我错过属于我的行情。**

问题10：从您的持仓可以看出，您主要通过操作PTA盈利。您是为什么会在几十个品种中选择PTA？您选择其他品种时会有什么依据？

王卿：**PAT成交量大，品种非常活跃，它的趋势性也很强，也有较长的交易历史，属于一个比较成熟的品种。**目前也在考虑其他板块的品种，像铁矿石、甲醇这些品种近期成交量也比较大，所以也开始研究了。因为我是做趋势跟踪的，所以选择的品种趋势性势必要比较强，如果很长时间都处于盘整中，那肯定不符合我的模型，我就会舍弃这样的品种。

问题11：做单一品种比较明显的缺陷是会出现该品种一段时间都没有行情，再优秀的策略都可能"失灵"，那在PTA没行情的时候，您会考虑同为能化类商品的PP、PVC吗？

王卿：不会。同为化工类产品选一两个就够了，**因为在一个板块，大多数时候走势都差不多，风险也一样，还不如好好做TA。如果再加品种我会在另一个板块再选，分担风险。**

问题12：很多人会为了追求稳定选择多品种组合，不把鸡蛋都放在同一个篮子里，您的交易过程中主要是通过PTA盈利，您觉得主攻单一品种的优势在哪里？不足又在哪里？

王卿：不把鸡蛋放在一个篮子里客观上来讲是很正确，**但对于小资金而言，单品种投资能够更好地把握行情的节奏，不会分散资金和精力**；但是在单品种盘整时，其他品种却出现单边行情，这就使我无法享受多品种带来的盈利，并且资金利用率也不高，大部分时间都空着，有点浪费。

问题13：原油是产业链条的源头，按照成本推动因素，原油价格的涨跌会逐步传导至PTA价格上，进而形成PTA价格与原油价格发生"正向变动关系"，所以很多人在做PTA时都会关注原油行情，您会参考原油走势吗？

王卿：是的。原油的确对化工商品有着"正向变动"的关系，但在我的交易中，产生的盈利与亏损和原油无任何直接关系。**因为只有符合我的模**

式以及策略的行情，才让我产生盈利，让我模式"失灵"的行情才让我发生亏损。

问题14：今年7月以来PTA就陷入了震荡整理格局，但期间盘中价格也会跌破2008年低点至4214点，您对PTA后续的走势有何看法？可能会出现什么机会？

王卿：我从来不会预判行情。**这个市场就是水，而交易者则是船，我们只用顺势就行，并不是行情跟着我的预判来，而是我的模式跟着行情走。**

问题15：您在交易过程中是如何进行仓位配置的？会在您认为合适的时机进行加减仓来优化仓位配置吗？从您的资金曲线图中看，您的净值始终大于1，您在初期建立安全垫时仓位会相对比较轻吗？

王卿：我一般都会保持在50%仓位以内。我的模型有很好的设置仓位，交易初期净值在1或者1以下，仓位都会相对较轻，等到资金安全垫做出来了就可以恢复到正常仓位。

问题16：通常在资金创新高后会有一定的回撤，在您最大回撤达到28%时您会有较大的压力吗？您是如何克服以及调整为下一次的机会做准备？您心理预期的最大回撤是多少？

王卿：在交易中权益回撤肯定会有些压力，但一定要冷静地分析，这个回撤是什么原因造成的，是模式失灵而引发正常的回撤，还是因为盲目冲动无风控意识乱开仓造成的，所以，**我认为回撤并不可怕，不知道是什么原因造成的回撤才可怕。**我心里预期的最大的回撤是30%，当回撤达到30%附近肯定要停止交易，肯定出问题了，必须要总结问题所在，千万不能不服输的心理来继续交易。

问题17：您对期货的认识里包括高风险高收益这一点，您是怎么看交易中的高风险，以及如何控制风险？

王卿：无知、乱做、重仓，没有一个清晰的交易方式，这才是高风险。控制风险并不是像有些人说的"只用控制仓位就OK"那么简单，必须要有一个"交易胜率"和"平仓盈亏比"较高的交易模型，否则再小的仓位也会让资金逐步亏完。

问题18：市场上很多交易者都是采用主观或是主观与客观结合的交易方式，而您是完全采用客观交易，您认为这种交易方式的优势在哪里？您是怎么看待基本面的消息？

王卿：**我认为客观交易是基于“这个市场无论它怎么无序的变化其实都有它内在的规律”，根据这个理念来设定的交易体系**，主要有开仓、平仓、加仓、减仓、止损、止盈、资金管理、进场时机、交易纪律这几大要素所组成的交易模式，这样就避免了交易者受盘面或消息面影响、主观判断、情绪化、冲动进行交易，而造成不必要的亏损。但并不是主观交易不好，我认为成功的主观交易者必须具备大量的理论知识，非比寻常的盘感，以及多年的实战经验。显然我这个95后的新手是不具备的，所以我选择了客观交易。

我不看基本面的消息，一般落到交易者手上的消息大部分都已经是几周甚至一个月之前的，而且还是难辨其中的真假，然而所有真实的消息变化最终都会演变成价格诚实地展现在K线图上，简单直观最为方便。

问题19：您有两三套完善的程序化交易模式，但是有人说没有永久有效的模型，任何模型都会有失效的时候，对此您怎么看？您会经常对您的模型进行调整吗？目前是否有继续筹备新的程序化策略？

王卿：我认同这个观点。**程序化交易模型的确没有说是一成不变的，但它也不是可以随意改变的。**不可能因为一次较大的回撤或者丢掉一次行情就把模式全盘推翻，然后就说这个模型失效了。模型可以一点一点地随着市场的变化做点优化。优化并非是口上一说，每一次修改都伴随着大量的统计和验证。关于筹备新品种的问题，目前已经挑了几个成交量比较大的品种，编制了一个多品种组合投资交易模型。针对我个人的情况，主要的调整还是在减少盈利回吐，保护好盈利上。

问题20：根据市场行情的走势，主要分为趋势行情和震荡行情，对于程序化交易而言，趋势行情中更能抓住大的利润，但是从您的资金曲线来看，震荡行情中一样能抓住机会。您认为您的模型能够持续稳定盈利的关键因素有哪些？主要是基于怎样的逻辑？

王卿：我的交易模型在震荡行情中就无法抓住机会赚到钱的。**能稳定盈**

利的关键因素是，**我只做属于我的行情，并且贯彻始终**。其实在市场中，我是这么认为的，**在市场中任何一位交易者都有适合他的一段行情，使用的交易方法都是基于概率，都有他的局限性，根本就不存在能够永远抓住行情的交易模式**。你操作的越多，不一定对的越多，在没有把握时休息是一种很明智的选择，能够经受的住开仓的诱惑也需要个人很强的定力。

问题 21：您认为一个程序化交易者所需要具备的基本素质有哪些？对于在编程上有一定困难的交易者要如何解决将方法转变成模型的问题？

王卿：**成功的交易实际上就是完美的交易系统同良好的个人品格的结合。**编程上有困难的交易者完全可以人工手动交易，但前提是要经得住诱惑，完全执行你自己的系统，不手动干预。人工和自动最大的区别就是对执行力的要求不同。我可以做到完全按照系统操作，可其实很多人都做不到这一点。他们的模型都能够盈利，只是他们不具备严格的纪律性，总是忍不住会去干预，导致最终没有出现模型该有的预期收益。

问题 22：您目前也是专职做交易，有人认为期货市场适合职业投资者，并且需要不断学习，您是怎么认为的？您是如何保持持续学习的状态，主要是通过哪些方式进行？

王卿：期货市场的确适合职业投资者，要想获得稳定盈利必须花大量的时间、精力去学习，去实战。**我觉得学习最好的方法是实盘交易，这样你会有更深切的理解和收获，这是做模拟感觉不到的。**毕竟模拟不是真金白银，有时出现开仓信号，但是你忘记了也不会有什么感觉。赚钱时不会有真实盈利的感受，亏钱时也不会考虑要去优化系统，所以并没有什么意义。

问题 23：您参加蓝海密剑的比赛并获得了不错的成绩，是什么原因让您参与这些大赛的？在大赛中您收获了什么？

王卿：主要是为了向前辈们学习才来参加了这个比赛，只有和高手在一起比赛，才能认识到自己的不足。当然也希望能到更大的舞台来展现一下自己。最大的收获还是能收起自己一些轻狂的心态，沉下心来做好自己该做的事，并且不断向行业中的前辈学习。

问题 24：在蓝海密剑实盘大赛上，您操作的账户"王卿：做期货的 95

后”从2015年1月至今净值达到1.6，最高已达到2.44，对于这样的成绩您是否满意？但是在今年的成绩与去年相较略有下滑，您认为这是什么原因造成的？您是否会因此进行一些调整？

王卿：作为一个95后的女孩子来说，我很满意今年的成绩。像今年前面几波下跌和上涨的行情我都有抓住。今年的成绩比去年略有下滑这个是正常的，因为我这个账户只做PTA这一个品种。今年10月份以来，PTA主力月合约一直处于盘整走势，使我的模型“失灵”，加上我做的是“复利”开仓方式，没有采取盈利出金方式，这就造成了我的净值从最高2.44回撤到1.6，是正常的一个回撤。明年我准备重新开一个账户开始做多品种组合来弥补单品种造成的回撤偏大的问题。

问题25：在蓝海密剑颁奖过程中，您与许多期货界的前辈们一同领奖，心情如何？这其中有让您比较欣赏的选手吗？在您学习期货的过程中有没有给您带来重大影响的前辈？

王卿：能和这个行业的高手同台，是比较开心的。在我学习期货的过程中我有特别关注过周伟大师。因为我和他一样都是做程序化的，他的一些理念我也比较认同。他能在这个行业稳定盈利这么多年是非常了不起的，也是我学习的榜样。在我学习的过程中对我有重大影响的是我的父母，从反对到支持，谢谢他们当时能理解我。

问题26：您在平时生活中除了交易还有什么兴趣爱好？您认为还有哪些其他爱好也会有助于培养良好的习惯和思维模式，会对交易有所帮助？

王卿：平时比较宅，有时间就去看看电影，健身，追动漫新播，放松一下。

问题27：对于一些跟您年龄相仿的交易者，或是初入这个市场的交易者，您有什么建议能够帮助他们更快的适应这个市场，找到盈利的方式？

王卿：对于一个初学者来说这个市场的确有很高的风险，有一个铁律是无法打破的，这个市场永远是少数人赚钱，大多数人亏钱，这才是这个市场健康发展的根基。我觉得初入这个市场的交易者，最好的方式是找一位在全国实盘大赛中能连续几年稳定盈利的高手拜师学习，这样可以少走弯路，更

快迈入正确的门。我想这个学费肯定比自学所消耗的资金成本小，虽然老师不一定会把自己固有的看家本领倾囊相授，但是他成功的投资理念交易方法以及策略，都会在无形中展现出来。这些能在你深入的摸索中带来很大的帮助，通过学习、实战、积累，形成自己的交易风格。但是到处找老师也不是特别合适，因为每个老师都有每个老师的方法，你每个都吸收反而容易让自己的交易变得混乱，所以**选择一个至少有三年以上实盘展示能够稳定盈利的老师学习不失为一个比较好的方法。**

问题28：您目前已经成立了自己的工作室，那么您接下来短期有什么规划？长期来看有什么目标吗？

王卿：目前踏踏实实做自己的事，坚守自己的原则。**现在参加了蓝海密剑为期10年的实盘大赛，目标为参赛10年，年年盈利。**

季凌宇：不求一鸣惊人，只求稳妥收益

（2015 年 12 月 3 日　唐正璐访谈整理）

季凌宇

30 岁，上海人，拥有 6 年的期货交易经验，基本上每年都稳步盈利。在第六届蓝海密剑实盘大赛上荣获晋衔奖和上将称号。已发行了多只基金产品，目前正在运行的产品“凌云 3 号”，7 个月时间累积盈利 1200 多万。

“凌云 3 号”净值曲线图

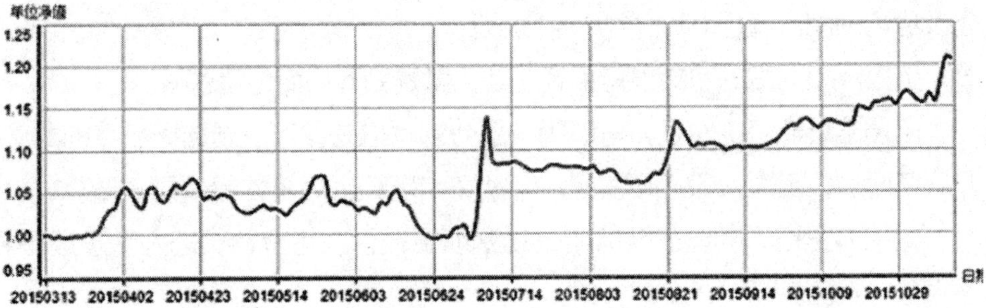

访谈精彩语录：

我属于风险厌恶型的风格，所以仓位始终没有超过 30%，同时做到严格止损。

我每年都不断修正自己的交易系统，没有急于求成和追求暴利的想法，所以每年就比较稳定，基本上目前基金类的年化都在 30%～50%左右。

每个人的经历不同，成熟的定义对于每个人也是不同的。经历过大亏大赚固然会让人成熟，但是没经历过也不一定就代表不成熟。

我是风险厌恶型的风格，所以我每年不会有一鸣惊人的业绩，我所追求的是每年稳稳妥妥的收益率。

基本面就像指南针，方向对了，加上合理的技术支撑，这样就会事半功倍。

如果基本面看错，那大方向就错了，即使有再高的技术手段支持，也会是杯水车薪。

做技术不能过分迷信什么指标，因为世界上没有一招鲜吃遍天的指标，交易始终是人在做。

今年上半年，是股市牛市，就主要进行股指的操作，下半年牛市终结，商品进入熊市，就选择过剩产能和需要去库存的品种进行做空交易。

证券方面，在熊市我也基本保持着每年 30%左右的收益率，牛市的话有吃饭行情收益率会高一些。

在前段时间的“股灾”中，我几乎是在头部就清仓了所有股票，而且还建议身边的朋友清仓。

选股跟炒期货的方式也有相同之处，就是既看估值也看题材。

市场出现热点的时候，可以用一部分的仓位去参与，要选择热点的龙头。但切莫恋战，因为 A 股市场就是一个炒家市场，止损在 A 股特别重要。

如果大盘处于明显的跌势中，就必须要轻仓或者空仓，因为个股还是要看大盘的脸色。

香港市场理性，靠估值分析取胜。A 股市场比较年轻，所以震荡会比较剧烈，给出的估值会偏高很多。

A 股市场的投机氛围更加浓，而香港市场可以踏踏实实做一点价值投资。

香港市场比较成熟，更看重的是上市公司的业绩，如果用炒的思维去香港这个成熟市场，会比较容易踩到地雷。

对于股市的监管时时刻刻都不能放松，就是因为有太多的内幕交易，所以铸就了很多业绩神话，投资者也比较容易被这些神话迷惑。

股市是经济的晴雨表，目前整个宏观经济还是比较疲弱，在一个下行的周期内，产业机构调整，去库存去过剩产能的路途漫漫，所以大牛市的基础目前没有，还是一个偏震荡的行情。

股市的功能就是为企业输血，IPO 重启对股市长远来说肯定是好事，因为造血的功能在恢复。

对于风险厌恶型的交易者来说，本金的安全是第一位的。

国内的基金起伏比较大，碰到负责的优秀基金经理，就能获得比较高的投资回报，国内基金主要在于挑选的基金经理是否优秀。

我认为我们的核心竞争力就是稳定的业绩，不要有太大的起伏，每年做到给投资人回报，这样或许能成为市场中的一家老店。

问题 1：季凌宇先生您好，感谢您在百忙之中接受东航金融和七禾网的联合专访。您 24 岁时就开始做期货，请问当时您是这么接触到期货的？为什么会选择期货这个行业？

季凌宇：当时我刚毕业的时候，去了最早的华通铂银交易所，接触到了最早的黄金白银等贵金属的现货业务，所以也就无意中算半只脚踏入了期货行业。开始的时候是进行中远期的现货交易，其实有点儿类似于期货了。选择踏入这个行业，还是源于对金融类行业的兴趣吧。

问题 2：我们从您的资料中获悉在期货市场上您基本每年都稳步盈利，没有过大亏大赚的经历。请问，您是怎么实现进入期货市场第一年就盈利的？又如何保持每年稳步盈利？每年的年化收益大概是多少？

季凌宇：开始接触期货前，我很早就开始做股票了。当初做股票也有过亏光的惨痛经历，虽然那时候亏光的钱不多，但是对于我来说也是一个非常惨痛的教训。**我从大学一年级就开始摸索做股票了，**那是 2005 年前后的事情。后来就开始技术研究，学习了江恩理论。**后来 2008 年，参加第一届东方财富网举办的炒股比赛，进入了全国前十五名。**那时候就开始严格贯彻执行自己的盈利模式和风控模式。再到后来进入期货市场，也算是顺水推舟。进入期货行业的第一年，因为**我属于风险厌恶型的风格，所以仓位始终没有超过 30%，同时做到严格止损，**加上那年行情也比较配合，所以第一年就做到盈利了。以后**每年都不断修正自己的交易系统，没有急于求成和追求暴利的想法，所以每年就比较稳定，基本上目前基金类的年化都在 30%～50%左右。**

问题 3：七禾网专访过的不少操盘手表示，“只有经历大赚大亏才能真正走向成熟”，您如何看待这样的说法？您觉得您的整个交易体系是否成熟？

季凌宇：其实每个人的经历不同，**成熟的定义对于每个人也是不同的。经历过大亏大赚固然会让人成熟，但是没经历过也不一定就代表不成熟。**我觉得每个期货人的风格不同，交易模式也不同，有做技术分析的，有做基本面研究的，只要能稳定盈利，都是优秀的交易员。对于我来说，**我是风险厌恶型的风格，所以我每年不会有一鸣惊人的业绩，我所追求的是每年稳稳妥妥的收益率。**尽量回撤小，有机会的时候能抓住。经历了这几年的交易，我个人觉得自己的整个交易体系也还趋于成熟，瑕疵就是对于重大机会要敢于重仓这点还需要改进。

问题4：*在期货交易上，您主要以中长线为主，那一般一笔单子的持仓时间多长？在确定以中长线为主的交易方法之前，您有没有尝试过短线或其他交易方式？为什么最终会选择中长线的交易方式？*

季凌宇：基本要维持3～6个月，因为不同月份对应的品种基本面也是不同的。短线交易以前也尝试过，这个需要付出极大的精力，而且个人觉得随着年龄的增长，做短线的弊端也会出来。而对于中长线，只需要确定性和资金的管理，所以相对来说还是比较稳定一些。

问题5：*我们了解到您在交易上主要采用的是基本面分析为主，技术面分析为辅的模式，请问您为什么会采用这样的模式？*

季凌宇：原先我也是做纯技术的，但是技术这个东西主要是决定你买入和卖出的位置价格。而对于大方向的判断，还是要依赖于基本面，**基本面就像指南针，方向对了，加上合理的技术支撑，这样就会事半功倍。相反，如果基本面看错，那大方向就错了，即使有再高的技术手段支持，也会是杯水车薪。**这就是所谓的趋势力量。而且**要真的弄懂每个品种，基本面的学习是必不可少的。**

问题6：*基本面上您主要看哪些信息？一般是通过哪些渠道或方式获取这些信息的？*

季凌宇：基本面每个品种都不同，主要是现货价格，供需矛盾，政策导向等等。现在获取信息的途径比较多，网络很发达，这些价格信息基本都能查询到，同时也可以咨询一下行业内的一线从业者，等等。

问题7：在技术面上，您主要参考哪些指标、图形或量变？

季凌宇：没什么特别的指标，主要就参考一些均线的价格。图形的判断也是一种经验的累积，每个人看图形的判断也都不同，所以不能一概而论。**我觉得做技术不能过分迷信什么指标，因为世界上没有一招鲜吃遍天的指标，交易始终是人在做。**

问题8：您以基本面决定方向，技术面决定进出场点位，请问您是如何通过技术分析寻找进出场点位的？

季凌宇：这个问题回答起来比较复杂，因为每个人的技术不一样，所以也没有笼统的标准。主要还是看一些均线的价格，支撑或者压力。

问题9：期货交易上，您主要做哪些品种？一般同时操作多少个品种？又是如何选择操作品种的？

季凌宇：一般会选择基本面比较确定的品种进行交易。**比如今年上半年，是股市牛市，就主要进行股指的操作，下半年牛市终结，商品进入熊市，就选择过剩产能和需要去库存的品种进行做空交易。**一般同时操作三五个品种，多了也怕顾及不过来。

问题10：做期货交易之前，您是做贵金属贸易的，这样的工作经验，是否让您更擅长分析黄金白银品种？

季凌宇：是的。最早进入期货的时候，就是进行贵金属的期货交易。因为那时候接触现货多，所以知道交割等一整套流程。对于金银的供需相对也比较了解。现在贵金属跟国际接轨了，所以需要考虑的宏观层面因素也越来越多。

问题11：当主力合约靠近交割月时您会做一些相应的套利，有的人认为套利交易是低风险的，甚至是无风险的，您认为套利交易有没有风险？如果有，套利交易的风险体现在哪里？

季凌宇：套利属于低风险的交易，如果套错了，也会出现劈叉的情况。比如农产品，要清楚知道哪个合约是旺季，哪个合约是淡季。靠近交割月前，要知道合约价格对于现货价格的升贴水，也不是胡乱可以套的。跨品种的话更是如此，比如市场上做得比较多的棕榈油和豆油的套利，铁矿石和螺纹钢，这些就更需要对基本面很清楚，才能心里有底。

问题 12：您目前只是兼职做期货，主要以证券交易为主。请问，在股票交易上，您的盈亏情况如何？在前段时间的“股灾”中是否有受伤？

季凌宇：证券方面，在熊市我也基本保持着每年 30%左右的收益率，牛市的话有吃饭行情收益率会高一些。在前段时间的“股灾”中，我几乎是在头部就清仓了所有股票，而且还建议身边的朋友清仓。所以没有受伤，算是比较幸运。因为经历过过去 2008 年的大跌，所以风险警觉性特别高。

问题 13：您是如何选股的？当一只股票出现什么特征时您会重点关注和参与？

季凌宇：选股跟炒期货的方式也有相同之处，就是既看估值也看题材。比如我一直很看好中国平安，因为业绩好，是蓝筹所以我会一直持有。当然市场出现热点的时候，可以用一部分的仓位去参与，要选择热点的龙头。但切莫恋战，因为 A 股市场就是一个炒家市场，止损在 A 股特别重要。

问题 14：近期有不少专家表示要轻大盘，重个股，对此，您怎么看？您会选择哪些板块的个股？

季凌宇：专家的建议仅供参考，大盘还是要看的，大盘好比是晴雨表。如果大盘处于明显的跌势中，就必须要轻仓或者空仓，因为个股还是要看大盘的脸色。接下来 2016 年我还是比较看好大金融和大消费板块，比如中国平安，消费类可以关注格力电器和罗莱家纺，等等。

问题 15：您主要以国内 A 股和港股作为投资标的，请问您觉得两者有什么差异，在操作方法上是否有不同？哪个更容易赚钱？目前，您的资金主要放在 A 股上还是港股上？

季凌宇：差异还是比较大的。香港市场理性，靠估值分析取胜。A 股市场比较年轻，所以震荡会比较剧烈，给出的估值会偏高很多。两个市场赚钱都不容易，只是 A 股市场的投机氛围更加浓，而香港市场可以踏踏实实做一点价值投资。对于我个人来说，我还是会把资金放在 A 股市场多一些。

问题 16：随着沪港通和深港通的开放，有很多投资者想要参与到港股市场，对于这些投资者，在操作上您有什么建议？

季凌宇：香港市场比较成熟，更看重的是上市公司的业绩，如果用炒的思维去香港这个成熟市场的话比较容易踩到地雷。因为香港市场的沽空机制比较完善，也没有涨跌停板的限制保护，所以投资者还是谨慎为妙。

问题17：随着证监会副主席姚刚被调查、私募大佬徐翔被查等事件的爆出，是否预示着国家对股市的调整措施已□一个段落？那么您怎么看待股市后期的行情？您认为股市是否会重新走牛？

季凌宇：对于股市的监管时时刻刻都不能放松，就是因为有太多的内幕交易，所以铸就了很多业绩神话，投资者也比较容易被这些神话迷惑。去光环后，神话不在了。**股市是经济的晴雨表，目前整个宏观经济还是比较疲弱，在一个下行的周期内，产业机构调整，去库存去过剩产能的路途漫漫，所以大牛市的基础目前没有，还是一个偏震荡的行情。**

问题18：目前，股市已趋于稳定，国家也将重启IPO，您对IPO重启是否看好？您认为IPO重启是利好股市还是利空股市？

季凌宇：股市的功能就是为企业输血，IPO重启对股市长远来说肯定是好事，因为造血的功能在恢复。但是从资金层面来看，新股的发行势必会占用一部分流动性，所以对于大盘短期会是一个考验。

问题19：您股票和期货都有做，请问您觉得哪个更容易赚钱，在本质上有哪些区别和联系？未来您会把重心放在哪个方向？

季凌宇：还是期货相对容易一些，因为期货的确定性比较大，只要不贪婪的话，做好资金管理，每年的基本收益是可以锁定一部分的。本质上其实都是对于基本面的研究，和资金管理，风控意识的综合把握。未来还是会把重心放在证券端，因为证券市场的容量要比期货市场大很多。

问题20：在第六届蓝海密剑中国对冲基金经理公开赛上，您荣获了晋衔奖和上将称号。请问，您觉得您能获得这个奖项的最主要原因是什么？当初又是什么原因让您参与大赛的？

季凌宇：基于相对比较稳健的操作风格，**对于风险厌恶型的交易者来说，本金的安全是第一位的。**当初是想通过这个平台认识同一个圈子内的高手，向他们学习取经，这样才能不断的进步。

问题 21：在蓝海密剑实盘大赛上，您操作的账户“凌云 3 号”从 2015 年 3 月至 2015 年 10 月累计盈利 1200 多万，对于这样的成绩您是否满意？您能简单介绍一下该账户吗？

季凌宇：只能说做得一般吧，股指期货由于后期监管层的出手导致很多系统性的问题，所以原先的盈利都有所回撤。这个账户主要也是基于基本面结合趋势来进行交易的，跟前期的 1 号、2 号基本相同，希望每年有稳定的 30%左右的收益，成绩一般，继续努力。

问题 22：从“凌云 3 号”的净值曲线可以看出，账户在 2015 年 7 月 3—8 日净值曲线突然大幅拉升，请问净值曲线大幅拉升的原因是什么？

季凌宇：主要是因为前期布置的工业品和有色空单正好开始了一波下跌，所以净值曲线才拉升的。

问题 23：您已经发行了“凌云系列”基金产品，就您看来，管理好一个产品的关键是什么？如何才能给投资者一个安全稳健的回报？

季凌宇：管理好一个产品，对于我来说，资金安全是第一位的，也就是风控一定要做好，作为受托人，管理好委托人的本金是天职。在此基础上，再想办法给投资人一个尽可能高的回报。收益率跟风险是成正比的，高收益势必要承担高风险。

问题 24：您觉得产品化运作和单账户操作是否有不同之处？

季凌宇：产品的风控在产品发行的前期就已经严格设计好了，无法去更改和妥协，必须严格执行风控的要求，属于死风控，比较适合大资金的产品。而单账户就相对灵活，对于仓位的比重，止损线的设置就相对松一些，这样灵活度就比较好，所以单账户比较容易出成绩。

问题 25：您也有投资港股基金，在您看来，港股基金和国内基金有什么区别？

季凌宇：港股基金的收益率比较低，但是比较安全稳定，每年固定收益，对于资产配置来说也是需要的。国内的基金起伏比较大，碰到负责的优秀基金经理，就能获得比较高的投资回报，国内基金主要在于挑选的基金经理是否优秀。

问题26：在市场中，您最想赚"印证逻辑，趋势的主升浪这段行情"的钱，请问您为什么想赚这部分的钱？您又是如何"印证逻辑"的？

季凌宇：因为赚这部分钱是相对最轻松的，就像吃鱼，会选择吃中间那段最有肉的部分。至于印证逻辑，就是要证明自己做这个头寸时候的下单依据是什么。很多朋友下单太随意了，没有逻辑，凭感觉，那这样长此以往是肯定不行的。

问题27：您目前已经成立了自己的公司，请问您对公司未来的发展有什么规划？在机构化时代，您觉得公司需要具备哪些核心竞争力才能在市场中长期生存？

季凌宇：现在各种私募基金也比较多，我们作为小公司，首先想的是怎么生存，怎么活下来。**我认为我们的核心竞争力就是稳定的业绩，不要有太大的起伏，每年做到给投资人回报，这样或许能成为市场中的一家老店。**

刘红宇：规避人性弱点，做到“输缩赢冲”

（2015 年 12 月 3 日　张文慧访谈整理）

刘红宇

天津人，从事钢材行业。1999—2001 年期间做过股票，2004 年开始兼职做期货，涉及少量外盘，2012 年初到 2014 年底资金增长近 4000 万，曾获第六届蓝海密剑中国对冲基金经理公开赛集团军第三名，以及晋衔奖。完全根据技术分析，以波段操作为主的主观手工交易，拥有自己的一套交易系统。

访谈精彩语录：

无论做任何事情都应该先学习后操作。

但是我也要感谢从前的自己，这些经验是我用金钱也无法买到的。

做期货个中苦楚不必多说，期货人自然能理解。

大多数现货商人难逃的“心理劫”——身在现货圈真的不敢相信它会一直跌，这可能也是很多钢材从业者在期货上不断抄底亏钱的原因吧。

我现在也有自己选择品种的一套标准，就是基本沉淀资金在10亿以上的品种都进行持续性的关注，观察过程中再选择阶段趋势最明朗的品种，但是我同一时间操作的品种不会超过3个。

盈利的机会是市场给予的，只要市场能够继续提供这种机会给我，再次复制这种成绩是没有问题的。

赚到钱后要怎么守住它？怎样保证在高收益情况下实现低回撤？怎样完善资金管理？这些都是我接下来要努力的方向。

心情一急躁，就自然失去了得知淡然，失之坦然的心态。

我还在路上，这些经历都只是路程中的经验罢了，并不会过多地动摇我，保持一份淡然、坦然的心境便可以了。

“输缩赢冲”其实就是“前景理论”之于期货操作对人性弱点规避的简化。

前景理论有三个特征：一是大多数人在面临获得时是风险规避的；二是大多数人在面临损失时是风险偏爱的；三是人们对损失比获得更敏感。

人们对损失和获得的敏感程度是不同的，损失时经历的痛苦感要大大超过获得时的幸福感。

大多数人会“输冲赢缩”，要是你能做到“输缩赢冲”就能有别于2：8原则中处于8的人。

大部分人都没有足够的耐心等到价格沿最小阻力方向进行突破，所以给了你靠耐心生存的优势。

大部分人在支撑阻力附近都会期盼突破，所以给了你适可而止、减小回撤的优势。

大部分人都希望趋势一直延续下去，所以给了你波段操作的优势。

大部分人都希望行情在几天内快速走完，所以给了你通过波段+时间从而累积利润的优势。

大部分人都先知先觉，而我后知后觉，所以我有了良好的正确率，避免了无谓的损耗及亏损造成的心理波动。

期货操作的必修课就是品种固定、仓位固定、止损固定、周期固定、方法固定、心态固定、原则固定。

我并没有刻意地规定持仓时间长短，都是按照追踪止损的方式来跟踪趋势，区间交易主动止盈，趋向交易跟踪止盈，至于最后到底能走多远，那是市场说了算。

个人建议是个人操作者小资金单次止损额在5%左右，大资金单次止损额为2%~3%。

如果你是顺着市场的大趋势方向来操作，基本面就会和你站在一起。

期货市场是资金的战场，武器的现代化、技术的领先必然是很大的优势，但是无论从战争史还是投机史的长河中都可以发现并不是拥有了绝对领先的武器装备就可以高枕无忧。

内外盘的差异不大，都是资金的博弈场，系统也都是通用的。

当你停止寻找下一个指标的时候，你就已经是一位交易专家了。

无论你采用什么分析方法，你是主观交易者或是程序化交易员，都一定要学会从情绪操作者转变为系统操作者。

渡人者先自渡。

问题1：刘红宇先生您好，感谢您在百忙之中接受东航金融和七禾网的联合专访。您在上学期间就已经开了股票账户，请问您当时是怎样接触到股票的？请您和我们分享一下您的交易经历。

刘红宇：1999年，我在上学期间开立股票账户主要是受到身边亲戚炒股的影响，每次听到他们一谈起股票就乐在其中的样子，就产生了兴趣。正好那时候在我们大学旁边有一家证券交易所，我没事的时候去里面看着玩，看着大大小小的屏幕上眼花缭乱的图表和跳上跳下的数字就被吸引住了，于是自己就偷偷地去开了上海和深圳的股东卡。

问题2：做股票3年后，您又为何转向了期市？

刘红宇：2003年，我初次接触到期货，当时我有一个发小的同学在大学毕业后就进入了期货公司工作，后来在我们家镇上开了一家证券期货的小型营业部，他自己每天也在为别人操作期货。我记得当时他给了我一本复印的

《期货基础知识》手册，就从这个小册子里我了解到了期货的基础知识和基本功能。也是从那时开始真正接触到了期货。

问题 3：您表示在您做股票期间盈利不佳，请问您当时是使用何种交易方式进行交易的？就您现在看来，当时的交易有哪些不足之处？

刘红宇：其实，在我上学期间开的股票账户里就只有几千元资金，所以也没有真正意义上大的输赢。2000 年，我大学毕业时，当时我的嫂子在炒股，我母亲就在我嫂子的“怂恿”下也拿了 30 万给我嫂子代为操作，我那时刚毕业，工作也不忙，因为自己没什么钱再加上年轻气盛，就非要母亲把她的资金交由我来操作，母亲拗不过我便把资金转给了我。

后来发展的结果就是我把 30 万本金做的还剩 6.5 万，这笔钱也成了我转战期货市场最先投入的一笔资金。

我一开始做股票和期货其实就是凭空乱做的，没有什么章法可言。就算是后来我学习到了一些皮毛的指标来使用，也是不成熟的，无论从技术分析、大局观、心态等方面来看都有所欠缺，所以必然就成为了 2∶8 原则中的那个 8。

问题 4：当时那段做股票的经历对您现在做期货有何借鉴意义？

刘红宇：我现在回想当时的经历，感受到那段历程给我最大的借鉴就是，**无论做任何事情都应该先学习后操作**。而我当时就是因为先进行操作，同时并没有学习计划，所以导致交了不少学费。现在想来，当时如果再定定心，这样真金白银的学费就会少交很多。**但是我也要感谢从前的自己，这些经验是我用金钱也无法买到的。**

问题 5：据了解您是兼职做期货，同时经营一家钢材公司，那您在做期货和经营实体公司之间是如何进行安排协调的？两者之间是否会产生冲突？

刘红宇：我经营公司和做期货是相似的，经营公司我是边学边干，做期货也是边学边做。

2004 年，我开始经营公司，因为两者都需要付出很多的时间和精力，所以冲突是在所难免的。就算到今天，这种冲突都是一直真实存在着的，好在目前两者都还算具备一点盈利能力，所以我并没有产生过多的忧虑。

2004年到2011年底，我虽然有过阶段性的盈利，但总的算起来差不多亏损了有700万，这些钱几乎是公司那些年的全部利润了，所以别说对公司产生了很大的影响了，其实已经影响到了我的个人生活。

做期货个中苦楚不必多说，期货人自然能理解。

问题6：经营一家公司和个人操作期货不同，要求您在各方面都有协调管理、洞察决策的能力，公司管理者和领导者的角色对您做期货有哪些方面的帮助？

刘红宇：我觉得自己经营一家公司对做期货还是有一定帮助的。

首先，我的时间相对自由，可以按照实际情况来自主分配公司和交易所占用的时间。如果是在他人公司里工作，可能工作的时间就不是自己所能自由支配的了。

其次，我经营一家公司，总还算是有一份固定的收入，稳定了我的经济状况，也为交易提供了成本来源。**我不必想方设法地从期货市场中赚取生活费，相比较那些专职做期货的交易员来说，我可能少了些许压力。**

最后，**因为有一项事业，这是我的另一座“城池”，所以从心态上可能要好点，轻松做期货，惬意做交易。**

问题7：作为一家钢材公司的经营人，那您对钢材期货品种（螺纹钢期货、线材期货）的特性和钢材产业链必定十分熟悉，请问您是否有涉及相关期货品种？

刘红宇：其实在螺纹钢上市以前，我就已经做了很多年的期货交易了。但是这些年里我做了很多次螺纹钢，盈利都不算太好。

我最后总结了一下：①可能我的技术和心态方面还是不够成熟，不能很好地把握这个品种的节奏；②这也是**大多数现货商人难逃的“心理劫”——身在现货圈真的不敢相信它会一直跌，这可能也是很多钢材从业者在期货上不断抄底亏钱的原因吧。**

问题8：您表示从2004年就开始涉足期货市场，那您进入市场初期是做哪些品种？又是如何进行品种选择的？

刘红宇：我刚进入期货市场时，其实并没有一个系统性的选择品种的方法，一直就是单一去做一些热门的大品种，像燃油、橡胶。

问题9：至今您交易期货已有十多载，请问您现在是否有专门去做的期货品种？选择品种的方法与之前有何不同？这种改变是从您交易的哪个阶段开始发生的？改变原因为何？

刘红宇：我现在也有自己选择品种的一套标准，就是基本沉淀资金在10亿以上的品种都进行持续性的关注，观察过程中再选择阶段趋势最明朗的品种，但是我同一时间操作的品种不会超过3个。

近两年来我一直使用这套标准来选品种，不像以前只满仓做一个品种，而是分散地去做，但是也只集中在2～3个品种，主要是从贵金属(白银)、有色金属(铜、镍)、黑色系(螺纹钢、铁矿石)、能化(聚丙烯、塑料)、农产品(白糖、豆粕、豆油)中进行选择。也是因为在心态上发生了一些改变。

问题10：2014年，您在第六届蓝海密剑中国对冲基金经理公开赛中荣获集团军第三名，以及晋衔奖，您当时是抓住了哪几个品种的行情？您认为这种成绩具有可复制性吗？

刘红宇：从2012年开始，我的心态有了长足进步，因为即使账户资金波动较大，但是我每年基本都能实现盈利了。2014年在蓝海密剑大赛中获奖主要因为是做对了一波股指的高动能趋势行情，所以资金曲线随行情实现直线般的攀升。

盈利的机会是市场给予的，只要市场能够继续提供这种机会给我，再次复制这种成绩是没有问题的。但是赚到钱后要怎么守住它？怎样保证在高收益情况下实现低回撤？怎样完善资金管理？这些都是我接下来正要努力的方向。

问题11：目前正在举行的第七届蓝海密剑大赛中，您的账户表现不如去年同期，主要是什么原因引起的？是否在您的可控范围之内？

刘红宇：因为我在参赛的同时也在操作其他账户，所以2015年时这个蓝海密剑参赛账户就没怎么做了，关注度不够，主要精力也没有放在上面，表现自然有所差异。

其实我同时间进行的**其他账户在今年的资金回撤确实是值得我思考的，**

究其原因主要还是我的心态有点急躁和狂妄了。我原先就给自己定了一个目标——到2017年最起码赚到1亿元，2014年因为资金的涨幅大大超过了我的预期，所以我就以为目标指日可待了，**心情一急躁，就自然失去了得之淡然，失之坦然的心态**，失败就随之而来，并且这种失败也超过了我的预期。

目前为止还算是可控的，因为**我还在路上，这些经历都只是路程中的经验罢了，并不会过多地动摇我，保持一份淡然、坦然的心境便可以了。**

问题12：您在蓝海密剑参赛中使用的参赛名是“输缩赢冲”，请问含义为何？是否与您的交易手法相关？

刘红宇：“输缩赢冲”其实就是“前景理论”之于期货操作对人性弱点规避的简化。

前景理论有三个特征：一是大多数人在面临获得时是风险规避的；二是大多数人在面临损失时是风险偏爱的；三是人们对损失比获得更敏感。因此，人们在面临获得时往往是小心翼翼，不愿冒风险的；而在面对失去时就会很不甘心，容易冒险。**人们对损失和获得的敏感程度是不同的，损失时经历的痛苦感要大大超过获得时的幸福感。**

简单地说，因为人性的弱点，所以大多数人会**“输冲赢缩”，要是你能做到“输缩赢冲”就能有别于2∶8原则中处于8的人。**

问题13：您认为期货市场是一个博弈场，是风险的博弈场、资金的博弈场、心态的博弈场，请您为我们具体阐述投资者如何才能在这个博弈场中立足并获利？

刘红宇：投资者要想在这个博弈场中存活是不易的。简单来说，你要做到有所不为，才能有所为，要和大多数人保持相反的方向。

大部分人都没有足够的耐心等到价格沿最小阻力方向进行突破，所以给了你靠耐心生存的优势。

大部分人在支撑阻力附近都会期盼突破，所以给了你适可而止、减小回撤的优势。

大部分人都希望趋势一直延续下去，所以给了你波段操作的优势。

大部分人都希望行情在几天内快速走完，所以给了你通过波段+时间从

而累积利润的优势。

大部分人都先知先觉，而我后知后觉，所以我有了良好的正确率，避免了无谓的损耗及亏损造成的心理波动。

问题 14： 您表示最想在“趋势明朗后的顺势而为”中获利，请问您如何判断某品种出现明朗趋势的？会如何捕捉这波趋势？

刘红宇： 我是按照月、周、日三个周期依次进行观察从而确定趋势，越大级别的趋向行情就代表趋势越明朗。

进行波段操作首先要定义上级周期的性质，是属于区间、趋向、还是震荡。在不违背上级周期方向的情况下，从日线着手只操作趋向行情及大区间行情，同时使用小时周期进行风险的管控。

问题 15： 您以波段操作为主，一般不进行日内交易，只有在出现明显趋势且日内大幅波动的情况下才进行日以下周期的单独操作，请问您一直坚持这个模式的原因为何？

刘红宇： 多年的操作经历让我知道了什么才是真正适合自己的交易模式。正所谓条条大路通罗马，但你只能选择一条自己能走的道路。期货操作的必修课就是品种固定、仓位固定、止损固定、周期固定、方法固定、心态固定、原则固定。

问题 16： 您进行波段操作时，对于不同等级的波段持仓时间分别为多长？

刘红宇： 从持仓时间来说，我并没有刻意地规定持仓时间长短，都是按照追踪止损的方式来跟踪趋势，区间交易主动止盈，趋向交易跟踪止盈，最后到底能走多远那就是市场说了算。但是按波段性质来讲，一般小波段为 3～7 天，中波段是 7～30 天左右，大波段在两个月左右。

问题 17： 您表示由于仓位和止损方面的不严格，经常会在短时间内出现资金波动，请问您的仓位一般会设置在什么范围？绝大多数投资者都倡导“风控第一，盈利第二”，您短期内经常发生亏损俨然与这个理念相反，那您怎样看待风控的地位？在交易过程中又是如何执行的？

刘红宇： 这就是主观交易或者个人操作需要注意的地方，我目前也在学习训练中，现在的体会是没有资金管理可以长久盈利。

个人建议是个人操作者小资金单次止损额在5%左右，大资金单次止损额为2%～3%。其实道理大家都懂，可惜期货操作更类似于体育竞技，并不是你懂得道理就一定能做到，能否做到最后还要看自己是否能控制住自己的情绪并一直坚持。

问题18：您经常在短期内出现资金波动，那您是否有想过调整仓位和止损方面的“不严格”，还是您认为这种操作方式更加适合您的交易风格？

刘红宇：2012年后，我的心态有了长足进步，即使我的账户资金波动较大，但是我每年基本都能实现盈利。我现在也在努力朝着赚到钱后守住它、保证在高收益情况下实现低回撤，以及完善资金管理的路上前进着。

问题19：您是完全根据技术分析，那您主要是看哪些指标，是形态还是量变？

刘红宇：趋势指标：均线和布林线；震荡指标：RSI；量变指标：OBV和持仓量。

问题20：一般以波段操作为主的投资者都或多或少都会关注基本面的消息，您是怎么看待基本面分析的？某些重大的基本面消息是否会影响到您的操作？

刘红宇：如果你是顺着市场的大趋势方向来操作，基本面就会和你站在一起，即便是偶尔发生了不利的突发事件，只要做好止损，也一定不会对你造成太大的伤害。更多时候的突发事件是顺着趋势方向而出现的，顺势的话就能获得意外收获。这一点大家可以观察2008年金融危机造成单边大幅下跌前各品种的趋势，就会明了了。

问题21：前段时间程序化交易风浪涌现，备受关注，您作为一个主观交易者，是怎样看待程序化交易，以及监管程序化交易的现象？

刘红宇：作为单纯的投机来讲，只要是能盈利的方法（包括程序化交易）就是好方法。程序化交易更像是把人从繁杂劳动中解脱出来的现代机器，它的优势是不言而喻的。期货市场是资金的战场，武器的现代化、技术的领先必然是很大的优势，但是无论从战争史还是投机史的长河中都可以发现并不是拥有了绝对领先的武器装备就可以高枕无忧，同理，我认为拥有好的程序化交易工具也是如此。

其实，所谓的主观手工交易也就是主观程序化加上了人为的筛选过程，**不管采用主观还是程序化交易，都必须要拥有自己的系统。**

问题22：您对内外盘期货都有涉及，那您认为内盘和外盘究竟差异如何？您在内盘的操作手法是否在外盘上也同样适用？

刘红宇：内外盘的差异不大，都是资金的博弈场，系统也都是通用的。但是，世事如棋局局新，市场是变幻莫测的，这不是内外盘的区别。内盘也好，外盘也罢，不同品种的个性是不一样的，在趋势跟踪交易中根据不同的趋势周期、强度预判、品种个性、整体市场氛围等采用个性化的入场周期和初始止损位选择，而后就是趋势追踪。

问题23：近期，随着国内市场监管加强，股指受限，很多投资者转向外盘市场，您现在也有对外盘进行小资金的试水，您是否有考虑加大外盘期货头寸？现在主要进行哪些品种的试水？情况如何？

刘红宇：原油、外汇（欧元）、美白糖我都做过，虽然盈利情况不是特别乐观，但是现在主要还是在训练当中，想把在内盘的操作方法完全融会贯通于外盘交易中。

因为我认为内外盘的盈亏道理是相通的，既然已经进行了试水，当然也是想日后在外盘市场中也能立足。

问题24：有做外盘期货的投资者表示，外盘走势一般都有比较明显的趋势，骗线行情不会太多，所以做外盘要顺大趋势，做中长线投资，您做外盘交易时是否有同感？

刘红宇：有些人觉得外盘趋势流畅，我认为那可能更多是针对农产品而言吧。因为国家对农产品有价格管控，所以价格自然有时是非市场化的。但工业品内盘的趋势性也很强，让业界和非业界都跌破眼镜的黑色系绵绵不休的大跌足以说明这一点。

问题25：您十多年的期货历程并非一帆风顺，前面的8年亏损较大，后几年开始了突飞猛进的增长，漫长的量变过程引起质变的飞跃，您认为自己最终实现质变的因素有哪些？

刘红宇：当你停止寻找下一个指标的时候，你就已经是一位交易专家了。关键在于控制“心”的能力。将贪婪、恐惧、无聊这些负面情绪都转换成严格的纪律。

个人认为自己还谈不上质变，但是无论如何我们盈或亏都要对市场保持一份感恩的心，学会接受、学会放下、学会忍耐，你才能保持冷静和淡然，处变不惊。

问题 26：您的期货历程也可以说是大多数投资者的历程，成功并非一蹴而就，漫长的过程积累也不是所有人都可以坚持走下来，您作为一名先行者，有什么建议给投资者？

刘红宇：无论你采用什么分析方法，你是主观交易者或者程序化交易员，都一定要学会从情绪操作者转变为系统操作者，深刻领会到赔和赚都是再正常不过的事情；并且保持充足的睡眠和足够的精力；始终如一地谨慎操作；**把金融操作当成工作任务，而不是生命的全部，看淡点儿。**

问题 27：我们了解到您目前尚未发行基金产品，您是否有这方面的筹划？

刘红宇：目前暂时还没有这方面的打算。**渡人者先自渡，**我需要先实现自己的亿元目标，同时反复检验自己在市场的生存能力，等到我认为自己有足够的能力后就会考虑这方面的打算。

问题 28：现在机构化日益盛行，许多业内投资者都开始寻求志同道合的伙伴携手并进，当然也有部分人认为，所谓机构，说到底还是以某一人为核心，您怎样看待？是否有组建团队的想法？

刘红宇：目前我把自己定性为金融市场中的操盘手，如果要组建团队势必会涉及人员的沟通管理等问题，所以我暂时是想把交易做好，提升自己的交易能力，其他的事情陆续会做，并不急于一时。

附录一：蓝海密剑期货实盘大赛第一至六届获奖名单

第一届蓝海密剑期货实盘大赛第一赛季(见龙在田)(2008年9月1日至2009年2月28日)获奖名单

A组赛季收益率排序

排名	选手名称	单位净值	奖金(万元)
1	做期货的	4.30084	8
2	stockman	1.96419	5
3	寇比欧	1.62964	5
4	gaofengguo	1.57022	2
5	ooeight1	1.52331	2
6	st大豆	1.43387	2

B组赛季收益率排序

排名	选手名称	收益率	奖金(万元)
1	王向洋	5474.92%	5
2	fhwcy	1090.97%	2
3	期海垂钓	850.38%	2
4	hendry118	724.35%	1
5	格老要我出山	584.01%	1
6	erliu	467.81%	1

最佳流动指标排序

排名	选手名称	流动指标	奖金(万元)
1	hendry118	112069.78	1

第一届蓝海密剑期货实盘大赛第二赛季(飞龙在天)(2009年3月1日至2009年8月31日)获奖名单

综合总冠军

排名	选手名称	综合总指标	奖金(万元)
1	做期货的	9.0	20

A组赛季收益率

排名	选手名称	单位净值	奖金(万元)
1	gaofengguo	1.93545	8
2	郑加华	1.90620	5
3	陈默	1.78491	5
4	淡然我素	1.75573	2
5	做期货的	1.62154	2
6	erliu单位净值	1.53883	2

B组赛季收益率

排名	选手名称	收益率	奖金(万元)
1	mingzi	1175.54%	5
2	邵杰	618.21%	2
3	夜色	499.81%	2
4	凌波微步	338.38%	1
5	ziyan	325.61%	1
6	不败在己	235.35%	1

最佳流动指标

排名	选手名称	流动指标	奖金(万元)
1	gaofengguo	98.83 亿元	1

第二届(2009—2010)蓝海密剑期货实盘大赛获奖名单

荣誉勋章

排名	资产账号	选手名称	单位净值	奖金(万元)
1	8580156	期货梦想	37.67	15
2	8580305	溪水潺潺	13.27	9
3	8515837	梁任	10.75	6

三军杰出奖章

奖励类型	奖项说明	资产账号	选手名称	单位净值	奖金(万元)
导弹部队杰出奖章	导弹部队未获荣誉勋章选手收益率第 1 名	8515252	郑加华	7.03	5
空军杰出奖章	空军未获荣誉勋章选手收益率第 1 名	8510905	lmgctt	4.55	4
海军杰出奖章	海军未获荣誉勋章选手收益率第 1 名	8510113	freezegogo	2.46	3
陆军杰出奖章	陆军未获荣誉勋章选手收益率第 1 名	8580187	宁静致远	7.40	2
预备役杰出奖章	预备役未获荣誉勋章选手收益率第 1 名	8510723	judychoo	7.75	1
机枪手杰出奖章	机枪手特战营未获荣誉勋章选手收益率第 1 名	——	——	——	——
远征军杰出奖章	远征军未获荣誉勋章选手收益率第 1 名	8580901	sche	5.46	1

注：因机枪手军种参赛人数少于 10 人，根据大赛规则规定取消该军种杰出奖章。

功绩勋章

排名	资产账号	选手名称	盈利额	动态奖金(万元)
1	8515252	郑加华	3017390.65	15
2	8510618	做期货的基金	2902944.98	7
3	8515878	niweigengl	2860329.21	3

快速反应勋章

奖励类型	奖项说明	资产账号	选手名称	成交金额	奖金(万元)
快速反应一等勋章	成交金额第1名	8515123	h2o740405	22220246910	10
快速反应二等勋章	成交金额第2名	8580121	北冥有鱼，其名为鲲	7511619095	5
快速反应三等勋章	成交金额第3名	8510208	walkfish	6960987485	3

后备战地指挥官

排名	资产账号	选手名称	奖金（万元）
1	8515252	郑加华	15
2	8510618	做期货的基金	15
3	8580156	期货梦想	15
4	8580305	溪水潺潺	15
5	8580049	ST大豆	15

高地军旗手

奖励类型	资产账号	选手名称	奖励说明	纪录值	奖金(万元)
月度纪录高地军旗手	8515878	niweigengl	2010.8.9-2010.9.6打破此前比赛321.72%月度收益率纪录	344.50%	3

晋衔奖

排名	盈亏额	军衔	单位净值	资产账号	选手名称	奖金（万元）
1	18349106	上将	2.3066	8666677	温州在握投资1号	--
2	10628092	上将	2.3458	8666635	温州在握投资3号	--
3	3017391	少将	7.0348	8515252	郑加华	5
4	2902945	大校	2.1929	8510618	做期货的基金	3
5	2860329	大校	5.6939	8515878	niweigengl	3
6	2662494	大校	1.1724	8800158	探索2号基金	--
7	2159626	大校	3.1596	8580049	ST大豆	3
8	1955069	上校	1.2351	8666676	温州在握投资2号	--
9	1430229	上校	37.6725	8580156	期货梦想	1
10	1378390	上校	2.2677	8515123	h2o740405	1
11	1330572	上校	3.1812	8510208	walkfish	1
12	1189895	上校	5.4647	8580901	sche	1
13	1121556	上校	2.0756	8515877	niweidong	1
14	1071188	上校	4.5468	8510905	lmgctt	1
15	1052958	上校	1.3856	8580888	镌灏投资	1
16	950792.3	中校	1.259	3000773	wuxue	--
17	896721.2	中校	2.8027	8510852	舍得	0.7
18	840172.5	中校	1.4852	8580121	北冥有鱼，其名为鲲	0.7
19	838736.5	中校	13.2705	8580305	溪水潺潺	0.7
20	823669.1	中校	2.2597	8510183	ooeight	0.7
21	808141.7	中校	1.3724	8580800	syz1236	0.7
22	762899.3	中校	4.2623	8800533	六年	0.7
23	688107.1	中校	1.7245	8510368	nxrrry	0.7
24	685257.5	中校	7.3969	8580187	宁静致远	0.7
25	625967	中校	1.3915	8801773	爱上趋势基金	--
26	556256.5	中校	1.465	8680201	睿海投资	0.7
27	548994.1	中校	4.6272	8515268	zyl7712	0.7
28	545911.6	中校	1.2518	7079000	龙行天下	--
29	510123.4	中校	2.4491	8515266	lijing868	0.7

续表

排名	盈亏额	军衔	单位净值	资产账号	选手名称	奖金（万元）
30	476250.4	少校	1.7011	8518899	mingzi	0.5
31	430638.9	少校	2.4355	8580056	久赌必赢	0.5
32	416136.1	少校	2.4576	8510113	freezegogo	0.5
33	380591.2	少校	3.3087	8830805	爱上趋势陆军部队	---
34	365928.2	少校	1.6102	8510999	9号基金	0.5
35	351533.5	少校	2.1726	8580159	wplovelm	0.5
36	343599	少校	3.5884	8830381	sampras	0.5
37	342698.1	少校	1.7092	8511977	夜色	0.5
38	315984.5	少校	3.0882	8580352	8580352	0.5
39	305659	少校	1.9807	8515691	爱上趋势空军部队	--
40	305316.7	少校	1.4115	8580216	老树	0.5

注：以上表格只发布了将官晋衔奖和校官晋衔奖，未发布尉官晋衔奖和士官晋衔奖。

第三届（2010—2011）蓝海密剑期货实盘大赛获奖名单

年度先锋勋章

资产账号	ID	排名	奖金（万元）
8680288	闪闪红星	年收益率第1名	15
DHHP2652	蓝色海岸	年收益率第2名	9
8580389	大海投资	年收益率第3名	6
8515661	凌波微步	年收益率第4名	5
8515568	猫猫猫	年收益率第5名	4
8515068	九世轮回	年收益率第6名	3
8581003	RXD集团军	集团军收益率第1名	3
8515878	倪伟更	导弹部队收益率第1名	3
8581098	海天1号	空军收益率第1名	3
8581113	甲虫	海军收益率第1名	3
7173002	丁洪波	陆军收益率第1名	3
8515013	eprc2000	预备役收益率第1名	3
8581385	红孩儿	机枪手收益率第1名	3
DHFS3607	阿福	远征军收益率第1名	3

高地军旗手

资产账号	ID	排名	奖金(万元)
8510588	王向洋	打破比赛日收益率纪录(2次)	20
8580389	大海投资	打破比赛季度收益率纪录	10
8580199	zjl727689	打破比赛季度收益率纪录	10
8680288	闪闪红星	打破比赛季度收益率纪录	10

快速反应勋章

资产账号	ID	排名	奖金(万元)
7079000	杜小东	成交金额第1名	10
8581223	风险控制第一	成交金额第2名	6
8510208	擎天柱	成交金额第3名	3

晋衔奖

资产账号	ID	军衔	奖金(万元)
8581003	RXD集团军	中将	20+佩剑
8580389	大海投资	少将	10+佩剑
8515878	倪伟更	大校	5+佩剑
8510618	做期货的基金	大校	5+佩剑
8580049	ST大豆	大校	5+佩剑
8800533	六年	上校	3+佩剑
100001	镌灏投资	上校	3+佩剑
8515123	杜小东	上校	3+佩剑
8515659	顾伟浩	上校	3+佩剑
8510113	freezegogo	上校	3+佩剑
8515661	凌波微步	上校	3+佩剑
8580515	jane	上校	3+佩剑
7022001	樵夫	上校	3+佩剑
8580283	zijinzhilu	中校	2+佩剑
DHWW0078	sche	中校	2+佩剑
8680201	cw2006B	中校	2+佩剑
8580113	珍姐	中校	2+佩剑
8510208	擎天柱	中校	2+佩剑
8581098	海天1号	中校	2+佩剑
8580528	天行健	中校	2+佩剑
DHHP2652	蓝色海岸	中校	2+佩剑

续表

资产账号	ID	军衔	奖金(万元)
8581016	于海飞	中校	2+佩剑
8515013	eprc2000	中校	2+佩剑
8581113	甲虫	少校	1+佩剑
8515252	郑加华	少校	1+佩剑
8510183	ooeight	少校	1+佩剑
7173002	丁洪波	少校	1+佩剑
8580352	8580352	少校	1+佩剑
8515106	zyl0717	少校	1+佩剑
8830381	sampras	少校	1+佩剑
8580216	老树	少校	1+佩剑
8519999	爱上趋势	少校	1+佩剑

注：以上表格只发布了将官晋衔奖和校官晋衔奖，未发布尉官晋衔奖和士官晋衔奖。

第四届(2011—2012)蓝海密剑期货实盘大赛获奖名单

年度先锋勋章

年度净值排名	资产账号	选手	单位净值	奖金(万元)
1	8580012	shou115	6.47	15
2	8515039	株洲老马	6.46	9
3	8582215	lfl	5.38	6
4	8580767	雪狼 polar	5.07	5
5	8515025	cloudxu	4.72	4
6	DHZX8278	LOU	4.47	3

军种第一	资产账号	选手	单位净值	奖金(万元)
集团军	8510113	freezegogo	2.71	3
导弹部队	8580515	jane	4.19	3
空军	8580518	杭州尚泽投资	4.19	3
海军	8580961	tjahzgj	2.47	3
陆军	8580025	chinababy	3.55	3
预备役	8581505	惊鸿魅影	4.25	3
机枪手	8581376	一叶轻舟	1.6	3
远征军	DHZJ2009	韩柏	2.47	3
志愿军	8519999	爱上趋势	3.83	

快速反应勋章

排名	资产账号	选手	奖金(万元)
1	8510208	擎天柱	10
2	8515252	郑加华	6
3	8510113	freezegogo	3

高地军旗手

资产账号	选手	奖项说明	奖金(万元)
8580591	喜得千金	打破月收益率记录	10

晋衔奖

资产账号	选手	盈利额	原军衔	晋升军衔	奖金（万元）
8510113	freezegogo	7,647,421	上校	中将	17
580515	jane	5,513,990	上校	中将	17
8580800	syz1236	3,263,572	上尉	少将	9.7
100001	镌灏投资Ⅰ	4,618,455	上校	少将	7
8580961	tjahzgj	2,255,718	上尉	大校	4.7
8580216	老树	2,465,711	少校	大校	4
8580666	叶小凤	2,722,211	中校	大校	3
8580528	镌灏投资Ⅱ	2,514,994	中校	大校	3
8580518	杭州尚泽投资	1,333,166		上校	3
7089111	长安财富1号期货基金	1,041,815		上校	3
8580027	a197208837	1,005,401		上校	3
8510999	9号基金	1,133,702	少校	上校	2
8830381	sampras	1,026,381	少校	上校	2
8580888	镌灏投资	1,896,243	中校	上校	1
8510208	擎天柱	1,454,898	中校	上校	1
8515877	东东锵	901,854		中校	2
8515025	cloudxu	834,474		中校	2
7208008	爱上趋势的小清新	709,448		中校	2
7097067	杭州华天纸业	673,179		中校	2
8580767	雪狼polar	585,855	中级士官	中校	2
8580025	chinababy	505,077		中校	2
8580707	xiaorong	788,901	少尉	中校	1.9
8515266	风生水起	840,865	中尉	中校	1.8
8515568	天降大任9.0神灵附体	557,060	中尉	中校	1.8

续表

资产账号	选手	盈利额	原军衔	晋升军衔	奖金(万元)
8510822	daohun	551,748	中尉	中校	1.8
7173002	丁洪波	609,082	少校	中校	1
7212001	James	461,055		少校	1
8510121	平恺	431,103	高级士官	少校	1
8580151	wubiao888	424,067	中级士官	少校	1
7151002	江南之春	392,077		少校	1
7999888	融景投资	391,716		少校	1
8581505	惊鸿魅影	309,576		少校	1
8582191	盛夏光年	302,529		少校	1
DHFS3607	阿福	469,764	中尉	少校	0.8
8510212	jianke	456,387	上尉	少校	0.7
8580621	段定川	347,849	上尉	少校	0.7
8580108	江枫渔火	305,380	上尉	少校	0.7
8515068	朱啸宇	302,411	上尉	少校	0.7

注：以上表格只发布了将官晋衔奖和校官晋衔奖，未发布尉官晋衔奖和士官晋衔奖。

第五届(2012—2013)蓝海密剑期货实盘大赛获奖名单

蓝海密剑勋章（统计连续三年）

累计净值排名	资产账号	选手	单位净值	奖金(万元)
1	8515568	兵哥战无不胜	31.3084	30
2	8515231	如履薄冰	13.04178	20
3	7089071	钱丽娜	12.63057	3.6
4	8580389	东海	12.18939	8
5	DHZJ2009	韩柏	10.77296	6
6	8581382	Innova	10.00581	5

年度先锋勋章

年度净值排名	资产账号	选手	单位净值	奖金(万元)
1	DHZJ2009	韩柏	10.77	15
2	8581382	Innova	10.73	9
3	7089071	钱丽娜	10.52	1.8
4	8582259	戈灯岁月	8.92	5
5	**2325*	生煎馒头	7.50	0.4
6	8830381	[温州在握]资管团队 5 号	7.30	3

军种第一	资产账号	选手	单位净值	奖金(万元)
基金	100005	合顺投资 IV(有限合伙)	1.69	0.9
集团军	100006	光头包 1 号	2.99	3
导弹部队	8581003	niweixing	3.92	0.9
空军	7021111	[温州在握]资管团队 11 号	2.24	3
海军	**1076*	全国第三	3.87	0.3
陆军	3000773	wuxue	6.61	0.9
预备役	8515582	aa911	5.43	3
机枪手	8581539	老裤	5.24	3
远征军	WYHH0558	haihai	1.73	3

快速反应勋章

排名	资产账号	选手	奖金(万元)
1	7089071	钱丽娜	3
2	8510113	freezegogo	6
3	100005	合顺投资 IV(有限合伙)	0.9

高地军旗手

资产账号	选手	奖项说明	奖金(万元)
DHLJ2401	凤凰	打破日收益率记录	10

晋衔奖（统计连续三年）

资产账号	选手	盈利额	原军衔	晋升军衔	奖金(万元)
8810466	种子1号基金	14512638.82	中将	上将	--
8510113	freezegogo	12876832.86	中将	上将	10
100005	合顺投资IV(有限合伙)	12534834.17	士兵	上将	9
100006	光头包1号	8541899.98	上尉	中将	19.7
7089071	钱丽娜	7712248.71	中校	中将	5.4
8581382	Innova	6811363.98	上尉	中将	19.7
100001	合顺投资I	5694380.4	少将	中将	10
8580800	syz1236	5186694.91	少将	中将	10
**0018*	煌昱资产	4667250.13	士兵	少将	1
8515659	顾伟浩	4495355.03	上校	少将	7
8580216	友联(中长线)	4432382.46	大校	少将	5
8580961	tjahzgj	3428357.25	大校	少将	5
8580528	合顺投资II	3007179.42	大校	少将	5
7089111	长安财富1号期货基金	2357124.68	中校	大校	3
**0289*	持赢投资	2061091.79	士兵	大校	0.5
DHHX3902X	陆家嘴野牛	1814789.37	上尉	上校	2.7
**0035*	输缩赢冲	1705631.91	士兵	上校	0.3
**5060*	睿福投资稳健一	1639987.23	士兵	上校	0.3
DHZJ2009	韩柏	1588358.41	士兵	上校	3
**3055*	瑞雪	1493906.77	士兵	上校	0.3
**0091*	syz1236(二)	1456568.08	士兵	上校	0.3
**9057*	长安财富2号期货基金	1329482.82	士兵	上校	0.3
**0161*	紫贝壳一号	1295450.1	士兵	上校	0.3
8800533	f六年股指	1290265.53	士兵	上校	3
8580027	a197208837	1247664.8	少校	上校	2
**1076*	全国第三	1244543.03	士兵	上校	0.3
WYHH0558	haihai	1200033.07	士兵	上校	3
8515266	风生水起	1174906.34	中校	上校	1
8515877	niweidong1	1122868.54	中校	上校	1
8580707	xiaorong	1089802.87	中校	上校	1
3000773	wuxue	1040552.4	士兵	上校	0.9
**0019*	睿福投资稳健2	990107.5	士兵	中校	0.2

续表

资产账号	选手	盈利额	原军衔	晋升军衔	奖金(万元)
**0286*	吴洪涛	972080.51	士兵	中校	0.2
7309002	林朝昱	950725.35	上尉	中校	1.7
7859020	孤舟蓑笠翁	895081.39	少尉	中校	1.9
8515880	蓝色昆仑	813982.42	少校	中校	1
**0180*	嘉诚投资－康	800826.19	士兵	中校	0.2
**0109*	量化风华 2 号	710486.95	士兵	中校	0.2
**0266*	熊德裸辉耀	691717.4	士兵	中校	0.2
8518208	borlan	670323.31	中尉	中校	1.8
8801088	精英一号	663820.11	士兵	中校	2
**2516*	赤天龙－赢家	609587.67	士兵	中校	0.2
**2325*	生煎馒头	590363.18	士兵	中校	0.2
**0322*	i-futures	575735.67	士兵	中校	0.2
8510121	平恺	563245.59	少校	中校	1
**5018*	睿福投资激进	563243.74	士兵	中校	0.2
7293006	恶狼	523543.5	上尉	中校	1.7
8580352	zhgh1688	504109.9	少校	中校	1
**0003*	36man	486727.54	士兵	少校	0.1
**1006*	独行侠	486684.97	士兵	少校	0.1
DHWD0812	倪伟东	481754.445	中尉	少校	0.8
**0052*	见风使舵	472414.08	士兵	少校	0.1
7021111	【温州在握】资管团队 11 号	456167.26	士兵	少校	1
**0206*	fangyuf	447830.58	士兵	少校	0.1
8582259	戈灯岁月	446856.12	士兵	少校	1
**0257*	听天由命	440834.89	士兵	少校	0.1
8581539	老裤	435159.15	高级士官	少校	1
7923029	易简之善	426098.42	士兵	少校	0.1
**0006*	他山	416615.95	士兵	少校	0.1
**0103*	道合投资	405100.01	士兵	少校	0.1
8580809	长安财富 3 号期货基金	397309.69	少尉	少校	0.9
**6279*	般若	385144.52	士兵	少校	0.1
8580977	8580977	382572.13	中尉	少校	0.8
7923003	百年投资	382446.18	士兵	少校	0.3

续表

资产账号	选手	盈利额	原军衔	晋升军衔	奖金(万元)
6019705	老狼基金	380998.41	少尉	少校	0.9
8580277	关山007	356017.09	少尉	少校	0.9
**0080*	聚禾基金激进	340761.87	士兵	少校	0.1
**5680*	鼎立基金	338526.69	士兵	少校	0.1
8515857	成长基金	325421.87	少尉	少校	0.9
8580879	ydsscz	324888.35	士兵	少校	1
**6120*	小熊猫二号	316696.04	士兵	少校	0.1
DHSS6702X	lishushan	314869.53	士兵	少校	1
**3023*	henrrry1	311334.92	士兵	少校	0.1
**2870*	南昌稳赢	308382.57	士兵	少校	0.1
8580363	rt1867356	300459.56	中级士官	少校	1

注：以上表格只发布了将官晋衔奖和校官晋衔奖，未发布尉官晋衔奖和士官晋衔奖。

第六届(2013—2014)蓝海密剑期货实盘大赛获奖名单

年度先锋勋章

年度净值排名	资产账号	选手	单位净值
1	DHXY9588	王向洋	24.77
2	8580836	Zhangmeijun	10.15
3	8582501	国利资产：趋势为王	10.13
4	8701886	时务投资	9.47
5	8580679	zhaohui	9.26
6	16810079137	寂寞之狐	9.25

军种第一	资产账号	选手	单位净值
基金	9900100000105	持赢 1 号	2.55
集团军	3711002862	善境投资吴洪涛	4.90
导弹部队	8510121	汉辰	3.68
空军	13703700508	南京飞鹰	4.27
海军	171076197	乘务队	6.00
陆军	8515013	小李飞刀	5.13
预备役	6616102	得与失	7.22
远征军	DHCY3623	火蓝投资	5.83
机枪手	8515636	gogo	1.55

高地军旗手

资产账号	选手	奖项说明
DHCY3623	火蓝投资	打破季度、半年收益率纪录
DHLJ2401	凤凰	打破日、季度收益率纪录
DHMB6584	漂流筏	打破季度收益率纪录

晋衔奖(统计连续三年)

资产账号	选手	盈利额	原军衔	晋升军衔
208257119999	14 持赢进取一号	45338687	士兵	上将
13010303018	刘福厚 02	43470135	士兵	上将
8808888	东航金融种子一号	32320635	士兵	上将
8580515	奔菁友联①	24098355	中将	上将
9900100000105	持赢 1 号	18833616	士兵	上将
158100106345	得胜六号	18062384	士兵	上将
9900100000155	持赢稳健 1 号	17677802	士兵	上将
DHCY3623	火蓝投资	16761846	士兵	上将
3711002862	善境投资吴洪涛	16295831	中校	上将
8581382	Innova	15275305	中将	上将
8580216	奔菁友联②	15174269	少将	上将

续表

资产账号	选手	盈利额	原军衔	晋升军衔
6060121	合顺投资Ⅳ(有限合伙)	13685678	上校	上将
189000002000358	输缩赢冲	13408900	上校	上将
8801301	凌云 1 号	11624358	士兵	上将
8801503	凌云 2 号	11054057	士兵	上将
100006	光头包 1 号	10824556	中将	上将
13010303030	刘福厚	10343920	士兵	上将
1812600537	恩萌 18	9564371	士兵	中将
7710909956	syz1236(四)	7311848	士兵	中将
8515659	顾伟浩	7104770	少将	中将
208201000916	syz1236(二)	7088604	上校	中将
13010303029	百川爷	6968564	士兵	中将
6800002899	持赢投资	6580940	大校	中将
208279100615	jason	6559367	士兵	中将
3000773	wuxue	5892188	上校	中将
12981010068	独行侠	5762640	少校	中将
7061201	小熊猫二号	5352039	少校	中将
213330669	铁纪	5009765	士兵	中将
171270966	云淡风轻	4829831	士兵	少将
1778561004028	乾一	4816131	士兵	少将
12208816	佛意投资吴洪涛	4523851	大校	少将
8581016	飞鹤东航	4375096	士兵	少将
8515013	小李飞刀	3803898	中校	少将
8510121	汉辰	3751968	中校	少将
12610000187	煌昱投资专户	3567914	士兵	少将
8800533	f 六年股指	3278745	上校	少将
12981081619	蓝色天际 A	3250558	士兵	少将
12984021888	合顺投资量化交易团队一号	3166513	高级士官	少将
1728010100133	踏浪	3092418	士兵	少将
7309002	期待黑天鹅	3062195	中校	少将
13703700508	南京飞鹰	2924463	士兵	大校
60660300202792	syz1236(五)	2799604	士兵	大校
8516152	苹果梨	2777371	士兵	大校

续表

资产账号	选手	盈利额	原军衔	晋升军衔
7712011985	期货兔子	2726474	上尉	大校
8610353	睿福投资基金 2 号	2667130	士兵	大校
22261158	刘学伟	2620994	士兵	大校
156620083	恩萌 28	2547251	士兵	大校
11383300050	BLUE(程序化)	2447675	中尉	大校
8610356	睿福投资基金 3 号	2356434	士兵	大校
WYHH0558	haihai	2057295	上校	大校
158100300376	传奇	2052341	士兵	大校
171076197	乘务队	2012916	少尉	大校
20710058858	中睿投资	1838937	士兵	上校
7293006	恶狼	1820784	中校	上校
DHWD0812	东东锵④☆外盘☆	1781614	少校	上校
8582369	emmazhangster	1734426	士兵	上校
91928705	南昌稳赢	1648864	少校	上校
22290819	投资在线 2014	1641468	士兵	上校
6021603	★云旗★资产	1631814	上尉	上校
1778002252588	蓝色天际 B	1625407	士兵	上校
5290358208	奇获投资 2 号	1601520	士兵	上校
6818400035	老白干	1581758	少校	上校
151001101506	FLBT	1392186	士兵	上校
18728002679	成长投资	1322470	士兵	上校
8701519	喵了个咪	1288700	士兵	上校
22399989	奇获投资 10 号	1245472	士兵	上校
2552979	奇峰投资	1205058	士兵	上校
208257100502	杭州阿超投资	1193557	士兵	上校
1012301097	量化风华 2 号	1155904	中校	上校
12984020600	合顺投资 0600	1155019	士兵	上校
DHXY9588	王向洋	1123109	士兵	上校
8580809	长安财富 3 号期货基金	1121412	少校	上校
8610331	明天	1100941	士兵	上校
8580712	滚雪球	1080881	上尉	上校
11920210706	百里马	1045753	士兵	上校

续表

资产账号	选手	盈利额	原军衔	晋升军衔
10767213	徐不疾	1028563	初级士官	上校
12981162911	百年投资	1024118	士兵	上校
208257901015	东北角2	998932	士兵	中校
8701130	18900662***	984675	士兵	中校
7032853	杰西糖2014	978503	士兵	中校
15202067	fangyuf	975610	少校	中校
2102020330	东北角	965054	士兵	中校
156882397	恩萌d	963925	士兵	中校
8515231	如履薄冰	950616	上尉	中校
8582331	深圳景春	933580	士兵	中校
151001101505	张田(范磊指导)	913844	士兵	中校
8580108	江枫渔火	911864	少校	中校
12980700082	一根均线	886936	士兵	中校
763070018	lsd	886221	士兵	中校
1778002220562	gold16	884765	士兵	中校
8510212	jianke	882589	少校	中校
80100006769	期蛭	858123	少尉	中校
8582512	老火鸡	857424	士兵	中校
156882601	恩萌08	852154	士兵	中校
156882721	恩萌b	822453	士兵	中校
2160201900019	鳄鱼猎食	794559	士兵	中校
13010303001	刘福厚01	772239	士兵	中校
8831920	琳石一找伯乐	751772	士兵	中校
13588716658	品石资产	740095	士兵	中校
12981130925	恒星	734833	士兵	中校
13588702579	听天由命	724127	少校	中校
91918008	大国崛起	713676	中尉	中校
6818400036	向日葵投资	707249	中尉	中校
8701886	时务投资	696050	士兵	中校
12981081598	海豚一号	695286	士兵	中校
205600333999	qihuo laoren	686538	士兵	中校
7293003	狼啊狼	686340	士兵	中校
8580879	稳健投资	676144	少校	中校

续表

资产账号	选手	盈利额	原军衔	晋升军衔
59392158	f6	667414	上尉	中校
7989003	申林 1	662904	士兵	中校
151000500311	点石成土	643231	上尉	中校
7805553	张金光	637517	士兵	中校
8582501	固利资产:趋势为王	626446	士兵	中校
205881001521	思思飞	623934	上尉	中校
205881009990	毛主席说我真丑	622537	上尉	中校
8580679	zhaohui	618914	中级士官	中校
2133607	义美基金	596826	士兵	中校
21979040109	玮猪炒期货	587203	士兵	中校
208100105657	焓天 Allen	587000	中尉	中校
20799006692	杭州阿超投资种子账户	571471	士兵	中校
22811803162	朗智基金 1	561064	中尉	中校
8581022	8581022	557433	上尉	中校
8580855	lixinpeng	547911	士兵	中校
7710700898	程序交易者	546183	士兵	中校
8510183	ooeight	536749	少校	中校
213305089	持之以恒 89	515428	士兵	中校
DHXX9320	许盛智	514467	上尉	中校
156620087	恩萌 c	512924	士兵	中校
9600600152	挪威森	507133	士兵	中校
59710820	龙行海天	490663	士兵	少校
880603028	元杰_玉米	476342	士兵	少校
8582212	以期货为生	464559	初级士官	少校
218879064	老白干 01	459960	士兵	少校
6022719	李蓉 2146	455228	士兵	少校
12983100018	鳄鱼捕食	444470	士兵	少校
156602029	UniHarvest	425821	士兵	少校
16810079137	寂寞之狐	411739	士兵	少校
780025888	林之鹤	408973	士兵	少校
21021500098	富甲一方	404899	士兵	少校
193707133	守望者(股指)	401036	士兵	少校
2711888	鲁南投资	399470	士兵	少校

续表

资产账号	选手	盈利额	原军衔	晋升军衔
116602325	纽约 Futures	396452	士兵	少校
23091000960	全部程序交易	391721	上尉	少校
100008	布林鳄 1 号	389899	士兵	少校
1800965	微时量化基金	386039	上尉	少校
8581510	蒋晓辉	385275	士兵	少校
18786001780	恩萌 38	384561	士兵	少校
8610363	CACF4	367049	士兵	少校
15639211	tom 顺势而为	362513	中尉	少校
60330034000534	知秋	357529	士兵	少校
60660300202999	周正晓	355717	士兵	少校
11920227088	fangyuf3	354014	士兵	少校
139100101007	谈小二	353979	士兵	少校
8580835	billcai	351888	高级士官	少校
1817005761	恩萌 j	348513	士兵	少校
DHZY9089X	houyong	347016	高级士官	少校
7270021	荣晓东	340148	上尉	少校
2829230	天才之梦	339641	士兵	少校
8516288	cchenlongg	339572	中尉	少校
12984018908	大信 5 号	337861	中级士官	少校
8703923	18960522***	337139	士兵	少校
8801300	煌昱一号基金	332729	士兵	少校
2088030309	ST 涛涛	330453	中尉	少校
10516579	杨沂茹	327003	士兵	少校
8513816	wyhaier	326320	中尉	少校
8831878	王卿:做期货的 95 后	325417	士兵	少校
20610180372	大信六号	319068	士兵	少校
22921700008	孙子兵法	318123	中级士官	少校
1010102227	QKPGDRWVXSLMHTZNBCF	317532	士兵	少校
170801002910	一粒米	312099	士兵	少校
22811803185	冬日恋歌	306798	士兵	少校
8705380	御风致远	304768	士兵	少校
8582528	长安财富 5 号期货基金	302414	士兵	少校

注：以上表格只发布了将官晋衔奖和校官晋衔奖，未发布尉官晋衔奖和士官晋衔奖。

附录二：第七届(2014—2015 年)蓝海密剑中国对冲基金经理公开赛获奖名单

第七届(2014～2015 年)蓝海密剑中国对冲基金经理公开赛获奖名单

年度先锋勋章

年度前六			
年度净值排名	资产账号	选手	单位净值
1	8703620	15818203***	10.5307
2	8515363	gaofengguo	8.241835
3	8610295	丁崇龙	7.986962
4	8582521	wxf2000	7.847611
5	8515669	李海鹰	7.832111
6	22369839	Tenacious Z	7.645074
基金组			
年度净值排名	资产账号	选手	单位净值
1	171073640	齐商	5.000424
2	6060121	合顺投资Ⅳ(有限合伙)	1.98388
3	13010303018	刘福厚 02	1.966746
集团军			
年度净值排名	资产账号	选手	单位净值
1	87731136	爱财的老张	5.372547
2	8713727	安宁	5.075419
3	2202100128	HEC 陈建华	4.860831

续表

导弹部队			
年度净值排名	资产账号	选手	单位净值
1	21011011527	流氓兔二号	4.722491
2	2160200000000	康宝亮叁号	4.419108
3	8515013	小李飞刀	3.360039
空　军			
年度净值排名	资产账号	选手	单位净值
1	8582501	固利资产:趋势为王	4.3388
2	22688329	敬昭投资	4.263976
3	8519999	爱上趋势	3.895478
海　军			
年度净值排名	资产账号	选手	单位净值
1	22811803188	添瑞	4.86734
2	87730328	突然奔跑	3.042892
3	1778580000000	凯泽投资	2.914518
陆　军			
年度净值排名	资产账号	选手	单位净值
1	8702330	趋势赢家	5.745083
2	6029999	姜晓艳	5.3588
3	51883311445	KKK520	4.613362
预备役			
年度净值排名	资产账号	选手	单位净值
1	81108169	小灵茹3	6.833116
2	8712027	有时候无聊	5.464821
3	22399989	奇获投资10号	5.216686
远征军			
年度净值排名	资产账号	选手	单位净值
1	DHJG9131	金鑫期货	3.637249
2	DHSH8073	爱海超越梦想	3.273257
3	DHHP2652	蓝色海岸	2.244827

续表

机枪手			
年度净值排名	资产账号	选手	单位净值
1	8706035	HJ	6.157184
2	8831961	选手 0000885	4.865839
3	8705377	Ryan	4.509485

晋衔奖

资产账号	参赛名	累计盈利额	历史最高军衔	第七届军衔
8713727	安宁	126019897.4	士兵	元帅
13010303018	刘福厚 02	121465199.7	上将	元帅
8808888	东航金融种子一号	110646757	上将	元帅
8510113	freezegogo	64132226.17	上将	五星上将
6060121	合顺投资Ⅳ(有限合伙)	52691382.03	上将	五星上将
171073640	齐商	45320201.49	士兵	上将
22811803188	添瑞	35443653.7	士兵	上将
8999901	久富大泽保本基金	18767184.15	士兵	少将
8808903	CTA 精英孵化基金	16432053.88	士兵	少将
8808909	凌云 3 号	15515962.93	士兵	少将
8808908	海证 2 号	13990939.34	士兵	少将
87731136	爱财的老张	13384486.4	士兵	少将
12984019716	康宝亮壹号	12062973.37	士兵	少将
780025888	林之鹤	10684846.58	少校	少将
2202100128	HEC 陈建华	9999378.93	士兵	大校
1811980098	靠后偏右	8508053.71	士兵	大校
2102021208	鲍鱼	8122963.27	士兵	大校
22220188	股指精灵	8107932.3	士兵	大校
2160201900019	康宝亮叁号	7690637.48	中校	大校
208217600336	奇获投资稳进型	6675942.7	士兵	大校
8515363	gaofengguo	6254342.57	士兵	大校
8808902	CTA 孵化基金	6201526.32	士兵	大校
22812103986	三十三度资本 MOM-赤道 1 号	6057022.78	士兵	大校

续表

资产账号	参赛名	累计盈利额	历史最高军衔	第七届军衔
6021603	★云旗★科技	5470965.94	上校	大校
12983100018	康宝亮肆号	5112045.77	少校	大校
8800158	滥竽充数基金	4532909.45	士兵	上校
22399818	奇获投资锐意型	4490544.6	士兵	上校
8519999	爱上趋势	4272301.35	少校	上校
208201010005	蓝色天际1号	4044792.93	士兵	上校
21011011527	流氓兔二号	4007153.64	士兵	上校
1801058	中蕴投资	3979380.07	少校	上校
22688329	敬昭投资	3885727.38	士兵	上校
21979050288	奇获奇才	3842421.71	士兵	上校
208257901015	东北角2	3751456.5	中校	上校
1013500688	有意无意	3488697.72	士兵	上校
7989003	申林1	3475196.21	中校	上校
8582501	固利资产:趋势为王	3372739.91	中校	上校
8710657	吴娱	3310347.46	士兵	上校
2102020330	东北角	3303009.44	中校	上校
22933685	千象1期	3128008.34	士兵	上校
12984018908	大信五号	2958646.76	少校	中校
8808929	合顺伟业对冲基金	2799120.92	士兵	中校
8582521	wxf2000	2749317.04	士兵	中校
13588716827	谈谈小二	2681836.31	士兵	中校
12984019705	康宝亮贰号	2662006.93	士兵	中校
8808922	洼盈1号	2659952.9	士兵	中校
6031301	非却投资进取型	2538344.35	士兵	中校
1778701882986	千象资产趋势	2385958.55	士兵	中校
8809002	余道稳健1号	2374547.37	士兵	中校
81108169	小灵茹3	2253581.58	士兵	中校
8711531	冰封王座	2126590.05	士兵	中校
13033100013	张弛有道	2070147.68	士兵	中校
12984016395	琪胜	2011355.11	士兵	中校
8515669	李海鹰	1990238.59	士兵	少校
208100108300	hillxyh	1867685.53	士兵	少校

续表

资产账号	参赛名	累计盈利额	历史最高军衔	第七届军衔
205930000075	与取投资	1700485.57	士兵	少校
205890001629	紫贝壳航母号	1573703.77	士兵	少校
132686678	包元明	1542171.54	士兵	少校
156860879	雨人系列 - 微愚西疯	1534196.45	士兵	少校
8610295	丁崇龙	1461547.44	士兵	少校
12506315	霹突辟投资	1452702.09	士兵	少校
DHJG9131	金鑫期货	1423049.3	士兵	少校
1778582000916	凯泽投资	1413083.66	士兵	少校
12984C18985	大信七号	1408156.33	士兵	少校
132885019	千象稳健	1405404.6	士兵	少校
6818400038	老白干 02	1400252.36	士兵	少校
7118561	陈杰 cj	1399373.83	士兵	少校
7960888	应坚平	1395338.48	士兵	少校
763070210	大海的方向	1346112.79	士兵	少校
8703938	九月	1345661.75	士兵	少校
13010303355	万福 1	1330030.15	士兵	少校
13701591023	恶狼意志一号	1294002.26	士兵	少校
11381001053	峥嵘岁月三号	1286844.68	士兵	少校
56108172	广江会 05	1269027.51	士兵	少校
205880001022	大阳公馆	1264326.91	士兵	少校
116213519	金友莆田一咏春拳	1262262.77	士兵	少校
12984022090	典典	1248799.94	士兵	少校
105191201	雅痞浪子	1187152.72	士兵	少校
87730328	突然奔跑	1185622.69	士兵	少校
763120009	道纪投资 2 号	1181410.61	士兵	少校
8718739	柒雪馨淙	1175180.83	士兵	少校
12981121389	中衍泰富	1147125.99	士兵	少校
15679057	诚益操盘	1140147.06	士兵	少校
763121607	道纪投资 1 号	1029621.98	士兵	少校

注：晋衔奖盈利额自 2010 年累计统计，盟军选手所获奖金为常规军种的 10%。

附录三：蓝海密剑中国对冲基金经理公开赛最新比赛规则

蓝海密剑中国对冲基金经理公开赛比赛规则

为了促进衍生品市场投资管理人才的成熟，探索和积累衍生品投资基金管理经验，推动我国衍生金融力量全面成长，秉承科学、严谨、创新、高效的精神，东航金融(www.kiiik.com)联合汇添富基金(www.99fund.com)、第一财经(www.yicai.com)共同举办蓝海密剑中国对冲基金经理公开赛。

[比赛时间]每年(1月1日至12月31日)一届，连续10年。

[奖金总额]计划每年超过100万元人民币，总计1000万元以上。

[赛事规划]

1．适应对外开放趋势需求，大赛向全球开放。为全面加速培养衍生品投资管理人才，第七届比赛期货实盘大赛基础上，FOF、金融期货仿真和杠杆式外汇仿真等辅助策略测试平台，参与者可单独报名。

2．第六届蓝海密剑实盘大赛选手默认自动进入本次比赛，过往比赛成绩将被连续计算列入大赛官网“蓝色档案”以备查考。

3．比赛中成绩优异、表现突出的选手将载入精英档案，组委会将予以推广。

4．为提升比赛竞技水平，国内任何期货公司的投资者均可参加期货实盘大赛。

5．特约交易商(东航期货与东航国际金融)投资者将有机会获得增值服务中心使用机会。

6．其他期货公司投资者可向大赛组委会申请参加比赛，该类投资者在参赛后列入盟军序列，并需提供相关必要信息，该类信息仅用于比赛成绩处理和获奖时身份验证。

7. 主办方将通过科学严谨的评估体系进行星级基金经理评估，同时还将邀请潜质选手加盟“种子系列”基金经理培养计划，提供规模资金操作培养平台，锻炼选手规模资金掌控能力。

8. 大赛表现优异选手将获主办方相应礼遇，并有机会获组委会以高薪职涯邀聘或进行深度合作。

9. 大赛所有奖项均为税前额。

10. 蓄意弄虚作假而非展示真实操作水平者，组委会可根据情况取消其参赛资格。

11. 组委会拥有本次比赛解释权并随赛程进展必要时对规则进行合理调整，但每届比赛最后三个月不再修改比赛规则。

[奖项总揽]

第七届中国对冲基金经理公开赛设年度先锋勋章、晋衔奖、高地军旗手等奖项，年度比赛结束后颁发。

<table>
<tr><th colspan="4">奖项总揽</th></tr>
<tr><th colspan="2">所属赛事</th><th>奖项要求</th><th>计奖周期</th></tr>
<tr><td rowspan="5">实盘比赛</td><td rowspan="2">年度先锋勋章</td><td>年净值增长前六名</td><td rowspan="4">每年颁发</td></tr>
<tr><td>各军种年净值增长前三名</td></tr>
<tr><td>晋衔奖</td><td>累计收益额突破晋衔标准</td></tr>
<tr><td>高地军旗手</td><td>突破各周期收益率纪录</td></tr>
<tr><td>星级基金经理</td><td>星级排名评分前100位</td><td>优先入选FOF基金池</td></tr>
</table>

[大赛官网]比赛详情请登录　蓝海密剑 http://www.lhmj.org

[大赛论坛]选手交流请登录　蓝海密剑－中国对冲基金论坛 http://forum.kiiik.com/

[大赛技术协办]东航期货有限责任公司、东航国际金融(香港)有限公司

[隐私保护]主办方承诺对所有选手个人信息资料、交易数据实行最严格保护，未经选手同意，不得泄露。

期货实盘大赛竞赛规则

[基本规则]

1．有志于从事衍生金融事业的国内外所有期货(期权)投资者和杠杆式外汇投资者，均可报名参加比赛。

2．国内市场交易不限交易商，如申请在特约交易商东航期货有限责任公司比赛，将获各类增值服务、特许手续费率、机枪手组等机会，非特约交易商为盟军选手；国际市场特约交易商为东航国际金融(香港)有限公司。

3．比赛交易风格不限，交易品种不限（包括在竞赛期间推出的新品种)，保证金规模不限，保证金出入不限。

4．上届“蓝海密剑”期货实盘赛选手，默认自动进入本次比赛。特约交易商客户如愿参加比赛须向组委会申请并提供资产账号。

5．比赛中将构建科学严谨的评估指标体系全方位考察选手交易状况。

6．为增强比赛的直观性和观赏性，比赛模拟军事行动展开，特引入兵种、军衔序列编制，根据选手的资金规模（日均净本金)和取得的收益额划分不同兵种和配授相应军衔；晋衔选手将获得相应奖项。

7．为保证盟军参赛选手交易数据连续性，参赛选手应向主办方提供参赛账户的保证金监控中心账户和密码且在比赛期间持续有效。如遇期货保证金监控中心技术升级、选手保证金监控中心密码变更及其他非主办方原因造成盟军成绩缺失，大赛主办方不承担责任。

[入伍编队规则]

1．所有选手按日均净本金或战技特征编入蓝海密剑相应军种：

军种	日均净本金(战技)
基金组	1000万(含)以上
集团军	200万(含)以上
导弹部队	100万(含)以上
空军	50万(含)以上
海军	30万(含)以上
陆军	10万(含)以上
预备役	10万以下
机枪手特战营	日内交易选手
远征军	外盘选手
盟军	非特约交易商选手

2．军种划分及军种调整条件：

⑴所有选手参赛后如有出入金变化，其军种划分方法采取日均净本金的算法。

⑵盟军选手以日均净本金编入基金组、集团军、导弹部队、空军、海军、陆军、预备役等常规军种(不包括机枪手和远征军)参与大赛排名。

⑶机枪手特战营(日内交易)根据选手的交易状况编队。具体条件为：

①日内交易，无隔交易日持仓。不符合条件者，自动划入其他军种继续参战。

②常规军种选手申请加入机枪手，以重新参赛处理。

③对于利用比赛规则，反复申报机枪手组别情形实施限制条件：违反组别规则退出机枪手组后，每届比赛只有一次再度申报该组别资格。

⑷进编远征军(外盘选手)选手需向组委会特别申请并提供相应账户资料。具体条件为：

①持有东航国际金融（香港)有限公司的港股、恒指及海外证券、海外期货、杠杆式外汇交易账户的选手均可加入远征军。

②远征军选手的成绩每日将根据中国外汇交易中心外汇中间价统一结算成人民币后进行计算。

[成绩计算]

1．实盘大赛根据选手权益、出入金等情况采取单位净值法计算成绩，并于每日进行发布。年单位净值为以当届参赛为初始状态计算的单位净值，当届比赛内连续计算，每届比赛结束后清零重新计算。总单位净值以 2014 年 1 月 1 日 10 年比赛周期起点为初始状态计算的单位净值，连续滚动计算。

2．选手由常规军种申请转入机枪手，当届比赛成绩清零，次日重新计算。

3．机枪手选手违反比赛规则持仓，自动转入常规军种，当届比赛成绩延续计算；选手由机枪手转为常规军种，当届比赛成绩延续计算。

4．盟军选手申请转入常规军种、机枪手参赛的，需向特约交易商申请开立交易账户，其中盟军选手转为常规军种参赛的，当届比赛成绩延续计算；盟军选手转入机枪手的，当届比赛成绩清零，次日重新计算。

5．盟军选手转入常规军种后，延续计算此前盟军成绩的，需同时满足以下条件方可视为常规军种组别奖励：第一，不少于 50%盈利额在转入常规军种后取得；第二，当届比赛以常规军种身份参加比赛时间不少于 50%且不少于三个月。未同时满足上述条件的选手，奖金依然依据盟军标准颁发。

6．主办方每日对选手成绩进行计算和发布，其中常规军种选手在开赛前如有持仓，期初权益按开赛前一日收盘价计；如中途报名参赛或因其他原因导致重新计算，期初权益按前一日结算价计；比赛过程中按结算价计算，每届比赛末按最后一日收盘价计算成绩；盟军选手账户权益在比赛全程按结算价计算成绩。

7．由于外盘、外汇市场在国内时段为跨天交易，大赛统一规定 T 日账户权益为累加计算 T-1 交易日外汇市场收盘，T 日港交所收盘以及北京时间凌晨 5:15（夏令时）海外期货市场的即时账户权益，作为计算当日远征军选手成绩的依据（海外期货数据冬令时比夏令时延迟 1 小时）。

8．大赛盟军选手成绩计算所需数据通过期货保证金监控中心获取，因各期货公司结算时间差异，大赛盟军选手成绩于每日 18：00 左右发布，并在此后陆续更新，次日 6：00 为当日成绩最终截止时间。

9．比赛各周期收益率、收益额奖项以及各项收益率记录的认定，均以周期起始日前一个交易日和周期期末日收盘价确认账户权益。盟军选手涉及参赛奖项和收益率记录认定时，需按所在军种统一手续费标准调整账户权益后确认。

10．为真实反映选手交易能力，保证大赛公平，每个比赛周期末组委会将按照收盘价和手续费水平对账户成绩进行核实，最终获奖情况以大赛官网正式公告为准。

[奖项设置]

第七届实盘大赛专设年度先锋勋章、晋衔奖、高地军旗手等奖项，于每届比赛结束后颁发。盟军均根据日均净本金编入相应军种排名，各评奖周期末根据所在军种进行交易手续费统一核算，如达到各奖项要求，可参选年度先锋勋章、晋衔奖、高地军旗手奖项和星级基金经理评估体系，盟军选手可获得相应奖项奖金的10%。

年度先锋勋章

奖励类型	奖项说明	获奖人数	奖金／人	奖金合计
先锋勋章	年净值增长第1名	1名	6万元	21万元
	年净值增长第2名	1名	5万元	
	年净值增长第3名	1名	4万元	
	年净值增长第4名	1名	3万元	
	年净值增长第5名	1名	2万元	
	年净值增长第6名	1名	1万元	
先锋勋章（年净值增长前6名以外）	各军种年净值增长第1名	1名	5000元	9万元
	各军种年净值增长第2名	1名	3000元	
	各军种年净值增长第3名	1名	2000元	
每年奖金30万元				

注：如某军种参赛人数少于10人，则取消该军种年度先锋勋章。

[晋衔奖]

大赛所有选手盈利额采取滚动连续方式计算。所有在每届比赛参赛时间在三个月以上（含）且在每届比赛结束时获得衔级者，均可获得相应晋衔奖励。

晋衔奖每年向当年晋级选手颁发一次，奖金额为晋升后衔级与历史过往最高衔级奖金差额。

军衔	收益额	晋衔奖
元帅	1亿元(含)以上	50万元
五星上将	5000万元(含)至1亿元	30万元
上将	1000万元(含)至5000万元	20万元
中将	500万元(含)至1000万元	10万元
少将	300万元(含)至500万元	5万元
大校	200万元(含)至300万元	3万元
上校	100万元(含)至200万元	2万元
中校	50万元(含)至100万元	1万元
少校	30万元(含)至50万元	5000元
上尉	15万(含)至30万元	
中尉	8万元(含)至15万元	
少尉	5万元(含)至8万元	
高级士官	3万元(含)至5万元	
中级士官	1万元(含)至3万元	
初级士官	5000元(含)至1万元	
士兵	5000元以下	

注：盟军选手需获得校官以上衔级可获得晋衔奖奖金。

高地军旗手

奖励类型	奖项说明	获奖人数	奖金/人
年度纪录高地军旗手	打破比赛年度收益率纪录	不限	1万元
半年纪录高地军旗手	打破比赛半年度收益率纪录	不限	1万元
季度纪录高地军旗手	打破比赛季度收益率纪录	不限	1万元
月度纪录高地军旗手	打破比赛月度收益率纪录	不限	1万元
日纪录高地军旗手	打破比赛日度收益率纪录	不限	1万元

注：①本次10年比赛周期“蓝海密剑”比赛的日、月度、季度、半年、年度等各项收益率记录，均以累计东航金融举办前五届期货实盘比赛比赛结果对应各项收益率最高纪录为初始值。

②某周期纪录被刷新后，即作为下一次纪录突破的基准值；如有多位选手在同一天打破某周期纪录，均可获得高地军旗手奖项，取成绩最高者作为下一次纪录突破的基准值。

③高地军旗手奖项确认除满足突破此前比赛收益率记录外，同时在该周期内盈利应不少于人民币5万元，每届比赛结束后根据当年比赛记录情况颁发一次。

④比赛新产生的日、月度、季度、半年、年度等各项收益率纪录，均以周期起始日前一个交易日和周期期末日收盘价确认账户权益，并通过单位净值法进行计算。每个记录周期期末，组委会将对比赛自动计算出的超过或接近各项纪录成绩进行人工复核，并对破纪录的成绩予以确认。

FOF仿真测试平台

1．长期关注期货资产管理，有志从事对冲基金事业者均可报名参与，参加者需提供姓名、联系方式、有效身份证等资料，每人只能注册一个账户。报名成功后，获得主办方开设的蓝海FOF账户和统一的5000万人民币资金规模。

2．FOF参赛选手以蓝海密剑实盘大赛参赛账户作为目标基金池进行投资，首批目标基金池为蓝海密剑星级评估排名前100位选手(以申购前一交易日名单为准)，标的基金根据其账户规模有投资权重限制。选手可自行利用蓝海密剑大赛官网的数据、指标、资料等对目标基金进行评估。

3．蓝海FOF账户初始权益为5000万，初始FOF蓝海净值为1。

4．每日收盘后计算蓝海FOF账户单位净值，单位净值=T日权益/初始权益，其中T日权益=T-1日现金+T日目标基金份额×T日目标基金净值之和，T日现金=T-1日现金-T日申购金额+T日转入赎回金额。

5．蓝海FOF账户对目标基金投资采取现金申购、份额赎回方式，申购和赎回可24小时连续进行。申购赎回价格以申购赎回指令发出时间来确定，交易日当天15：15以前发出的申购赎回指令以当日收盘价作为申购赎回的成交价。15：15以后发出的申购赎回指令以下一个交易日收盘价作为申购赎回的成交价。申购赎回指令的发出时间以系统接收到委托指令的时间为准。

6．为了培养基金投资的审慎态度，FOF目标基金的申购和赎回费用均由基金申购人承担，使用蓝海 FOF 账户内的现金支付扣除，FOF 基金的申购费率为 0.5%，赎回费率为 0.5%。

7. FOF 目标基金申购份额的计算：净申购金额 = 申购金额 /（1+ 申购费率），申购费用 = 申购金额 - 净申购金额，申购份额 = 净申购金额 / 提出申购当日基金年单位净值。

8. FOF 目标基金赎回金额的计算：赎回采用“份额赎回”方式，赎回价格以提出赎回当日（T 日）基金年度单位净值为基准进行核算，计算公式如下：赎回总金额 = 赎回份额×T 日当日收盘时基金年单位净值，赎回费用 = 赎回总金额×赎回费率，净赎回金额 = 赎回总金额 - 赎回费用。

9. 根据目标基金净本金规模不同，蓝海 FOF 账户对其投资份额进行限制（下表）。

军种	日均净本金	份数限额
基金组	1000 万(含)以上	5000 万
集团军	200 万(含)以上	1000 万
导弹部队	100 万(含)以上	500 万
空军	50 万(含)以上	250 万
海军	30 万(含)以上	150 万
陆军	10 万(含)以上	100 万
预备役	10 万以下	50 万
机枪手	日内交易选手	50 万
远征军		暂不参与

10. 蓝海 FOF 账户如遇所持目标基金在实盘比赛中申请退赛，以退赛前一日净值赎回该目标基金的全部份数计算权益。如遇目标基金在实盘比赛中军种组别调整，目标基金份数限额跟随自动调整，原持有人所持该基金的份额不变。

衍生品及外汇仿真策略测试交易平台说明

1. 为全面培育提升投资者交易能力，国内金融衍生仿真交易、杠杆式外汇仿真交易为不具备实盘条件的选手以及体验未在实盘上市的品种提供测试交易和风控策略的平台。

2. 由于仿真开户的需要，满足中国证监会及香港证监会相关规定的投资者均可报名参与，参加仿真平台需提供姓名、联系方式、有效身份证明等资料。

3. 仿真平台通过大赛官网报名，报名需提供相关资料信息，报名成功后由主办方分配账号和初始密码。

4. 参与仿真平台需采取指定操作软件，国内金融衍生仿真交易指定软件——全球鹰仿真系统，杠杆式外汇仿真交易指定软件 --CES-MT4 仿真软件。

5. 账号及密码一经提供需由参赛者自行保管，丢失或遗忘主办方均不负责。本次活动最终解释权归主办方所有。

6. 国内衍生品仿真交易账户初始权益为 500 万人民币，杠杆式外汇仿真交易初始权益为 50 万美元，初始单位净值为 1。

7. 国内金融衍生仿真交易主要交易中国金融期货交易所沪深 300 指数仿真期货合约及交易所适时推出金融期货和期权等衍生品仿真合约。

8. 杠杆式外汇仿真交易品种为主办方所提供交易软件中允许交易的外汇种类，最小交易单位为 10000 基本货币，杠杆比例为 20∶1。

9. 仿真账户 T 日的年度单位净值 =T 日权益 / 比赛初始权益，仿真账户 T 日的月单位净值 =T 日权益 / 当月初始权益，其中 T 月初始权益 =T-1 月最后一个交易日权益。

10. 考虑未来上市各类仿真交易合约价格不连续，衍生品种杠杆和保证金计算方式差异较大，保证公平交易及为引导投资者正确交易理念，衍生品及外汇仿真策略测试交易平台不设收益率奖项。仿真参与者可自愿在大赛官方论坛以发帖跟踪形式测试情况，经大赛组委会及实盘投资者评估测试成熟策略，给予资金推荐或实盘合作奖励。

11. 为培养挖掘潜力人才，增加高校学生实务动手能力，主办方特别为展示纪录优异的校园选手提供实盘赛事活动观摩、交流以及东航金融旗下机构实习和优先录用等多项奖励。

附录四："种子一号"对冲基金经理养成计划

"种子一号"对冲基金经理养成计划

衍生产品基于企业规避市场风险需要而产生,作为金融工具而完善，显现为重要的投资渠道而繁荣。2010年，随着中国股指期货的成功推出，期货市场的功能完善和市场容量迈上了新台阶。

然而，我国期货市场发展水平与国际同行业相比仍然存在很大差距。在成熟的期货市场上，机构投资者是市场中的主要力量，而我国期货市场个人投资者占据了市场的主要地位。失衡的投资者结构不利于我国期货市场的健康发展，加快培养我国专业的机构投资者是市场建设的当务之急。

为此,东航金融在"潜龙出渊"和"蓝海密剑"期货实盘大赛开赛之初就明确了"探索和积累衍生品基金管理经验"的宗旨。通过数年的探索和积累，拟推出"种子一号"基金经理养成计划，以期为未来真正的对冲基金培养出优秀的经理人才。

一、基金经理养成计划目的

通过系统组合，资金规模增压，促进比赛中表现出卓越潜能的选手成长，使选手通过本计划培养后顺利过渡为未来基金经理。东航金融通过提供种子基金的方式，为选手提供一个贯彻自己投资理念和展示交易技巧的平台。随着选手投资水平的提升和选手数量的扩充，逐步增加种子基金规模，进一步提升选手运作资金的能力。本设计方案参考目前基金公司"专户理财"产品的运行架构，但保持资金和选手的开放性，以实现资金规模和人才规模的扩充。

二、基金经理养成计划的运作

针对目前期货行业资产管理无序的情况，本基金经理养成计划按照基金公司方式运作，希望通过规范的运作形式，提升整个期货行业资产管理标准，使得期货行业资产管理向着有序、健康、标准化的方向发展。基金经理养成计划运作期间，东航金融对参加基金经理养成计划的选手定期进行评估，通过对选手交易记录进行多维度分析，结合对选手交易手法、交易风格的定性考察，甄选优秀的选手稳步增加资金规模。以下是本计划运作的流程图。

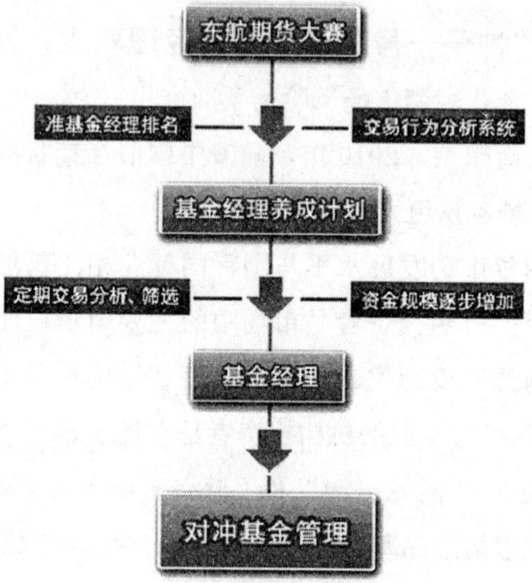

三、基金经理养成计划选手挑选标准

1．参加潜龙出渊和蓝海密剑大赛满12个月，个别表现极为突出选手可放宽至6个月。

2．准基金经理（“蓝海密剑”实盘大赛综合排名）排名前60（随着参赛人数增加，可酌情放宽）。

3．有较明确的投资理念和交易策略，符合基金经理养成计划产品的要求。

4．有较为严格的风控方案，并有较强的执行力。

5．有合作意愿，具有较强自律性。

四、基金经理养成计划产品构建方法

通过对参加“蓝海密剑”期货大赛的优秀选手进行交易行为分析并结合本基金产品的风险控制要求，首期甄选出10～15位优秀选手；将选手交易策略进行分类、组合，根据“种子一号”风格要求分配权重和资金规模（以后定

期调整权重和资金规模)。

五、基金经理养成计划产品特点

通过优选期货组合投资经理，利用短线、中线、长线等策略进行组合投资，并采用对投资经理的组合比例调整，追求资本在低风险水平下的长期平稳复利增长；以期"种子一号"有杰出表现。

通过多种不同投资策略组合，获取稳健基础上的高额投资收益。

东航金融发挥主动管理能力，采用组合基金的设计结构，根据市场状况和选手表现，适时动态调整子基金配置权重，对选手在综合谨慎考察基础上实行优胜劣汰。

多种措施保障风险。通过东航金融、期货公司和投资经理三级风控体系严密布控；通过动态保证金比率调整、投资品种设定、严格止损、交易软件自动交易参数设定、多重安全垫等多种手段实施风控。

明星投资经理+激励约束机制。东航金融从800多位交易选手中，挑选了60位投资经理组成备选池，再从中挑选10多位投资经验丰富,投资策略鲜明的明星基金经理。同时东航金融将出资认购种子基金的启动规模。对培养的基金经理实行投资顾问(CTA)制度，激励措施为基本顾问费+绩效奖励。

风险承托机制。如果基金实际净值低于0.7，即亏损额超过30%的部分由东航金融承担。

六、基金经理养成计划产品要素

基金经理养成计划产品采取主动管理组合投资方式，业绩激励参考国外期货投资基金以及国内的专户理财产品的激励制度，对投资顾问实行基本投资顾问费+业绩奖励方式，投资顾问不承担投资风险。基金经理养成计划投资产品，每三个月为一个申购赎回窗口，申购赎回逻辑如下：

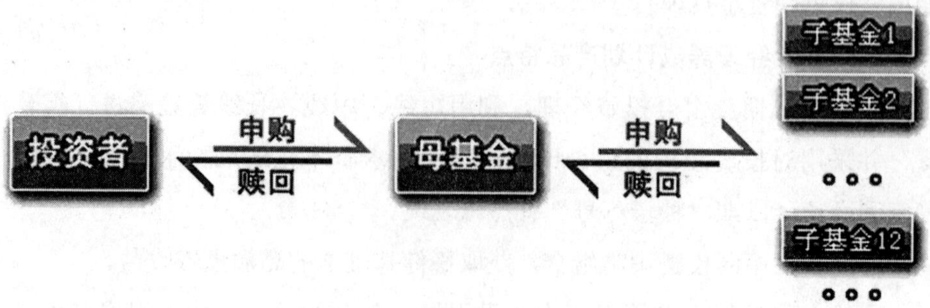

基金类型	主动管理组合期货投资基金
基金投资范围	暂仅限定于上海期货交易所、大连商品期货交易所、郑州期货交易所的主力合约
基金投资规模	最低投资 1000 万元人民币，不封上限
投资者申购赎回费率	申购费 0；赎回费 0
投资者申购赎回期	每季度末倒数第二个交易日开放申购赎回
基金产品期限	不定期限
基金分红	在产品份额单位净值超过 1.0 进行分红，每年至少分红一次
基金计划跟踪指数	绝对回报
静态预警线	子基金净值 0.85
止损线	子基金净值 0.7
基金固定管理费用	2%/年，按理财产品资产规模收取，按日计提，逐日累计到每月月末，按月支付
基金浮动业绩报酬	按照基金份额年化收益率超过 8%部分计提 20%作为业绩报酬

基金经理业绩奖励总额	根据基金份额的年化收益率表现超额部分按以下方式计算： 0＜基金份额年化收益率≤8%，不提取业绩奖励； 8%＜基金份额年化收益率≤18%，超额部分收取9%业绩奖励； 18%＜基金份额年化收益率≤28%，超额部分收取10%业绩奖励； 28%＜基金份额年化收益率≤35%，超额部分收取11%业绩奖励； 35%＜基金份额年化收益率，超额部分收取12%业绩奖励
基金经理基本投资顾问费总额	资产总规模1%/年，为扶持基金经理养成计划，初期暂定资产规模6%/年左右
基金经理个人业绩奖励	基金经理个人业绩奖励$=\frac{\text{子基金的贡献额}}{\text{所有子基金的贡献额之和}}\times$基金的奖励总额； 子基金贡献额根据子基金份额的年化收益率表现超额部分计算，具体参照基金业绩奖励计算； 若基金经理单位净值达到止损线，终止合作；不享有个人业绩奖励

七、投资决策程序和投资限制

1．投资决策流程：

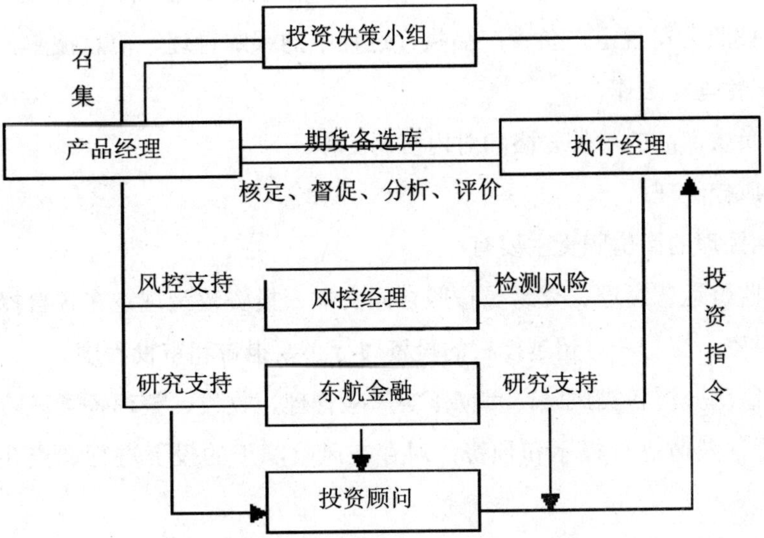

2．投资决策组：

(1)成员：包括产品及运营部门负责人、产品经理、投资顾问、运营经理、风控经理。

(2)职责：审议运营经理报告的投资异常状况并确定处理方案。

(3)议事规则：

①投资决策组会议由产品部门或运营部门负责人召集，须半数以上人员出席方可召开（产品及运营部门负责人必须出席），召开前运营经理须将投资异常状况报告发送到小组每个成员。

②投资决策组讨论确定的处理方案形成会议纪要由小组成员签字表决，半数以上成员同意予以通过并执行，否则予以否决。部门负责人可再行提议其他处理方案并表决。运营经理负责形成书面报告，上报产品和运营部门负责人并报公司分管领导。

③投资决策组确定的处理方案，分管领导有一票否决权。

3．运营经理：

运营经理的岗位职责主要有：

(1)对投资顾问的投资建议进行审核，在授权范围内执行场外交易指令，并记录交易执行情况，必要时对投资异常情况，报告投资决策组并执行处理方案。

(2)按照公司规定，负责产品执行过程中的跟踪管理、信息披露、终止清算和档案管理等工作。

(3)负责产品的对外联络和对内协调工作。

4．风控经理：

风控经理的岗位职责主要有：

(1)监督运营经理、交易员按照合同文本、投资政策规定在各自授权范围内进行投资、交易，对超越授权的投资履行必要报告和审批程序。

(2)监测分析各类风险，贯彻落实风险管理，收集、整理各类风险监测的指标数据，及时进行提示和预警；对存在风险隐患的投资进行调查并做出独立判断。

(3)与公司风险管理部落实公司有关风控政策。

5．投资顾问：

(1)按照自己的交易策略对执行经理发出投资指令。

(2)对投资异常情况报告产品经理以及投资决策组。

6．投资限制：

(1)只交易商品期货的主力合约和次主力合约。

(2)禁止交易近交割月合约。

注：主力合约和次主力合约按照交易量排名的最大的两个合约。非主力合约是指除主力合约和次主力合约的其他合约。近交割月合约是指交割月合约或临近交割月合约。

八、风险分析及管理对策

期货市场的保证金制度使得期货具有较高的杠杆效应，这决定了期货具有高收益、高风险的特征，"种子一号"基金经理养成计划作为探索性的期货基金，如何建立科学有效的风险监管制度，通过有效措施，对基金风险进行控制、规避、分散，成为一个重要课题。

"种子一号"基金经理养成计划通过三层风险保障措施设置，即基金经理、东航金融、期货公司三级风控体系严密布控，以期达到对风险的严格控制。作为基金的管理者，东航金融分别从以下方面对基金进行风险监控管理。

1．基金组合配置监控：

(1)基金经理资产配置。

通过东航期货主办的实盘期货大赛，对优秀选手的交易进行数量化分析，挑选出优秀的基金经理。同时，根据基金经理的交易风格，进行基金组合配置，从而达到对冲、分散风险和稳定盈利的目的。确定基金经理的投资组合也是我们进行风险管理的事前风险部分，通过事前对选手的交易策略和风险控制有足够的了解和认识，从而对整个组合产品的收益风险特征有足够的了解，在产品运行后对产品出现的异常情况能够及时进行监控。

(2)基金经理资产配置定期调整。

"种子一号"基金经理养成计划产品运营后每三个月定期调整一次，根据此期间基金经理的交易行为、交易结果调整基金组合资产配置。此期间主要考察以下方面：

①基金组合管理水平分析，通过对基金组合的收益构成分析，收益增长分析（主要关注基金组合收益率的增长及回撤情况）研究基金组合资产配置能力及业绩的持久性；

②基金经理交易分析，通过东航金融自有的客户交易行为分析系统跟踪基金经理交易行为，并定期对基金经理交易行为进行分析。

2．基金交易行为监控：

(1)交易合约限制。

根据期货市场和子基金投资策略的特点，综合考虑基金组合产品风险管理和公司内部风险管理的要求，根据合约的交易量、活跃程度以及是否为近交割月合约等因素，我们确定基金经理可交易的合约。通过东航金融自行开发的“红绿联盟交易系统”对基金经理可交易合约进行设定，并根据实际情况不断调整基金经理可交易的合约。

(2)交易保证金率限制。

通过调整期货合约的保证金比率，即调整基金经理使用的投资杠杆倍数，从而有效的实现对期货投资杠杆的控制。根据基金经理不同的交易策略特征，设定不同的初始保证金和维持保证金比率：在亏损的时候将提高基金经理的保证金比率，而在盈利的时候将降低基金经理的保证金比率。根据基金经理的交易情况动态调整保证金比率，根据净值表现调整不同基金经理的保证金比率。保证金比率表见附件1。

(3)交易参数设定。

通过东航金融自行开发的“红绿联盟交易系统”，对基金经理的交易参数进行设置，包括选手使用资金额度，交易品种等。同时，本系统可以对基金经理一些交易行为通过参数设置进行预警，如日内超短线基金经理的过夜持仓超过比率限制。

(4)盘中实时交易监控。

采用“红绿联盟交易系统”，及时、有效地进行盘中交易监控。对基金经理的交易品种进行评估，以及选手的交易风格进行监控，在突发的情况下采取减仓、强平等措施控制风险。

3．基金经理投资风险监控：

本基金经理养成计划的业绩很大程度上依赖基金经理的投资管理能力、勤勉尽责的执行投资管理义务和恪守各项法律法规。为了更好的控制本基金的风险，保护投资者利益，特此规定：

(1)要求基金经理进行无不良记录和合规运作等的陈述和保证；

(2)要求基金经理应及时向东航金融披露其信用事件、涉及诉讼、被国家机关立案调查及影响其发挥专业能力的事件，以便对其跟踪管理；

(3)要求基金经理定期准备投资计划、研究分析报告、评估报告等投资管理文件，递交并配合东航金融用于风险分析和信息披露；基金经理发出的投资建议应符合东航金融认同的研究分析报告；

(4)在基金经理养成计划中向投资人披露可能出现的投资风险，特别是出现道德风险时造成的不利影响；

(5)基金经理违反其职责时，东航金融有权根据合同的规定解聘基金经理或者提前终止养成计划。

4．基金净值跌破 0.70 止损点的风险。

若基金产品净值在接近止损点之时仍满仓交易，即便不存在杆杆(保证金比率为 100%)，也有可能在次日交易时盘中因交易品种价格的下跌，而导致最终清盘后的基金单位净值跌破 0.70，出现净值跌破止损点的风险。在净值跌破 0.70 以后该基金将停止运作，东航金融首先用自己购买份额补足客户的亏损，保证投资人最大亏损控制在 30%以内。

九、保证金调整比率表

1．基础保证金率：

交易所	品种	交易所基础保证金	基础保证金率
郑州商品	硬冬麦　WT	5%	10%
	强筋麦　WS	5%	10%
	棉花　CF	5%	10%
	白糖　SR	6%	12%
	PTA　TA	6%	12%
	菜籽油　RO	6%	12%
	早籼稻　ER	5%	10%
大连商品	豆粕　m	5%	10%
	大豆1号　a	5%	10%
	聚乙烯　l	7%	14%
	玉米　c	5%	10%
	大豆2号　b	5%	10%
	豆油　y	5%	12%
	棕榈油　p	7%	12%
	聚氯乙烯　v	7%	14%
上海期货	铜　cu	8%	16%
	铝　al	7%	14%
	天然胶　ru	8%	16%
	燃料油　fu	8%	16%
	锌　zn	7%	14%
	黄金　au	7%	14%
	螺纹钢　rb	8%	16%
	线材　wr	8%	16%

2. 当子基金单位净值≤0.9 时，则按照下面标准执行。

交易所	品种	交易所基础保证金	保证金率
郑州商品	硬冬麦　WT	5%	15%
	强筋麦　WS	5%	15%
	棉花　CF	5%	15%
	白糖　SR	6%	18%
	PTA　TA	6%	18%
	菜籽油　RO	6%	18%
	早籼稻　ER	5%	15%
大连商品	豆粕　m	5%	15%
	大豆 1 号　a	5%	15%
	聚乙烯　l	7%	21%
	玉米　c	5%	15%
	大豆 2 号　b	5%	15%
	豆油　y	5%	15%
	棕榈油　p	7%	21%
	聚氯乙烯　v	7%	21%
上海期货	铜　cu	8%	24%
	铝　al	7%	21%
	天然胶　ru	8%	24%
	燃料油　fu	8%	24%
	锌　zn	7%	21%
	黄金　au	7%	21%
	螺纹钢　rb	8%	24%
	线材　wr	8%	24%

3．当理财产品单位净值≤0.8时，则按照下面标准执行。

交易所	品种	交易所基础保证金	保证金率
郑州商品	硬冬麦　WT	5%	20%
	强筋麦　WS	5%	20%
	棉花　CF	5%	20%
	白糖　SR	6%	24%
	PTA　TA	6%	24%
	菜籽油　RO	6%	24%
	早籼稻　ER	5%	20%
大连商品	豆粕　m	5%	20%
	大豆1号　a	5%	20%
	聚乙烯　l	7%	28%
	玉米　c	5%	20%
	大豆2号　b	5%	20%
	豆油　y	5%	20%
	棕榈油　p	7%	28%
	聚氯乙烯　v	7%	28%
上海期货	铜　cu	8%	32%
	铝　al	7%	28%
	天然胶　ru	8%	32%
	燃料油　fu	8%	32%
	锌　zn	7%	28%
	黄金　au	7%	28%
	螺纹钢　rb	8%	32%
	线材　wr	8%	32%

4. 当理财产品单位净值＞1.1时，则按照下面标准执行。

交易所	品种	交易所基础保证金	保证金率
郑州商品	硬冬麦 WT	5%	8%
	强筋麦 WS	5%	8%
	棉花 CF	5%	9%
	白糖 SR	6%	10%
	PTA TA	6%	10%
	菜籽油 RO	6%	10%
	早籼稻 ER	5%	8%
大连商品	豆粕 m	5%	9%
	大豆1号 a	5%	9%
	聚乙烯 l	7%	11%
	玉米 c	5%	8%
	大豆2号 b	5%	8%
	豆油 y	5%	10%
	棕榈油 p	7%	10%
	聚氯乙烯 v	7%	11%
上海期货	铜 cu	8%	13%
	铝 al	7%	11%
	天然胶 ru	8%	13%
	燃料油 fu	8%	13%
	锌 zn	7%	11%
	黄金 au	7%	11%
	螺纹钢 rb	8%	13%
	线材 wr	8%	13%

同时注意以下两点：

(1)当上述保证金率低于交易所规定的保证金率，按照交易所保证金率执行。

(2)调整保证金率的时候将在基金净值达到调整值的±2%范围内灵活调整，防止频繁调整。